Momentan ist nicht alles in unserem Land fair und klimagerecht, inklusiv und bezahlbar aufgestellt. Die Bedürfnisse vieler Menschen werden nicht angemessen berücksichtigt. Das können wir ändern, davon ist Mobilitätsexpertin Katja Diehl überzeugt und läutet die Verkehrswende ein. Sie hat mehr als 60 Interviews mit Menschen in den verschiedensten Lebenssituationen geführt – immer geleitet von der Frage: Willst du oder musst du Auto fahren?

»Autokorrektur« will Kick Off einer Gesellschaft sein, die gemeinsam eine attraktive Mobilitätszukunft baut – und zwar schon heute.

Katja Diehl weist den Weg zu einer gerechten und fairen Mobilität, die den Menschen wieder ins Zentrum stellt und unsere Welt lebenswerter macht.

*Katja Diehl*, geboren 1973, hat sich dem Mobilitätswandel verschrieben. Nach 15 Jahren in z. T. leitenden Funktionen der Mobilitäts- und Logistikbranche verändert sie das System nun mit ihrer Expertise von außen. Sie hostet den Podcast »SheDrivesMobility«, sitzt im Beirat der österreichischen Klimaschutzministerin und berät den Verkehrsminister von Baden-Württemberg. In Hamburg hat sie die Vertretung der womeninmobility gegründet und engagiert sich im Bundesvorstand des Verkehrsclub Deutschland e. V. Für ihre Arbeit hat sie zahlreiche Auszeichnungen erhalten, u. a. wurde sie 2020 vom »Focus« zu den »100 Frauen des Jahres« gezählt, 2019 kam sie auf die Liste »25 LinkedIn TopVoices in Deutschland, Österreich und der Schweiz« und gilt als eine der »Remarkable Women in Transport«. Katja Diehl lebt in Hamburg.

Weitere Informationen finden Sie auf *www.fischerverlage.de*

Katja Diehl

# AUTOKORREKTUR

## Mobilität für eine lebenswerte Welt

Mit Illustrationen
von Doris Reich

FISCHER Taschenbuch

Aus Verantwortung für die Umwelt hat sich der S. Fischer Verlag zu einer nachhaltigen Buchproduktion verpflichtet. Der bewusste Umgang mit unseren Ressourcen, der Schutz unseres Klimas und der Natur gehören zu unseren obersten Unternehmenszielen.

Gemeinsam mit unseren Partnern und Lieferanten setzen wir uns für eine klimaneutrale Buchproduktion ein, die den Erwerb von Klimazertifikaten zur Kompensation des $CO_2$-Ausstoßes einschließt.

Weitere Informationen finden Sie unter: www.klimaneutralerverlag.de

FSC www.fsc.org
MIX
Papier | Fördert gute Waldnutzung
FSC® C014496

Erschienen bei FISCHER Taschenbuch
Frankfurt am Main, Oktober 2023



Satz: Dörlemann Satz, Lemförde
Druck und Bindung: GGP Media GmbH, Pößneck
Printed in Germany
ISBN 978-3-596-70946-5

Für meine Eltern.
Denen ich alles verdanke.
Ich liebe euch sehr.

# INHALT

Unsere Gesellschaft tickt binär. Sie kennt die Kategorie »Mann« und die Kategorie »Frau«. Dass unser Leben wunderschön und damit sehr viel mehr ist als diese beiden »Pole« – die meist auch noch diametral einander gegenübergestellt werden –, ist mir sehr bewusst und hat mich beim Schreiben meines Buches belastet. Das binäre System ist Teil des Problems, auf dem der große Bedarf an einer Transformation unserer Gesellschaft und damit auch der Mobilität fußt. Da meine Quellen leider sehr oft auf dem binären System basieren, werde ich Textstellen zitieren, die nicht meinem Denken entsprechen, die aber wichtig sind, um systematische Fehler im Mobilitätssystem zu erkennen und zu benennen. Viele wichtige Bücher und Studien gingen und gehen mir aber nicht weit genug. Dennoch habe ich mich entschlossen, sie einzubeziehen. Wenn der erste Schritt zu mehr Gleichberechtigung aller Menschen den Weg über das binäre Denken braucht, dann akzeptiere ich das. Danach müssen jedoch dringend der zweite und dritte und alle weiteren Schritte erfolgen, die am Ende eine Gesellschaft gestalten, in der alle Bedürfnisse an Mobilität gesehen und berücksichtigt werden. Und nicht nur jene mit den lautesten Stimmen der weißen heteronormativen Mehrheitsgesellschaft.

# Bin ich der Wandel – oder warte ich auf ihn?

Es ist nie nur die Klimakrise, die mich antreibt, Verkehrswende zu gestalten. Mich haben die vergessenen Bereiche der Automobilität, das Unmenschliche und Ungerechte am bestehenden Verkehrssystem schon immer aufgeregt. Mit jedem Tag lerne ich mehr über Menschen, die sich kein Auto leisten können, es nicht mehr fahren dürfen oder wollen und – an der anderen Seite der Skala – über Menschen, die Auto fahren müssen. Vielleicht weil ich zwar Auto fahre, aber keines besitze, fällt es mir leichter, zum Auto eine pragmatischere Einstellung zu haben und Automobilität rigoroser zu hinterfragen sowie Bedürfnisse der Menschen kennenzulernen, die im Auto sitzen.

Mein Ziel?

»Jede:r sollte das Recht haben, ein Leben ohne eigenes Auto führen zu können.«

Dieser Satz klingt simpel – trägt aber sehr viel politischen und gesellschaftlichen Zündstoff in sich. Das wird im Laufe des Buches noch deutlich werden.

Unser Land hat in Sachen Verkehrswende kein Erkenntnis-, sondern ein Umsetzungsproblem. Das fängt in den Häusern gewisser Ministerien an und endet am Frühstückstisch privater Haushalte. Die größte Herausforderung liegt nicht in der Technik, die ist meiner Meinung nach vorhanden. Alles, was wir benötigen, liegt wie in einem bunten Kasten voller Bausteine vor uns, wir müssen uns nur die Mühe machen, diese zu sortieren und entsprechend den einzelnen Bedürfnissen neu zusammenzustecken, damit eine Mobilität entsteht, die wahlfrei, barrierefrei, inklusiv und klimaschonend ist.

Dieses Buch will eines nicht: einzelne Techniken beleuchten, beginnend bei elektrischen Antrieben, über den Hyperloop bis hin zu Flugtaxis, denn diese werden nicht in der Lage sein, Lösungen zu schaffen, wenn die Basis der Verkehrspolitik dieselbe bleibt. Kein Mensch verlässt sein Auto nur für Alternativen, wenn Automobilität so privilegiert und durch milliardenschwere Subventionen zu billig bleibt. Kein Autoweg wird anders zurückgelegt ohne die positive Irritation durch neue Rahmenbedingungen. Einzelne Produkte müssen als System gedacht, der Stadtraum als Wert geschätzt und der ländliche Raum wieder mobil gemacht werden. Die Lust zu wecken auf die Gestaltung dieses Pfades hin zur kindgerechten Stadt, zum autofreieren, mobilen ländlichen Raum – das ist mein Ansinnen.

Dieses Buch will Kick-off einer Gesellschaft sein, die gemeinsam eine attraktive, lebenswerte und klimafreundliche Mobilitätszukunft für alle baut, die wir HEUTE anfangen zu gestalten. Viele Abhängigkeiten – auch die vom Auto – werden als solche gar nicht erkannt, geschweige denn hinterfragt. Mit Beobachtungen aus dem Alltag, Hinweisen auf die Zukunft und Sichtbarmachung von Vorbildern möchte ich das System Auto einordnen als das, was es ist: eines von vielen Transportmitteln, das, wenn es nicht gemeinschaftlich genutzt, sondern besessen wird, besonders ressourcen-, raum- und klimaintensiv ist. Auch wenn es hart klingt: Das beste Auto ist das, was nicht mehr gebaut werden muss.

Das beste Auto ist das, was durch Fuß-, Rad- oder öffentliche Mobilität überflüssig und abgeschafft wird. Denn – und das wird mein Buch zeigen – die aktuelle Autonutzung bringt einigen Menschen sicher die Mobilität, die sie ohne Auto nicht abbilden können. Zu vielen Menschen, die nicht im Auto sitzen, bringt sie jedoch enorme Nachteile.

Um die Verkehrswende voranzutreiben, ist eine neue innere Grundhaltung unabdingbar. Die den Menschen ins Zentrum stellt, nicht die Technik. Ich versuche, das Verkehrssystem weniger behindertenfeindlich, weniger sexistisch, weniger rassistisch und weniger patriarchal zu gestalten.

Das mag manch eine:n verwundern:

Was sollen Verkehr oder Mobilität mit Sexismus etc. zu tun haben?

Schauen wir näher hin, dann sehen wir, dass Menschen mit Einschränkungen nicht frei ihre Mobilität gestalten können. Dass bestimmte Personengruppen – z.B. Frauen, Transpersonen, BIPoC – Auto fahren, um sexistischen und rassistischen Übergriffen aus dem Weg zu gehen. Und nicht, weil sie Autofans sind. Oft ist sogar das Gegenteil der Fall. Viele der Menschen würden sofort auf ein eigenes Auto verzichten, wenn sie ihre Mobilität selbstbestimmt und sicher gestalten könnten.

Unser gesamtes Verkehrssystem wurde in der Vergangenheit analog dem patriarchalen System von einer Gruppe von Personen gestaltet: männlich, weiß, cis, heterosexuell und wohlhabend. Das so entstandene Muster besteht bis heute fort. Weil es auch in unserer Gesellschaft fortbesteht.

Das möchte ich ändern!

Der Titel meines Buches ist Programm meiner Arbeit. Gern wird dabei unterstellt, dass ich »das Auto hasse« – dabei ist mir ein Ding aus Blech ziemlich egal. Durch das Hinterfragen von Automobilität gehe ich aber an Privilegien heran, die als Recht missdeutet werden. Klar, es ist immer schwierig, Gewohnheiten zu hinterfragen und zu ändern. Aber überlegen Sie mal, wie schön unsere Welt sein könnte, wenn wir es anders machen! Das Gute: Wir können es anders machen – gemeinsam.

Autoraum

... die STAUS ab 10 Km
... planen Sie 45 Minuten mehr ein. Die
Schatz! Ich stecke im Stau! DU musst die KiNDER abholen!
HOHES Verkehrsauf Kommen...

# MOBILITÄT

»Die Würde des Menschen ist unantastbar.«
*Grundgesetz, Artikel 1*

In diesem Kapitel will ich beleuchten, welcher Weg uns in die heutige Mobilitätsmisere geführt hat, die so viele von uns gefühlt oder real abhängig von Autobesitz macht. Was ich nicht beleuchten werde, weil es an so vielen Stellen schon sehr viel besser gemacht wurde: Warum der Verkehrssektor seine Emissionen seit 1990 absolut nicht gesenkt hat. Ich glaube, dass auf sehr unterschiedlichen Ebenen unseres gesellschaftlichen Diskurses deutlich wird, wie groß der Bedarf einer echten Verkehrswende ist, die sich auf den Menschen und die Bedürfnisse an Mobilität fokussiert – und nicht an scheinbar phantastischen Geschäftsmodellen und dem Markt, der nie etwas zum Besseren für alle regelt.

Gute Nachricht:
Wir haben zwar viel falsch gemacht – oder zumindest die Menschen, die vor uns in der Vergangenheit Entscheidungen fällten, die das Verkehrssystem heute so autozentriert ausrichteten. Aber was wir falsch bzw. kaputt gemacht haben, das können wir auch reparieren. Das ist auch der Grund, warum ich optimistisch bin, dass sich die Verkehrswende zum Guten aller umsetzen lässt. Eines wird dabei an Bedeutung (zurück) gewinnen: der Faktor Mensch. Das Miteinander-Reden und vor allem auch Zuhören. Das Zulassen von Ängsten und Sorgen und die gemeinsame Suche nach Lösungen.

Ich sage aber auch deutlich: Sorgen dürfen nicht wichtiger sein als Chancen.

Sorgen lassen verharren, wenn sie nicht beseitigt werden. Sorgen sind in der Analyse des Status quo wichtig, ganz sicher aber nicht Basis der Transformation. Hier müssen die Chancen im Fokus stehen. Denn Sorgen betreffen einzelne Gruppen und haben auch oft genug mit der Angst zu tun, alte Wege verlassen zu müssen oder etwas zu verlieren. Chancen, wenn sie gut genutzt werden, kommen allen zugute.

## Was hat sich durch das Auto verändert?

Arbeitsteilung und Handel waren es, die vor Tausenden von Jahren unsere Mobilität ausgerichtet haben. Vorher waren wir zu Fuß unterwegs, um das Gejagte oder Gesammelte zu unserer Gruppe zu bringen, zuzubereiten und zu verzehren. Wir sind zudem noch gar nicht so lange sesshaft. Damit ist die heute am meisten vernachlässigte Verkehrsart zugleich die erste, die wir erlernen: das Zu-Fuß-Gehen.

Um Waren über größere Strecken transportieren zu lassen, domestizierten wir Kamele und Pferde und entwarfen Kutschen, um die Zugkraft verschiedener Tiere bestmöglich auszunutzen. Pferdestärken eben. PS. Personen- und Warenbeförderung etablierten wir als Geschäftsmodell und Mobilitätsart. Erste Straßennetze zu Lande und zu Wasser entstanden, um Geschwindigkeit und Bequemlichkeit zu steigern. Vor allem in Städten sorgte die Trennung von Fuß- und Pferdverkehr für eine größere Sicherheit der ungeschützten Fußgänger:innen, damit war die erste Hierarchie im Straßenraum etabliert, und der Fußweg wurde zum randseitigen und stark vernachlässigten Phänomen. Das hat sich bis heute nicht geändert, sondern eher noch verschlechtert.

Wenn Sie sich das Deutschland in den 1890er Jahren vorstellen, was sehen Sie in den Straßen unseres Landes?

Sicher keine Autos, denn die gab es damals noch nicht.

Zwar hatte 1888 Bertha Benz (und damit eine Frau!) die erste längere Fahrt mit dem ersten Automobil unternommen,[1] Automobile waren aber noch lange nicht massentauglich und standen damit noch ganz am Beginn ihrer Welteroberung.

Sie denken somit vielleicht eher an edle Kutschen und vornehme Damen und Herren, die angemessenen Schrittes die Gehwege herunterspazierten. Aber es gab damals auch schon ein anderes Verkehrsmittel, das sich großer Nachfrage erfreute: das Fahrrad.

Vor allem Arbeiter:innen wussten dieses günstige Verkehrsmittel, das den persönlichen Bewegungsradius deutlich erweiterte, sehr zu schätzen. Sie konnten es selbst reparieren und die ausgebauten Straßen damit nutzen. Frauen erhielten, sehr umstritten und heiß diskutiert, mit diesem Verkehrsmittel emanzipatorische Freiheit in ihrer Mobilität. Waren sie sonst auf das Gutdünken ihres Vaters oder Ehemannes angewiesen, der ihnen für längere Strecken entsprechende Mobilität bereitstellen musste, so bot das Fahrrad völlig unkompliziert zuvor nicht gekannte Freiheit. Und schon dieses Beispiel zeigt: Selbstbestimmte und wahlfreie Mobilität ist hochpolitisch, vor allem, wenn sie bestimmten Gruppen von Menschen exklusiv ermöglicht und anderen vorenthalten wird.

Bis heute ist die Art der Mobilität ein Zeichen von Klassenzugehörigkeit – wenn auch in Sachen Auto enorm aufgeweicht durch irrational attraktive Finanzierungsangebote. Ein Nachbar meiner Eltern arbeitete in einer Bank und sagte immer: »Die dicksten Karren sind eh geleast.«

Oder – um aus *Fight Club* zu zitieren: »Von dem Geld, das

wir nicht haben, kaufen wir Dinge, die wir nicht brauchen, um Leuten zu imponieren, die wir nicht mögen.«

In den 1920er Jahren galt: Wer zu Fuß ging, gehörte zur Unterschicht. Während die Frauen der Oberschicht als fragile Geschöpfe im Haus bleiben mussten und die Herren der Oberschicht ein Automobil besaßen. Somit war die kollektive Wirkung all dieser Aspekte des Fahrrads Symbol der »neuen Frau« des 20. Jahrhunderts – einer Frau, die nicht nur an die Traditionen von Klasse und Kinderkriegen gebunden war.

Radfahrende Frauen waren Ende des 19. Jahrhunderts ein politischer Akt gegen das Patriarchat. Frauenwahlrecht, Bildung, eigenständiges Leben – all das war noch in weiter Ferne. Umso revolutionärer mutete es an, sich auf dem Fahrrad sitzend weibliche Mobilität zu erobern. Für die Suffragetten war das Fahrrad das Mittel für ihre Kampagnen, sie fuhren in den 1910er Jahren mit Transparenten durch die Gegend. Zuvor – in den 1890er Jahren – erklärte die Frauenzeitschrift *Godey's*: »Im Besitz ihres Fahrrads fühlt die Tochter des 19. Jahrhunderts, dass die Erklärung ihrer Unabhängigkeit verkündet worden ist.«

Viele der Autobauer:innen begannen übrigens mit dem Fahrrad, ohne das die Technik, auf der das Auto heute basiert, nicht entwickelt worden wäre. Adam Opel baute erst Nähmaschinen und Fahrräder. Erst 1898, drei Jahre nach seinem Tod, startete Sophie Opel mit dem Bau von Autos. Auch Henry Ford hob sein erstes Auto auf vier Fahrradlaufräder und brachte die Kraft des Motors durch die Fahrradkette an die Räder. Auch die Dodge-Brüder und die Peugeots verdienten zunächst ihr Geld mit dem Fahrradbau, bevor sie Autos bauten.

Dennoch blieb das Fahrrad als Mobilitätsmittel eher ein Gegenstand der proletarischen Alltagsmobilität von subkulturellen Gruppen. Bürokraft und Verkäuferin waren Berufe, die Frauen ergreifen konnten. Der Krieg an sich brachte keine außergewöhnliche Zunahme der Frauenarbeit mit sich. Es gab aber Verlagerungen, so dass Frauen jetzt Berufe ergriffen, die bisher Männern vorbehalten waren. Die berufstätige Frau wurde damit in der Öffentlichkeit wahrnehmbar – als Arbeitskraft in der Schwerindustrie, an Maschinen und auch als Straßenbahnführerin. Gerade jungen Frauen bot sich die Möglichkeit, früh erwerbstätig zu werden und damit selbständiger zu leben. Was auch kein Problem war: Arbeit, Leben und Wohnen lagen zu dieser Zeit noch nahe beieinander, 60 Prozent der Wege wurden zu Fuß zurückgelegt. Heute sind es unter fünf Prozent.

Die städtische Mobilität trug mit dazu bei, sich von den sehr kasteienden Reifröcken und der Schichtkleidung zu verabschieden. Wie sollte eine Frau sonst die Stufen einer Straßenbahn hinaufkommen? Wie sollte eine Frau gepresst in ihr Korsett einen langen Arbeitstag hinter Schreibmaschinen oder in Fabriken schaffen? Es gab sogar einen deutschen Verband zur Verbesserung der Frauenkleidung. Inspiriert von Kleidung, die zuvor zum Wandern, Turnen, Fahrradfahren oder Schwimmen entwickelt worden war.

## Der Siegeszug des Autos

Um 1900 waren in den USA die wenigen Automobile zu 40 Prozent mit Dampfkraft, zu 38 Prozent elektrisch und nur zu 22 Prozent fossil betrieben. Es benötigte aber nur etwas mehr als zwei Jahrzehnte, bis sich der Ottomotor und dann ab den 1930er Jahren der Diesel, zunächst mit Schwerpunkt auf Nutzfahrzeugen, durchsetzte.

Und wie war es in Deutschland? Anfang des 20. Jahrhunderts verdrängten Automobile die Pferdefuhrwerke – was für Aufruhr sorgte. Der Grund kommt uns bekannt vor: Die um Esel, Pferde, Pferdenahrung, Fuhrwerkbau und -wartung herum entstandene Industrie brach zusammen. Die Präsenz des Autos provozierte aber weitere Konflikte. »Die frühen Autobesitzer dominierten mit Lärm und Geschwindigkeit die Straße, sie galten als arrogant und neureich. Zahlreiche Gesetze gingen – international unterschiedlich – mit diesen Konflikten um und regulierten unter anderem die Reisegeschwindigkeit sowie die Erhaltung der Straßenqualität, wie sie die Autofahrer forderten: So mussten die Fuhrwerksbetreiber die Straße von Pferdedung freihalten, damit die Automobile nicht ausrutschten.«[2]

1910 trat das deutsche Kraftfahrgesetz in Kraft und damit erstmals eine rechtliche Regelung zum Verhalten mit Autos im öffentlichen Raum.[3] Kurz danach, 1913, begann die Fließbandproduktion von Autos. Angeregt übrigens von der Fließbandarbeit in einem Schlachthof, den Henry Ford 1910 besichtigte.[4]

Letztlich sorgte das Auto für die Abschaffung der »Shared Spaces« – öffentlicher Räume ohne Unterteilung in Verkehrszonen. Weil die Verletzungsgefahr für alle außerhalb der Pkw zu hoch wurde. Der gemeinsam genutzte Raum in Städten wurde zugunsten eines einzigen Verkehrsmittels aufgegeben, damit endete auch die Demokratie auf der Straße. Es wurde stattdessen eine Hierarchie eingeführt, die das Auto priorisierte.

Mit den Nazis wurde das Ziel der Volksmotorisierung ausgerufen. In Wolfsburg hatte Ferdinand Porsche in den 1930er Jahren die Ford'schen Produktionsmethoden übernommen. Im Auftrag von Hitler baute er das VW-Werk auf und entwarf den »KdF-Wagen« (benannt nach der Organisation »Kraft durch Freude«).

Nach dem Zweiten Weltkrieg wurde der Volkswagen in Masse produziert und entwickelte sich zum Symbol für die wirtschaftliche Entwicklung und das Wiedererstarken der Bundesrepublik.[5]

Wie eine Klammer legt sich die Automotorisierung um die Jahre nach dem Kriegsende. Das Auto war ein anfassbares

Symbol für Erfolg, sowohl für die Industrie als auch für den Mann, der in jener Zeit der Ernährer der Familie war und bald mit dem Auto zur Arbeit fuhr. Während die Frau ihre Wege »unsichtbar«, weil unbezahlt zurücklegte. Oftmals zu Fuß, mit dem Rad oder im Bus. Vom demotorisierten und demoralisierten Land schwungvoll hinein in das sogenannte Wirtschaftswunder – ohne Auto undenkbar, oder?

Was ich bei meiner Recherche spannend fand: Im Dezember 1945 startete das Volkswagenwerk unter der britischen Militärregierung die Herstellung von Limousinen. In Produktionszahlen und Stadtbild waren es jedoch von ihnen hergestellte Fahrräder mit Motor, Mopeds, Motorräder und Roller, die die Zeit nach dem Zweiten Weltkrieg prägten. Bis in die Mitte der fünfziger Jahre hinein waren sie DAS Massenmotorisierungsmittel. Kein Wunder: Sie waren billiger, leichter zu reparieren und brauchten weniger Sprit. Damit herrschte nach dem Zweiten Weltkrieg noch etwa ein Jahrzehnt Gleichberechtigung auf deutschen Straßen, denn auch manche Frauen konnten sich diese günstigeren Verkehrsmittel leisten.

## Der Umbau der Städte zu autogerechten Räumen

1951 fand in Frankfurt am Main die erste Internationale Automobil-Ausstellung (IAA) statt; mit einer halben Million Besucher:innen der erste Meilenstein für das Autoland Deutschland. Der Traum vom eigenen Pkw wurde gesät, die Umtriebigkeit einer riesigen Werbemaschinerie setzte ein und übertrug diese Wünsche auch auf neue Formen von Reisen und Tourismus. Natürlich diente diese Ausstellung erst mal nur dem Träumen, leisten konnten sich damals nur wenige ein Auto. Aber mit dieser IAA war gesetzt: Wer erfolgreich ist, fährt Auto, wer es zu etwas gebracht hat, kann sich ein Auto leisten. Das Auto wurde in Westdeutschland zu dem Statussymbol schlechthin.

Das Straßennetz entwickelte sich und damit auch ein System von Tankstellen und Raststätten. Man bahnte dem vermeintlichen Fortschritt, der mit der massenhaften Automobilisierung einherzugehen schien, mit immer neuen Straßen den Weg. Gerade im nachkriegszerstörten Deutschland wurden Städte völlig neu wiederaufgebaut, und der Platz wurde für große Autostraßen mitten durch die alten Stadtkerne genutzt. Der autogerechte Umbau von Städten stellte eine Zäsur der Städteplanung und des Straßenbaus dar. Erstmalig bestimmte ein Verkehrsmittel die Stadt. Schnelle und komplikationslose Pkw-Durchfahrt wurde wichtiger als die Lebensqualität der vor Ort lebenden Menschen. Aus dem Stillstand der Nachkriegsjahre geriet das Land nahezu in einen Rausch des Umbruchs, des Wirtschaftserfolges und der gesteigerten Mobilität. Den Kater dieses Rausches haben wir heute, weil wir alle Anzeichen seit den 1960er Jahren ignorierten, dass Automobilität Grenzen des Wachstums braucht. Wie alle anderen fossil basierten Konsumprozesse haben wir dieses unbegrenzte Wachstum nicht eingedämmt.

Im Gegenteil:
Fast schicksalsergeben ordnete sich der Mensch von nun an seinem Fahrzeug unter. Der Begriff der »autogerechten Stadt« stammt vom Titel des 1959 erschienenen Buches *Die autogerechte Stadt – Ein Weg aus dem Verkehrs-Chaos* des Architekten Hans Bernhard Reichow. Städte, die einst als Begegnungs- und Handelsräume von Menschen entstanden, wurden brachial einem völlig neuen Zweck untergeordnet: dem motorisierten Individualverkehr. Stadtplanung wurde zur Verkehrsplanung, ein Dominoeffekt setzte ein, der den Städten immer mehr Lebensqualität raubte und auch auf dem Land dafür Sorge trug, dass einstmals gesunde Räume dysfunktional wurden. (Mehr dazu im Kapitel Raum.)

Die Monopolisierung von Straßen und Flächen für die Belange des Autos verbannte das Gesellige aus diesen. Nicht-motorisierte Verkehrsteilnehmer wurden an den Rand gedrängt. Die automobile Prägung von Stadt und Land wurde zur neuen Normalität. Es wurde selbstverständlich, dass Kinder nicht auf der Straße spielen, weil Autos sie dort gefährden und weiterer Raum parkenden Pkw vorbehalten ist. Radfahrer:innen und Fußgänger:innen schickt die autogerechte Stadt offen in Konflikte und überlässt ihnen die Lösung derselben selbst. Der Dauerslalom von Fußgänger:innen und Rollstuhlfahrer:innen ist eingeübt, weil es normal ist, dass Dinge auf dem Geh- und nicht dem Fahrsteig abgestellt werden.

Der bis heute nicht durchbrochene Kreislauf aus mehr Straßen für mehr Autos, die wiederum für mehr Autos sorgen, setzte ein. Viele Studien haben es bewiesen: Wer Autostraßen baut, erntet mehr Autos – wer gute Gehwege baut, mehr Fußgänger:innen. Gleiches gilt für Radwege, das haben wir in der Corona-Pandemie gelernt. Dennoch scheint es uns unmöglich, diese Entwicklung zugunsten der Autos zu stoppen. Bis 2030 sollen in Deutschland noch 850 Kilometer Autobahn neu gebaut werden. Dass wir diese neuen Straßen trotz eines der dichtesten Verkehrsnetze der Welt in Deutschland brauchen würden, ist ein zum Teil auf jahrzehntealter Planung beruhender Trugschluss, der von vielen lokalen Bündnissen und dem übergreifenden Bündnis »Wald statt Asphalt«[6] nicht mehr unwidersprochen bleibt.

Das Leben vieler Menschen ist mittlerweile eine AUTObiographie, weil nur dieses Verkehrsmittel ihnen Zugang zu Arbeit, Kultur, Hobbys, Bildung und Reisen bietet. Andersherum könnte ich die Geschichte so erzählen, dass ohne Autobesitz und Führerschein die Teilnahme an einem abwechslungsreichen Leben verwehrt bleibt. Und damit Menschen von diesem ausschließen, die keinen Führerschein oder kein Auto haben. Oder aber auch Menschen in das Auto drängen, die dieses als Belastung empfinden, mental und/oder finanziell. Wie konnte es dazu kommen, dass sich alles ums Auto dreht und wir das zudem viel zu selten hinterfragen? Letztlich hat das System Pkw uns »andere« sehr gut an die Rahmenbedingungen gewöhnt, die für einen fließenden Autoverkehr sorgen. Kein Wunder, dass Eltern große Sorge um ihre Kinder haben. Denn, das müssen wir festhalten: Verletzungen, die durch Kollisionen mit dem Auto sehr viel schwerwiegender ausfallen als mit nicht-motorisierten Verkehrsformen, können wir auch durch maximale Aufmerksamkeit nicht zu 100 Prozent vermeiden. Wenn wir das Auto nutzen, sind wir die »Stärkeren« und die Geschützten in einer Fahrgastzelle.

Es heißt »Verkehrsunfall« – das klingt wie ein unausweichlicher Schicksalsschlag. Ist er wirklich unvermeidbar? Oder darin begründet, dass Infrastruktur und Recht auf das Auto ausgerichtet sind? Jährlich sterben Tausende Menschen im Straßenverkehr, täglich werden an die acht Leben in Deutschland genommen, jeder einzelne Tod traumatisch für über hundert Personen, von Ersthelfer:innen über Klinikpersonal hin zu Angehörigen und Freund:innen. Unser Wertesystem, das ansonsten ganz gut funktioniert, setzt beim Auto aus. Die tödlichen und belastenden Folgen dieser Verkehrsform werden hingenommen – wenn wir das nicht täten, müssten wir viel zu viel ändern. Wir müssten die Gleichberechtigung auf der Straße wiederherstellen – und das ginge zu Lasten der umfassenden Privilegien des Autos. Menschen fahren Menschen tot, aber wir schreiben lieber Sätze wie: »Beim Linksabbiegen übersah der Lkw die Radfahrerin.« Wussten Sie, dass Menschen, die 30 Tage nach einem Verkehrsunfall sterben, nicht mehr als Verkehrsopfer gelistet werden? Bereits ein toter Mensch durch falsch justierte Kühlschränke erhielte wohl mehr Aufmerksamkeit als all diese vielen ausgelöschten Leben. Wir legen lieber Wert auf eine frühe Verkehrserziehung von Kindern (mal über das Wort nachgedacht?), damit diese sich möglichst lückenlos und entgegen ihrem eigenen Bewegungsdrang in das System Auto einfügen. Natürlich machen wir das nicht, weil wir das gut finden, sondern weil es uns sinnvoll erscheint. Die Dominanz des Autos über Kinder beginnt sehr früh, sehr weit vor einem eigenen Führerschein.

Die Sicherheit für Fahrzeuginsass:innen wurde kontinuierlich gesteigert, doch die angestrebte »Vision Zero«, also null Tote im Verkehr, ist bis heute trotz aller Technik nicht erreicht. Und sie wird es meiner Meinung nach auch nicht, solange die Straßen dem Auto gehören und alle anderen sich diesem unterzuordnen haben. Solange Autos immer größer werden, Sichtbeziehungen zerstören, Raum okkupieren – obwohl in ihnen immer weniger Menschen sitzen –, so lange bleibt die Vision Zero eine unerreichbare Vision. Eine Studie aus Michigan hat ergeben, dass SUVs bei Geschwindigkeiten von mehr als 19 Meilen pro Stunde sieben Prozent mehr schwere Verletzungen bei Fußgänger:innen verursachen als normale Pkw. Bei Kollisionen mit SUVs bei Geschwindigkeiten von 40 Meilen pro Stunde oder mehr starben **hundert** Prozent der Fußgänger:innen, bei Kollisionen mit normalen Autos waren es 54 Prozent.[7]

Der zu verteilende Raum gerade auch in der Stadt ist zu klein, um neben dem dominierenden Pkw auch noch allen anderen Sicherheit zu gewährleisten. Die Privilegien, die das Transportmittel Auto über die Jahrzehnte erhalten hat, werden heute als »Recht« missdeutet, vor allem natürlich von jenen, die ein Auto besitzen oder fahren.

Städte wie Helsinki, wo seit 2019 weder Fußgänger:innen noch Radfahrende getötet worden sind,[8] zeigen auf, dass die Verwirklichung der »Vision Zero« – also die ganz klare Zielsetzung, Verkehrspolitik an dieser Zahl zu messen – kein technisches Thema ist. Sondern eines, das Stadt- und Verkehrsplanung braucht, die verletzliche Gruppen außerhalb von motorisierten Fahrzeugen priorisiert. Schon Anfang der 1990er Jahre startete Helsinki mit dieser menschenzentrierten Planung. Kreuzungen wurden durch Kreisverkehre ersetzt,

Bodenwellen bremsten Autos und Lastwagen aus. Die Verlangsamung des motorisierten Verkehrs war ein Fokus, der 1992 mit einer ersten Senkung der Höchstgeschwindigkeit begann und mit einer deutlichen Abnahme der innerstädtischen Unfälle belohnt wurde. 2018 wurde – ähnlich wie in Paris 2021 – 30 Stundenkilometer als Geschwindigkeit festgelegt. Schneller als Tempo 40 fährt mensch lediglich auf Schnellstraßen, auf denen keine Radfahrer:innen und Fußgänger:innen unterwegs sind. Belohnung: 80 Prozent der Wege werden mit dem ÖPNV, zu Fuß oder mit dem Fahrrad zurückgelegt, was die Zahl der schweren Unfälle enorm reduziert hat. Seit 2015 ist kein Kind mehr im Verkehr der finnischen Hauptstadt getötet worden.

In Deutschland wird sich darüber gefreut, dass die Gesamtzahl der Getöteten und Verletzten langsam zurückgeht (2020 übrigens hauptsächlich infolge des durch die Corona-Pandemie reduzierten Gesamtverkehrsaufkommens), die Zahl der Radfahrer:innen, die ums Leben kamen, stieg jedoch zuletzt um elf Prozent.[9] Auch ein Zeichen dafür, dass trotz mehr Radfahrenden nichts passiert.

## #Autokorrektur-Fakten

»Das gesamte Straßennetz in Deutschland ist in Summe mehr als doppelt so lang wie der Abstand zwischen der Erde und dem Mond.«[10]

Wichtige Aufschlüsse und Datengrundlagen liefert die umfassende Studie *Mobilität in Deutschland*,[11] die letzte Erhebung fand für das Jahr 2017 statt. Dabei wurde ein Wert erstmalig durchbrochen: Es gibt mittlerweile mehr als einen Pkw je Haushalt. 2020 gab es 2,9 Millionen Personen mit 3 oder mehr

Pkw im Haushalt. Die meisten Befragten (etwa 36,56 Millionen) besaßen einen Pkw, circa 13,49 Millionen Haushalte waren komplett autofrei.[12] Es gibt 2021 knapp 49 Millionen Autos in Deutschland – bei ca. 83 Millionen Einwohner:innen insgesamt und 13 Millionen Erwachsenen ohne Führerschein. Haushalte gibt es 41 Millionen.

Der durchschnittliche deutsche Pkw wird drei Prozent am Tag bewegt, das sind noch nicht mal 45 Minuten! Den Rest des Tages steht das Auto – und verdient somit eher den Namen (Im-Weg-)Stehzeug als Fahrzeug. Laut Umweltbundesamt liegt der durchschnittliche Pkw-Besetzungsgrad bei 1,2 Personen. Umso absurder ist das riesige Größenwachstum der Pkw, von denen manche nur noch mit Lkw-Führerschein gefahren werden dürfen. Wären Autos mit vier Personen besetzt, würde das Verkehrsaufkommen theoretisch auf ein Viertel reduziert.

Ob Sie es glauben oder nicht: Es sind immer nur zehn Prozent aller Autos gleichzeitig unterwegs. Wenn Sie im Stau stehen und nicht vorankommen, wenn Sie vor und hinter sich nur das Blech auf der Straße sehen, dann denken Sie daran: Es sind nur zehn Prozent, die vorwärts kommen wollen. Die anderen 90 Prozent stehen gerade irgendwo herum.

Im *Handbuch über die externen Kosten des Verkehrs* der Europäischen Union (2019) wurden die wirtschaftlichen Kosten einer 20 000 Kilometer langen Autofahrt berechnet. Das Ergebnis:

- 900 Euro an Unfallkosten,
- 142 Euro für die Kosten der Luftverschmutzung,
- 236 Euro für die Kosten des Klimawandels,
- 236 Euro für die Auswirkungen der Lärmbelästigung,
- 76 Euro für die Produktionskosten und
- 110 Euro für den Verlust von Lebensraum.

Allein die Gesundheitsausgaben und der Zusammenhang mit dem Verkehr kosten jeden Europäer rechnerisch 1276 Euro pro Jahr, hinzu kommen Verkehrsstaus, Wasser- und Bodenverschmutzung, Kraftstoffbeschaffung usw. Das Schlimmste daran ist, dass es sich um externe Faktoren handelt und dass kein Land seine Autofahrer:innen für die negativen Auswirkungen auf die Wirtschaft zur Kasse bittet.

Wenn wir den Autoverkehr von unseren Straßen verbannen, verringern wir Krankheiten, die mit Emissionen und Lärm verbunden sind, steigern den lokalen Einzelhandelsumsatz und ermöglichen es den Menschen, öffentliche Flächen als Grünflächen, für Parkbänke, Fahrradstellplätze, Spielplätze oder für die Außengastronomie zu nutzen, die zuvor nur für Autos reserviert waren.

»Ohne Parkplätze können wir dichtmachen« – so oder ähnlich verschaffen sich Einzelhändler:innen oft erfolgreich Gehör in Politik und Interessenverbänden, wenn Autoplätze für mehr als nur die Abstellung von Stehzeugen genutzt werden sollen. Aber stimmt das auch? Oder ist es vielleicht der Umweltverbund,[13] der die Kassen der Einzelhändler häufiger klingeln lassen würde? Könnte der Ausbau von Bus und Bahn die Konjunktur im stationären Einzelhandel beleben? Dieser Fragestellung hat sich der VDV Ost[14] gewidmet und festgestellt, dass 80 Prozent des Umsatzes des lokalen Einzelhandels von Fußgänger:innen und Radfahrer:innen, von Bus- und Bahnnutzer:innen stammt. Und eben nicht von Autofahrer:innen. Das klingt vielleicht erst mal irritierend, macht aber Sinn: Zunächst ist klar, dass Nicht-Autofahrende mehr verfügbares Einkommen in den Geschäften ausgeben können, denn sie müssen ja kein Auto unterhalten. Wer langsam an Geschäften vorbeikommt, bleibt eher mal stehen, wenn er:sie etwas Kaufenswertes sieht. Autofahrer:innen erzeugen zwar einen höheren »Einmalumsatz«, in Summe entspricht dieser jedoch nur einem Fünftel der Ausgaben der Nicht-Autofahrer:innen, da diese öfter einkaufen. Ich empfehle einen Artikel der *FAZ*, ein Porträt von Prof. Hermann Knoflacher[15] – oder auch meinen Talk mit ihm.[16]

All diese Fakten führen jedoch bis heute nicht dazu, Automobilität radikal (also an die Wurzel gehend) zu durchleuchten. 80 Prozent unserer Personenmobilität beruhen mittlerweile auf dem Auto – eine Zahl, die oft missbraucht wird als Beweis, dass es ohne Auto nun mal nicht geht. Würden alle Bewohner:innen Deutschlands gleichzeitig in die vorhandenen Autos steigen, blieben alle Rückbänke leer. Nur die vorderen beiden Plätze würden benötigt. Ist das wirklich Mobilität? Oder vielmehr Folge aus vielen falschen Entscheidungen, in allererster Linie politischen, aber durchaus auch privaten?

Zudem fördern die aktuellen Subventionen im Verkehr nicht den Klimaschutz, sondern das Gegenteil, zugunsten wohlhabender Menschen – zu Lasten von weniger einkommensstarken Gruppen. Hier gibt es unter anderem Dieselsteuerprivileg, Entfernungspauschale, Dienstwagen-Privileg, die Befreiung von Kerosin von der Steuer und das Mehrwertsteuer-Privileg auf Langstreckenflügen. Die obersten 20 Prozent der erwerbstätigen Menschen erhalten davon bis zu 50 Prozent Anteil. Prekär Verdienende hingegen noch nicht mal zehn Prozent.

## Der auto(im)mobile Mensch

Heute legt ein Mensch etwas unter 40 Kilometer zurück, statistisch auf drei Wegen je Tag. Geändert hat sich nicht die Anzahl der Wege, sondern ihre Länge. Die Zeitersparnis, die wir uns vom Auto erhofften, ist oftmals durch die größeren Distanzen, auf denen wir uns wegen des Autos bewegen, aufgefressen worden.[17]

Das muss mensch sich mal ganz langsam durch das Gehirn

führen: Der subjektive Vorteil des Autos, schneller an das Ziel zu gelangen, ist objektiv betrachtet nicht vorhanden, da wir durch längere Wegestrecken und immer mehr Staufrequenz auf dem Weg zu unseren Zielen mehr Zeit im Auto sitzend verbringend. Jede:r Deutsche steht pro Jahr durchschnittlich 46 Stunden im Stau.[18] Und wer mir sagen möchte, dass Zeit im Auto gute Zeit ist, der Person werde ich leicht zweifelnd in die Augen blicken. Denn wenn wir ehrlich sind, kommt es nicht von ungefähr, dass immer mehr Unfälle durch Spielereien an Handys geschehen. Autostehen ist furchtbar langweilig, eintönig und damit gefährlich für uns und andere.

Studien zeigen: Ist das Auto erst mal angeschafft, erhöht sich meist auch die Zahl der Wege und Wegelängen, die mit diesem zurückgelegt werden. Denn das Auto ist ja »eh schon da«. Seine Betriebs- und Unterhaltungskosten werden deutlich niedriger eingeschätzt, als sie real sind.[19,20] Eine Studie[21] bewies 2020: Während die tatsächlichen monatlichen Ausgaben durchschnittlich 425 Euro betragen, schätzen die Deutschen diese auf nur 204 Euro. Nur beim Benzin liegen sie noch gut mit ihrer Schätzung, weil sie den Preis beim Tanken sehen und bezahlen, bei allen anderen Kosten aber gab es große Wissenslücken.

Und auch das führt völlig irrational dazu, dass das Auto nicht hinterfragt, sondern sogar noch mehr genutzt wird. Und es wird noch schlimmer. Obwohl der Nutzen eines Autos hoch individuell ist, zahlen die Folgekosten alle Steuerzahler:innen. Immer wieder angeführt als vermeintliches Gegenargument: die KfZ-Steuer, die aber nicht mal ansatzweise die Kosten dessen abdeckt, was der Autoverkehr mit sich bringt: Verkehrstote, instand zu haltende Infrastruktur und Klima- sowie Umweltbelastungen. Das sind Folgekosten in Höhe von 141 Milliarden Euro pro Jahr.[22]

Immer mehr Menschen nutzen das Auto. In den letzten 25 Jahren legte das Auto als Fortbewegungsmittel um fast

20 Prozent zu, während die ÖPNV-Nutzung um 20 Prozent zurückging.[23] Liegt das an der hochattraktiven Automobilität – oder vielmehr daran, dass wir diese priorisiert und alle Alternativen zusammengeschrumpft und nicht gepflegt haben? Durch unseren unbändigen Glauben an das Auto, das sich nicht jeder Mensch leisten kann, durch den Zwang zum Führerschein, den unsere Gesellschaft ausübt, haben wir versäumt, immer auch an jene zu denken, die nicht automobil sein können oder wollen. Das zeigen nackte Zahlen.

Die folgenden Zahlen entstammen der Längenstatistik der Straßen des überörtlichen Verkehrs des Bundesverkehrsministeriums mit dem Stand 1. Januar 2020.

Deutschland hat rund 830 000 Kilometer Straßen, davon sind knapp 230 000 Kilometer überörtlich. 13 200 Kilometer sind Autobahnen. Zum Vergleich die Bahnstrecken in Deutschland: 38 600 Kilometer, davon 21 000 Kilometer elektrifiziert.[24]

Eine gute Bahn gibt es nicht zum Nulltarif. Zwischen 2016 und 2020 stiegen die jährlichen Schieneninvestitionen von 64 Euro auf 88 Euro pro Kopf und damit um knapp 38 Prozent. Immerhin. Doch wir sind die Eingleisigen unter den Schienensträngen. Zum Vergleich: Luxemburg investierte 2020 567 Euro, die Schweiz 440 Euro und Österreich 249 Euro pro Kopf ins jeweilige Schienensystem.[25] Die Politik ist bei uns bis heute nicht bereit, genug in das deutsche Schienensystem zu investieren. Während Österreich 67 Prozent aller Infrastrukturinvestitionen im Bahnbereich tätigte, waren es in Deutschland nur 48 Prozent.

Zudem hat die Schiene immer noch keinen Vorrang in der deutschen Verkehrspolitik. Es wird mehr Geld für Fernstraßen ausgegeben als für Gleise. Und das, obwohl Deutschland bereits eines der dichtesten Verkehrsnetze in Europa hat und es keinen objektiven verkehrlichen Bedarf mehr an neuen Fernstraßen gibt.

Das führt unter anderem auch dazu, dass immer mehr Druck auf Arbeitnehmer:innen lastet, eine längere Anreise mit dem Auto in Kauf zu nehmen. Auch eine Entwicklung, die Menschen mit Vorbelastungen ausschließt, denen solche Wege zur Arbeit unmöglich sind.[26] Zudem: Vor allem Gutsituierte und Menschen in höheren Hierarchieebenen pendeln lange Wege zwischen Wohnort und Arbeitsort. Der Anspruch an Arbeitnehmer:innen, die Präsenzpflicht in immer entfernteren Orten wahrzunehmen, stieg in den vergangenen Jahren an.

2020 waren 60 Prozent der sozialversicherungspflichtig Beschäftigten nicht an ihrem Wohnort tätig. Jeden Tag machen sich 20 Millionen Menschen auf den Weg zur Arbeit, manche von ihnen über Hunderte von Kilometern am Tag.[27] Städte mit teuren Mieten trifft das Phänomen doppelt, weil neben der innerstädtischen Automobilität auch die der Pendler:innen von außen die Gesundheit und Psyche der Stadtbewohner:innen belasten.[28]

Zahlreiche Untersuchungen belegen inzwischen, dass Pendler:innen im Verlauf der Zeit häufiger unter Rücken- und Kopfschmerzen, Müdigkeit, Schlafstörungen, Magen-Darm-Beschwerden und anderen funktionellen Beschwerden leiden. Zudem gibt es Hinweise auf ein erhöhtes Herzinfarkt- und Adipositas-Risiko.

Der Druck auf den arbeitenden Menschen, sich möglichst flexibel und anpassungsfähig zu zeigen, hat seltsamerweise trotz wachsender Möglichkeiten von Onlinearbeit zugenommen. Auch meine Interviews im Kapitel Mensch zeigen, dass weiterhin viele Arbeitgeber:innen auf Präsenz im Büro bestehen, obwohl während der Pandemie lange erfolgreich von zu Hause aus gearbeitet wurde. Nicht wenige der von mir interviewten Personen sind daher auf Jobsuche, weil sie es nicht akzeptieren, viel Lebenszeit mit dem Pendeln zum Job zu verbringen. Am 1. Juli 2021 endete das Recht auf

Homeoffice, das zuvor für Arbeitnehmer:innen in entsprechend geeigneten Berufen gegolten hatte. Um Pendler:innen zu schützen, aber auch, um öffentliche Verkehrsmittel zu entlasten, war diese Maßnahme im Rahmen der Corona-Arbeitsschutzverordnung angeordnet worden, die manche Chef:in erstmalig dazu zwang, ihren Mitarbeiter:innen diesen Freiraum zu schaffen. Nicht wenige, so auch Exchefs von mir (Gendern an dieser Stelle nicht notwendig), hatten sich zuvor gegen jegliche Flexibilisierung der Arbeit gestemmt. Kontrolle first, Vertrauen second. Der Erfolg von Arbeit misst sich in meiner Welt an den Ergebnissen, nicht an der Anwesenheit an einem ganz bestimmten Schreibtisch. Wie sehen Sie das? Das Soziale sollte der treibende Faktor sein, der die Zusammenkunft im Büro steuert, nicht die Kontrolle der Angestellten.

Nicht jede:r Chef:in aber ist willens, dieses Vertrauen zu geben. Und so entsteht eine Abhängigkeit vom guten Willen der Vorgesetzten – und damit auch eine vom Auto, das mensch vielleicht aufrichtig hasst, aber fahren muss. Anders die Niederlande: Hier gibt es seit 2015 das Recht auf Homeoffice für alle, die länger als 26 Wochen in einem Unternehmen mit mehr als zehn Arbeitnehmer:innen tätig sind. Bereits vor der Pandemie wurde so ein Anteil von 37 Prozent (2019) Arbeitnehmer:innen verzeichnet, die nicht am Arbeitsort tätig waren. Nicht auszudenken, wie wir Verkehre, Städte, Unternehmen, das Klima und die Menschen entlasten könnten, hätten wir in Deutschland einen Anteil von 30 Prozent der Beschäftigten, die nicht am Arbeitsort tätig sind. Dabei bitte beachten: Homeoffice und mobiles Arbeiten/Telependeln sind nicht dasselbe. Mir sind die Schwierigkeiten der räumlichen Vereinbarung von Wohn-, Familien- und Schlafort bewusst. Da der aktuelle Status quo Autobesitz voraussetzt, sind viele Wege zwischen diesen verschiedenen Orten im Alltag ohne Auto schwer zu organisieren. Das ist furchtbar, weil es von

Familienzeit und Zeit für sich selbst abgezogen werden muss, Stress erzeugt und vom Auto abhängig macht. Ideal wäre es, wenn diese Orte näher an den Wohnort rücken. Oder die Kita in der Nähe der Arbeit ist.

Abschließend werfen wir doch mal einen Blick auf die Macher:innen der Mobilität. Im Verkehrsministerium von Andreas Scheuer war am Ende seiner Amtszeit im Organigramm auf seiner Webseite in den ersten drei Führungsetagen keine Frau zu finden. Optisch sahen sich die mittelalten, weißen Männer zudem sehr ähnlich. Ich unterstelle einfach ähnliche Bildungshintergründe und Sozialisation. Dass Mann sich in einem solchen Ministerium auf Lösungen einigt, die nicht alle Menschen mitdenken, ist intrinsisch verankert und keine böse Absicht. Schon der Sozialforscher Janis hat in den 1970ern das Phänomen des Group-Think wissenschaftlich erforscht.[29] Wenn am Tisch Frauen, aber auch andere gesellschaftliche Gruppen fehlen, die Teil unserer Gesellschaft sind, kann das Mobilitätsangebot bei aller Anstrengung dieses homogenen Führungsgremiums nicht die Bedürfnisse aller in der Gesellschaft erfüllen. »In Politik, Verwaltungen und Unternehmen entscheiden im Mobilitätsbereich fast ausschließlich [weiße] Männer. Nur drei Prozent der CEOs sind weiblich. Im gesamten Verkehrssektor arbeiten nur 22 Prozent Frauen. Es fehlt also die weibliche Perspektive.«[30]

## »Nicht-männliche« Mobilität

Es lohnt ein Blick in die Forschung, die analysiert, was Automobilität mit Körpern macht, die nicht der männlichen weißen cis-Mehrheit angehören. Diese spielen in der Konzeption Pkw bisher keine Rolle. Zwar sinken die Zahlen der Verkehrstoten, weil sich die internen Sicherheitssysteme der Autos verbessert haben, Tempolimits an Gefahrenzonen und Dinge wie der Gurt und der Airbag Einzug gehalten haben (gegen den Gurt wehrte mensch sich seinerzeit wie heute gegen das Tempolimit) – und weil die ärztliche Versorgung besser geworden ist. Ich habe zum Aspekt der weiblich gelesenen Mobilität einen längeren Artikel zum Weltfrauentag im März 2020 geschrieben,[31] den ich hier in Auszügen wiedergeben und ergänzen möchte.[32]

### 1. Automobilität ist männlich ist dominierende Mobilität

Deutlich mehr als Männer nutzen Frauen öffentliche Verkehrsmittel, Fahrräder und gehen zu Fuß. Wenn ein Haushalt ein Auto besitzt, wird dieses zumeist vom Mann allein benutzt. Bei aller Bestrebung nach Gleichberechtigung stehen wir selbst im binären System noch ganz am Anfang. Es sind nachweislich die Frauen, die weiterhin drei Viertel der nicht bezahlten Carearbeit verrichten, also Kinder zur Schule bringen, alte Menschen pflegen und Einkäufe erledigen. Vor-COVID-Schätzungen betrachteten die Arbeitsbelastung in 75 Ländern und errechneten einen Anteil von 76,2 % der Carework weltweit für Frauen.[33] Das betrifft alle Länder, es gibt international kaum Unterschiede. Im Durchschnitt leisten Frauen 3,2-mal so viele Stunden wie Männer, d. h. 4 Stunden und 25 Minuten gegenüber 1 Stunde und 23 Minuten bei den Männern. Während der Covid-Pandemie hat sich dieser Effekt verstärkt – in der Krise sind es die Frauen, auf die sich die Gesellschaft stützt. Das bedeutet auch, dass die weiblich gelesene Mobilität »das andere« ist – und damit für die Augen männlicher Planung unsichtbar, weil ungeahnt, unerlebt und unreflektiert. Weibliche Mobilität wechselt zwischen den Transportformen, hat meist Gepäck, Einkäufe und Menschen mit dabei und muss mit einem Job verbunden werden. Weibliche Mobilität ist komplexer und vielschichtiger.

Frauen machen mehr und kürzere Wege zu unterschiedlichen Zeiten. Der Ausdruck »Hauptverkehrszeit« bezieht sich auf die klassischen Pendler:innenzeiten morgens zur Arbeit und nachmittags zurück. Damit gerät das System auch im öffentlichen Verkehr in eine Schieflage zugunsten männlich gelesener Lebensentwürfe. Interessantes Detail: Mit steigendem Einkommen der Frauen nehmen die Unterschiede im Reiseverhalten zwischen Männern und Frauen ab. Untersuchungen der Weltbank zeigen, dass drei Viertel der für Verkehr bereitgestellten Mittel noch bis vor zehn Jahren in den Ausbau von Straßen floss.

## 2. Kann eine Branche, die unter fünf Prozent weibliche Führungskräfte hat, »alle« mitdenken?

Ok, die Frage ist rhetorisch: Nein, kann sie nicht. Natürlich ist Frausein an sich keine Qualifikation. So wie es Mann sein auch nicht ist. Aber: Das Fehlen von weiblicher Expertise ist disqualifizierend für eine inklusive Mobilität. Warum spielt diese kaum eine Rolle bei der bisherigen Ausrichtung von Mobilität? Warum werden Frauen nicht gefragt, sondern das männliche Mobilitätsverhalten als Standard weitergeführt? Wie intelligent kann künstliche Intelligenz werden, wenn wir sie auf Basis dieser Vorgaben falsch programmieren und falsch trainieren? Wir brauchen Diskurs, nicht Einigkeit, die kein veränderndes Handeln nach sich zieht.

Sie kennen das: Streckennetze sind oft sternförmig aufgebaut, wir wollen als Pendler:innen schnell von A nach B und dann zurück. Carearbeit jedoch ist so nicht organisiert. Es bedürfte auch einer »Kreisbeziehung«, um in benachbarte Stadtteile zu kommen. In den traditionell schlecht ausgebauten Nahverkehrsnetzen der USA kam heraus, dass Fahrten mit UBER doppelt so schnell waren wie dieselben Strecken im ÖPNV. Das jedoch kann nicht die Lösung sein, da hier der private Pkw nur durch einen gemieteten mit Fahrer:in ersetzt und somit der Stadtraum nicht entlastet wird. Weiteres No-Go: Täglich genutzt, sind diese Angebote für die Masse der Menschen zu teuer.

### 3. Kennt männliche Mobilität die Bedeutung von »Sicherheit«?

Damit meine ich nicht nur die Sicherheit der Frauen, die sich frei im öffentlichen Raum bewegen wollen, sondern auch die Sicherheit jener, die die Fahrzeuge fahren. Die konkreten Erlebnisse, die im Rahmen der #notmymobility Awareness Week gesammelt und erzählt wurden, sind in ihrer Alltäglichkeit erschreckend.[34] Wie kann es sein, dass eine berufliche Umgebung so unsicher für die Mitarbeiterinnen gestaltet ist? Ist dies der Grund auch für den Mangel an Fachkräften in diesem Bereich? Wurden hier schon flächendeckend Daten erhoben, um Maßnahmen zu ergreifen?

Warum kennen Angebote wie Google Maps nicht den schnellsten, aber sichersten Weg? Ich denke, dass das auch daran liegt, dass weiße cis-Männer sich auf ihren Wegen nicht mit dieser Facette von Mobilität beschäftigen müssen, weil sie in einem System leben, das für ihre Bedürfnisse gebaut wurde. Fix the system – not the women. Dieser Spruch hat überall Bedeutung, auch in der Gestaltung eines zukunftsfähigen, barrierefreien, sicheren ÖPNV und der Daten, auf denen Mobilität zukünftig beruhen soll. Frauen bevorzugen eher Tür-zu-Tür- und Mitfahrdienste, um sicher zu Hause anzukommen. Denn gerade der Weg vom ÖPNV zur eigenen Haustür wird als unsicher und gefährlich wahrgenommen. So ersetzten Frauen in manchen US-Städten teure Taxifahrten durch Fahrten mit dem E-Scooter, weil sie sich auf diesem sicherer fühlten als zu Fuß. Sollten wir das bei der Planung zukünftiger, nachhaltiger Mobilität berücksichtigen?

## 4. Kennt männliche Mobilität die »Behinderung« durch Kinderwagen und schlechte Gehwege?

Ich muss nur vor meine Tür gehen, um die unsägliche »Qualität« vieler Bürgersteige in Hamburg zu betrauern. Zugeparkte Gehwegplatten machen es Menschen mit Kinderwagen und Kindern mit Laufrädern nahezu unmöglich, den Weg sicher zu nutzen. Knöcheltiefe Pfützen, die auch noch Tage nach dem Regenguss bestehen, lassen den Fußweg zum Slalom werden. Alles, was es an Schildern und Mobiliar bedarf, stellen wir auf den Weg, nicht auf die Straße. Ampeln, Caféstühle, Mülleimer. Das beengt zusätzlich den Raum, den sich alle jenseits der Fahrstraße teilen.

E-Scooter verschärfen das Problem zusätzlich, weil Städte sich nicht mit den Anbieter:innen auf Aufstellflächen geeinigt, sondern das neue Verkehrsmittel einfach in den urbanen Raum gekippt haben. Wenn Haltestellen Aufzüge haben, dann bewegen sich Menschen mit Kinderwagen in diesen oft so langsam zu ihrem Zug, dass drei Bahnen durchgefahren sind, bevor sie den Bahnsteig erreichen. Untersuchungen zeigen, dass Wege mit kleinen Kindern oder Kinderwagen bis zu viermal mehr Zeit benötigen, weil sie nicht auf diese Zielgruppe ausgerichtet sind. Gleiches gilt für Menschen mit Rollator oder im Rollstuhl. Wir immobilisieren diese. Eine Folge: Kinder unter neun Jahren werden auf der Hälfte ihrer Wege mit dem Auto gefahren, was ihre kognitive Entwicklung negativ beeinflusst.

### 5. Sharing muss Caring werden

E-Scooter, Leihräder, ÖPNV – theoretisch alles zugänglich, auch für die Mobilität erziehender oder pflegender, berufstätiger Frauen. Doch natürlich ist ein E-Scooter nicht geeignet für die Mitnahme von Kindern, und ein Leihrad bietet selten die Möglichkeit, Einkäufe zu transportieren – es sei denn, frau sorgt vor und nimmt entsprechende Ausstattung mit. Und selbst dann wird es schwer, wenn auf einer Etappe noch Kind und Kindergartentasche mitgenommen werden müssen. Hier müssen Sharingangebote umfassender ausgestattet werden, um gegen die Konkurrenz des Autos bestehen zu können.

Der Vorteil: Wer an diese Anforderungen denkt, hilft allen und nicht nur einer bestimmten Zielgruppe.

Gerade wenn Menschen Eltern werden – das zeigen auch meine Interviews weiter hinten im Buch –, legen sich viele ein Auto zu, weil sie durch ein autozentriert aufgebautes System dazu genötigt werden, da mit den öffentlichen Verkehrsmitteln und dem Fuß- und Radverkehr in der Autostadt viele Wege ineffizient und durch fehlende Infrastruktur auch nicht sicher sind. Und hier beginnt ein teurer und folgenschwerer Effekt: Wer sich mit Mitte 30 ein Auto kauft, um seine Familie von A nach B zu fahren, der nutzt es immer häufiger und gewöhnt sich an diese Form der Mobilität. Deswegen muss der Umweltverbund gerade für Familien attraktiv sein, also barrierefrei, flexibel, bezahlbar, verlässlich und klimafreundlich.

Fazit: Die Einbeziehung von »nicht-männlicher Mobilität« in den Planungsprozess ist unerlässlich für die Verkehrswende.

Und nicht zuletzt müssen wir den Anteil der Frauen, die im Transportsektor arbeiten, unbedingt erhöhen. Die Arbeitsplätze müssen für Frauen attraktiver werden, mehr Frauen müssen in die Entscheidungsfindung und die Rekrutierung einbezogen werden, um einen Transportsektor zu schaffen, der für JEDEN konzipiert ist. Länder wie Kanada oder Dänemark haben längst Frauen zum Maßstab vor allem auch guter Radinfrastruktur gemacht. Wenn deutlich weniger weibliche Radfahrende unterwegs sind, ist dies ein guter Gradmesser dafür, dass die Infrastruktur nicht stimmt. Gleiches gilt für die Sicherheit an Bahnhöfen, Sicherheit sollte uns etwas wert sein.

## Sicherheit im Auto ist männlich

Die Diskussion um »Gendern von Crashtestdummys«[35] hat es 2021 gezeigt: Es ist einfacher, sich daran zu belustigen, als anzuerkennen, dass das Auto für Männer gebaut wird und wissenschaftlich fundiert gezeigt wurde, dass es damit tödlicher für weiblich gelesene Körper ist. Dazu gehören übrigens auch kleine Männer. Die *Bild* etwa titelte: »Vize-Bürgermeisterin will Crashtest-Dummys gendern. Wenn es nach Gleichstellungssenatorin Katharina Fegebank geht, sind Frauen offenbar zu dumm und ungeschickt, um einen Autositz einzustellen, oder den Gurt.«

Weiter heißt es: »Mobilität ist für alle da. Sie muss nicht ›gendergerecht‹ gemacht werden, weil sie es längst ist.« Auch hier kein Wort über die Forschungsergebnisse von UDV und ADAC, welche das Gegenteil nahelegen.

Seit den 1980er Jahren ist bekannt, wie fatal die Wirkung der für Männer optimierten Autoinnenräume ist, die die Sicherheitsbedürfnisse von Frauen völlig vernachlässigen.[36] An die kleineren Männer unter Ihnen und an die Frauen: Auch schon mal darüber nachgedacht, warum Sie den Sitz komplett nach vorne schieben, zugleich aber die Rückenlehne nach hinten kippen müssen – und Ihnen dann noch der Gurt »unter dem Hals hängt«?

Erst in den 2010ern begannen erste Autohersteller:innen, vereinzelt Crashtest-Dummys einzusetzen, die Frauenkörpern nachempfunden waren. Verpflichtend sind diese bis heute nicht. Im Gegenteil! In den EU-Zulassungsverfahren ist sogar vorgegeben, dass Sitzgurte an Modellen von »durchschnittlichen männlichen Oberkörpern« getestet werden müssen.

Welche Folgen hat das?
Eine Studie[37] hat sich diesem Thema gewidmet – Fazit: Frauen tragen bei gleichen Voraussetzungen allein durch die sexistische Gestaltung des Innenraums von Pkw, der ihre Körper in der Planung nicht berücksichtigt, bei einem Unfall zu 47 Prozent eine schwerere Verletzung davon als Männer. Schon mit frauengerecht angeordneten Pedalen könnte die Sicherheit für Frauen und kleinere Menschen enorm erhöht werden.[38]

Sie haben vielleicht schon selbst ein »Schleudertrauma« erlitten oder kennen Menschen, bei denen das nach einem Unfall aufgetreten ist. Diese Verletzung tritt schon bei geringen »Geschwindigkeitsänderungen« unter 25 km/h und bei Aufprällen aus allen Richtungen auf. Der Heckaufprall ist der gefährlichste und zugleich häufigste. Es gibt jedoch nur eine Größe von Heckaufprall-Testdummys. Daher sind bisherige Schleudertrauma-Schutzkonzepte für Männer wirksamer als für Frauen. Wissenschaftler:innen um Astrid Linder[39] haben sich daher auf den Weg gemacht, einen weiblichen Heckaufprall-Dummy namens EvaRID zu entwickeln. Wieder einmal haben sich die Ladys selbst geholfen und sind darauf angewiesen, dass eine männerdominierte Branche auf dieses Angebot eingeht.[40] Letztlich ist aber auch Eva nur ein Schritt in die richtige Crashtestrichtung – denn die Vielfalt der Körper in und um ein Auto entspricht der Vielfalt unserer Gesellschaft. Es bleibt festzuhalten, dass die Technik aktuell (männliche) Menschenleben nur besser, aber nicht absolut schützen kann.

Übrigens: Auch das Fahrrad ist ein Macho, der nur nach den Bedürfnissen von Männern gestaltet wurde, wie Rebekka Endler zeigt.[41] Das begann schon in den Anfängen des Radfahrens zu einer Zeit, als es noch einen sehr strengen Dresscode für Frauen und Männer gab. So waren Frauen in Hosen nichts, was sich schickte. Sie hatten Röcke zu tragen, die bis zum Boden reichten. Unvereinbar mit dem Wunsch, Rad zu fahren – es sei denn, Frau war bereit, Stürze zu riskieren. Amelia Bloomer entwickelte das nach ihr benannte Kostüm, das ohne Korsett auskam und den Rock auf Kniehöhe einkürzte. Damit – wie damals erforderlich – die Knöchel bedeckt blieben, trug sie unter diesem Rock eine Hose. Durch weniger Stoffverbrauch war dieses Kleidungsstück nicht nur bequemer und bewegungsfreier, sondern auch billiger. Dennoch brachte die Gegenwehr Frauen schnell wieder davon ab, dieses Kostüm zu tragen. Männer schmissen mit Steinen nach Frauen in dieser Kleidung, beschimpften und diffamierten sie.

Frauen, die im Radsport aktiv sind, erleiden bis heute chronische Entzündungen oder müssen sogar plastische Operationen durchführen. Die furchtbare Geschichte von Hannah Dines,[42] Weltmeisterin im Dreiradfahren und Paralympionikin von Rio zeigt: Da ist viel Scham im Spiel, bevor frau es wagt, das System und nicht sich in Frage zu stellen. Denn auch der Radsport ist eine männliche Domäne mit männlich orientierten Fahrzeugen. Auch hier machte sich eine Frau auf den Weg, einen weiblich angepassten Sattel entwerfen zu lassen. Alison Tetrick, Radsportlerin, die auch bereits Operationen hinter sich hat, tat sich mit anderen Frauen und einem Sponsor zusammen, um einen Frauensattel zu entwerfen.[43] Natürlich eine teure Angelegenheit, natürlich damit nicht für alle mit besonderen Bedürfnissen bezahlbar. Leider zeigt sich erneut, dass eine eher willkürlich ausgewählte Gruppe von Menschen (Männer) aufgrund von Machtverhältnissen in der Gesellschaft den Vorrang vor anderen erhält, die durch diese Priorisierung zu »den anderen« und damit »der Ausnahme« werden.

## Privilegien

Die krasseste Verkehrswende erreichen wir, wenn wir die Straßenverkehrsordnung jeden Tag konsequent und ohne Diskussion umsetzen. Aber erstens wird das noch nicht mal im Ansatz getan, und zweitens wären auch dann manche Strafen lachhaft. So ist Falschparken eine Ordnungswidrigkeit, während Menschen, die mehrfach ohne Fahrschein erwischt werden, eine Gefängnisstrafe drohen kann. Dabei – und das haben leider viele Beispiele[44] 2020 und 2021 gezeigt – kann Falschparken tödlich sein. Es gefährdet z.B. Radfahrende, wenn sie durch Umfahren der Falschparker:innen in den Gegenverkehr schwenken müssen. Das Fahren ohne Fahrschein gefährdet nie die Leben anderer Menschen.

Woran liegt es, dass automobile Menschen so wenig fürchten müssen, wenn sie festgelegte Regeln überschreiten? Unter anderem daran, dass mit der Straßenverkehrsordnung die Stadtplanung final zur Verkehrsplanung umgewidmet und das Recht des Stärkeren eingeführt wurde.

Dabei haben wir ein Grundgesetz, das in Artikel 2 Absatz 2 Folgendes aussagt:

»Jeder hat das Recht auf Leben und körperliche Unversehrtheit.«

Schon erschütternd, dass wir für das Auto dieses Recht außer Kraft setzen, oder? Denn ein Auto hat nur dann mit Menschen zu tun, wenn es fährt – was statistisch 97 Prozent des Tages nicht der Fall ist. Sollte nicht der Mensch vor allem anderen stehen und über dem, was nicht menschlich ist? Nicht im Sinne von »Macht euch die Erde untertan«, sondern im Sinne von Empathie, Augenhöhe und Sicherheit. Das jedoch gibt es im Autosystem maximal nur für jene, die im [sic!] Auto sitzen.

»Die Mineralölsteuer beim Benzin entspricht [Kosten von] rund 280 Euro pro Tonne und beim Diesel durch das Steuerprivileg 180 Euro pro Tonne – wieso eigentlich?«

Was denken Sie, von wem stammt dieses Zitat?

Die Frage stammt von Herbert Diess, dem CEO von Volkswagen. Und damit dem Autohersteller, der sich zumindest laut der aktuellen Kommunikation vollelektrisch aufgestellt hat – und damit, wenn alles gut läuft, die Tür zu den Mineralölkonzernen schließt. Denn mit vollelektrischen Fahrzeugen und selbsterzeugtem Strom können sich vor allem auch Menschen im ländlichen Raum durch eigene Stromerzeugung aus dieser bisherigen fossilen Abhängigkeit lösen. Preisschwankungen und Preissprünge für fossile Energieträger an den Zapfsäulen spielen für sie in Zukunft keine Rolle mehr.

Herbert Diess ist natürlich durch die Neuausrichtung seines Konzerns daran interessiert, dass steuerliche Vorteile, die seine zukünftigen Hauptprodukte weniger attraktiv machen, fallen. »Das, gepaart mit einer $CO_2$-Steuer von 100 Euro pro Tonne bis 2026, würde mehr Chancen für $CO_2$-freie Technologien schaffen und den Druck auf ›fossile Geschäftsmodelle‹ erhöhen.«

Aktuell heißt es laut ADAC: »Für einen Benziner mit 1496 $cm^3$ Hubraum und einem $CO_2$-Ausstoß von 140 g/km betrug die jährliche Kfz-Steuer bis 2020 120 Euro. Für ein Fahrzeug mit diesen Daten sind es seit 2021 126 Euro. Für einen Diesel mit demselben Hubraum und 130 g/km $CO_2$-Ausstoß waren es 212 Euro, seit 2021 sind es 215 Euro.« Ich denke, Sie stimmen mir zu, dass das nicht nach einer Maßnahme klingt, die große Folgen zugunsten des Klimas haben wird. Eine Steuerungswirkung ist nicht zu erwarten. Hier haben das Wuppertal Institut zusammen mit Fridays for Future sehr viel mehr geliefert und aufgezeigt, wie Steuern und bestimmte Maßnahmen ausgestaltet werden müssen, damit sie im Sinne des Klimaschutzes eine signifikante Wirkung entfalten.[45]

Spannend: Ein paar Stunden nachdem das Wahlergebnis der Bundestagswahl 2021 feststand, platzierte Herbert Diess via Twitter zehn Forderungen an die Politik. Hier kommt sie dann doch vielleicht wieder durch, die gute alte Hybris. Aber ich muss auch anerkennen: Noch vor zehn Jahren hätte kein deutscher Autoboss solche Forderungen platziert.

Die 10 Forderungen waren:

1. $CO_2$-Preis von 65 € pro Tonne schon in 2024.
2. Subventionen für fossile Kraftstoffe beenden. Ausstieg aus der Kohle deutlich vorziehen.
3. Ausbau der erneuerbaren Energien auf mind. 255 GW bis 2030. 24/7 Grünstrom durch schnelleren Netzausbau.
4. Förderung von Dienstwagen auf Fahrzeuge mit elektrischem Antrieb fokussieren.
5. Kaufprämie für Elektrofahrzeuge beibehalten und bis 2025 schrittweise verringern.
6. Laden wie Tanken: Ladeinfrastruktur für Pkw und Lkw massiv fördern und ausbauen. Verpflichtende Ziele für Schnellladen.
7. Grüner Wasserstoff ist kostbar und energieintensiv. Wird dringend benötigt für grünen Stahl und für Dekarbonisierung von Industrien wie Chemie und Zement.
8. Städte lebensfähig machen. Förderung für Fahrräder, E-Bikes und elektrifizierte Carsharing-Dienste ein Muss. Ridepooling dem ÖPNV gleichstellen.
9. Fairen und sicheren Zugang zu Fahrzeugdaten jetzt regeln. Fahrzeug- und Cybersicherheit gewährleisten.
10. Autonomes Fahren ist unsere Zukunft – dafür flächendeckend 5G.

Nur wenige Wochen vorher nannte Greenpeace in einem Papier die zehn gebrochenen Versprechen von Volkswagen.

| **Versprechen** | **Realität** |
| --- | --- |
| VW wird bis 2018 Marktführer bei E-Mobilität. | VW lag 2018 abgeschlagen auf Platz 9. |
| Absage an »Technologieoffenheit«. | VW lobbyiert für Privilegien für Plug-in-Hybride. |
| VW baut erstes erschwingliches E-Auto für alle. | Elektro-Einstiegsauto kommt frühestens 2025. |
| VW beschleunigt die »E-Offensive«. | VW hat Elektro-Ziel für 2025 nach unten korrigiert. |
| Mobilitätsdienst Moia gibt es 2021 in 20 Städten. | Moia gibt es nur in zwei Städten. |
| VW bietet alternative Fahrzeugkonzepte an. | Umweltfreundliche Fahrzeuge kommen nicht auf den Markt. |
| VW baut bezahlbares 1-Liter-Auto in Großserie. | Der XL1 wurde 200 Mal gebaut und kostete 111 000 Euro. |
| VW entwickelt nur noch effiziente Autos. | VW will den Anteil ineffizienter SUVs auf 50 Prozent steigern. |
| VW setzt sich für Reduzierung von Verkehrslärm ein. | VW-Tochter Porsche lobbyierte gegen Lärm-Gesetz. |
| 95 Gramm $CO_2$ pro Kilometer »ohne Wenn und Aber«. | 99,9 Gramm auf dem Papier, 156 Gramm auf der Straße. |

Urteilen Sie selbst, was diese beiden Aufstellungen eint und trennt.

Kommen wir zur Belohnung einer hierarchisch hohen Position in Unternehmen: dem Dienstwagenprivileg. Deutschland subventioniert Dienstwagen jährlich mit 4,6 Milliarden Euro.[46]

Ich habe mal bei Twitter nachgefragt, ob Menschen sich privat dasselbe Auto gekauft hätten, das sie als Dienstwagen bekommen haben, wenn es keine Förderung gäbe. Ein Drittel würde einen größeren Wagen nehmen, ein weiteres Drittel hätte einen genauso großen Pkw gekauft, acht Prozent einen kleineren, und – immerhin – 26 Prozent würde auf ihr Auto verzichten. Dennoch bleibt der Trend, dass Dienstwagen noch überdimensionierter angeschafft werden als private Pkw, weil sie z. T. große preisliche und andere Vorteile mit sich bringen. Es kann kostenlos geparkt, an der betriebseigenen Tankstelle oder per gestellter Tankkarte immer wieder betankt und der Wagen privat genutzt werden.

$CO_2$ aus Neuwagen stammt zu 76 Prozent aus Firmenwagen. Bisher sei die Subventionspolitik für Autos widersprüchlich, meint die Umweltschutzorganisation T&E. Und stellt ein paar Forderungen auf: 2030 sollen gewerblich zugelassene Autos 100 Prozent elektrisch angetrieben werden. Deutschland ist der einzige größere Markt in Europa, in dem die Nachfrage nach Elektroautos bei gewerblichen Fahrzeugen geringer ist als bei Privatfahrzeugen. In allen anderen großen europäischen Märkten sind Firmenwagen Vorreiter bei der Umstellung auf Elektromobilität.[47]

Die Elektrifizierung aller neuen Dienstwagen bis 2030 würde die Pkw-Emissionen um ein Drittel verringern. 2020 wurden in Deutschland durch Dienstwagen 7,4 Millionen Tonnen $CO_2$ ausgestoßen, das sind vier Prozent der gesamten [sic!] verkehrsbedingten Emissionen unseres Landes. Von Dienstwagen profitieren vor allem männliche Besserverdiener zwischen 40 und 60. Je größer und teurer die Fahrzeuge, desto mehr lässt sich sparen.[48] Ein riesiger klima- und verkehrspolitischer Fehler.

2020 waren 63 Prozent der Neuzulassungen Firmenwagen. Diese fahren doppelt so viele Kilometer wie die privaten Pkw. 87 Prozent der neuen Firmenwagen sind fossil betrieben, nur 5,5 Prozent vollelektrisch (in den Niederlanden liegt dieser Wert bereits bei 26,2 Prozent). Der durchschnittliche Dienstwagen in Deutschland stößt 140 g $CO_2$/km aus, nach der EU-Richtlinie liegt der zugelassene Wert bei 95 g $CO_2$/km (auch hier Vergleich Niederlande: 98 g $CO_2$/km). Den VW Tiguan Diesel besteuert Frankreich mit 9500 Euro (in Deutschland 1500 Euro). Der geldwerte Vorteil für einen VW Golf (133 g $CO_2$/km) oder VW Tiguan (177 g $CO_2$/km) beträgt in Deutschland 18 Prozent. In Großbritannien liegt der Satz bei 30 Prozent für den Golf und 37 Prozent für den noch klimaschädlicheren Tiguan.[49] Arbeitgeber:innen können die Anschaffungskosten und die Nutzung von Dienstwagen von der Steuer absetzen. Laut der Studie »Dienstwagen auf Abwegen. Warum die aktuellen steuerlichen Regelungen einen sozial gerechten Klimaschutz im Pkw-Verkehr ausbremsen«[50] sparen die Arbeitgeber:innen am Ende oft sogar mehr Lohnkosten, als sie in den Dienstwagen investieren müssen.

Die Ergebnisse der Studie machen deutlich, wie schädlich die aktuellen Subventionsprivilegien beim Dienstwagen sind – und dass diese sich auf das gesamte System Autobestand negativ auswirken:

1. Zwei von drei neuen Pkw werden in Deutschland auf gewerbliche Halter zugelassen. Diese Neuzulassungen prägen den Pkw-Bestand über viele Jahre und sind daher für die notwendige Flottentransformation zur Minderung von klima-

schädlichen Treibhausgasen im Verkehrssektor von hoher Bedeutung. Häufig nutzen Selbständige und Beschäftigte diese Pkw als sogenannte Dienstwagen auch privat.

2. Die steuerlichen Regelungen machen die Anschaffung und Nutzung emissionsintensiver Dienstwagen finanziell attraktiv. Die geltende Besteuerung von privat genutzten Dienstwagen bringt eine erhebliche finanzielle Erleichterung für Arbeitgeber:innen und Arbeitnehmer:innen mit sich, die auch die Anschaffung großer, leistungsstarker und damit tendenziell emissionsintensiver Fahrzeuge begünstigt. Zudem setzt die Besteuerung aus Sicht der Dienstwagennutzer:innen keine oder nur schwache finanzielle Anreize für die Begrenzung der privaten Fahrleistung und für eine verbrauchsarme Fahrweise.

3. Für batterieelektrische Dienstwagen werden bis 2030 erhebliche zusätzliche Steuervorteile gewährt. Damit werden zwar Anreize zur Anschaffung von Null- und Niedrigemissionsfahrzeugen gesetzt, allerdings auf Kosten von zusätzlichen Steuermindereinnahmen in Milliardenhöhe. Zudem profitieren auch Plug-in-Hybrid-Fahrzeuge, die nur in geringem Umfang elektrisch genutzt werden.

4. Die Inanspruchnahme des Dienstwagenprivilegs ist innerhalb der Bevölkerung sehr ungleich verteilt. Profitieren können insbesondere finanziell bessergestellte Personengruppen, während Geringverdienenden selten ein Dienstwagen zur Verfügung steht.

5. Eine ökologische Reform der Dienstwagenbesteuerung sollte dazu führen, dass für (Verbrenner-)Dienstwagen keine finanziellen Vorteile mehr gegenüber der Nutzung eines privaten Pkw bestehen und somit Steuerneutralität gewahrt

wird. Der Umfang der privaten Dienstwagennutzung sollte bei der Besteuerung des Nutzungswerts zudem stärker Berücksichtigung finden. Hieraus ergeben sich ökologische Lenkungseffekte. Vorübergehende Subventionen für elektrisch genutzte Dienstwagen sollten in ihrer Höhe begrenzt werden, um unausgewogene Verteilungswirkungen gegenüber jenen, die keinen Dienstwagen nutzen können, zu vermeiden.

Ich selbst habe es vor einigen Jahren in einem Konzern »gewagt«, einen Dienstwagen abzulehnen. Dieser war für den Status der Abteilungsleiterin, die ich damals war, laut betrieblicher Vereinbarung eigentlich nicht vorgesehen, aber unser Vorgesetzter hatte uns dennoch das Angebot unterbreitet. Für mich machte dieser Deal finanziell und klimapolitisch keinen Sinn, da ich Carsharing nutzte, Bahn und Rad fuhr. Schnell merkte ich jedoch, wie naiv ich die Ablehnung bewertet hatte. Meine ausschließlich männlichen Leitungskollegen machten sich lustig über mich, einer von ihnen ließ sich sogar ein namentliches Parkschild aufstellen, um seinen Status zu zementieren – und ich, die ich eine BahnCard100 haben wollte, erhielt am Ende: nichts. Denn die Personalabteilung war damals nicht in der Lage, so einen Wunsch abzuwickeln, da bisher kein Mensch auf den Dienstwagen hatte verzichten wollen.

Ähnlich aufschlussreich war ein Moment am frühen Morgen, an dem ich vor dem ersten Kaffee auf eine Horde von Männern traf, die auf unserem Betriebsparkplatz sämtlich im Kofferraum und unter der Motorhaube des neuen Dienstwagens einer der beiden Vorstände »hingen«. Ich ging grüßend vorbei, Autos von heute interessieren mich einfach nicht. Der Vorstand rief fast schon beleidigt hinter mir her: »Frau Diehl! Ich habe ein neues Auto!« Ich glaube, ich habe mich kurz umgedreht, aber die Situation war absurd. Das zum Thema, dass Autos nur Gebrauchsgegenstände sind.

Ich kenne keinen Bereich, in dem Privilegien dermaßen strikt eingeführt und verteidigt wurden wie in unserem vom Auto dominierten Verkehrs- und Gesellschaftssystem. So kam es zur Flächenungerechtigkeit, Luftungerechtigkeit, Lärmungerechtigkeit und vielem mehr, weil Menschen ohne Auto sich den Nachteilen desselben überall aussetzen müssen – ohne dass sie auch nur einen Vorteil davon hätten. Im Gegenteil: So sie sich zu Fuß, per Rad oder auch im ÖPNV bewegen, haben sie sich dem Auto unterzuordnen. So lernen wir das von Kindesbeinen an (»Nur bis zur nächsten Ecke!!!« – »Bleib stehen!«) und hinterfragen es erst, wenn wir auf diese Schräglage aufmerksam werden. Meist ist das der Fall, wenn Menschen ihr Auto verkaufen und mit dem Rad fahren, Kinder in die Familie kommen oder wegen einer Operation mal länger an Krücken gelaufen werden muss. Immer ist es eine Irritation von außen, keine intrinsisch motivierte, die auf das kaputte System unserer Mobilität aufmerksam macht.

## Tempo unlimited

Nächstes Tabuthema in Sachen Auto: Tempolimits.[51] Sie würden ad hoc und kostenlos große Effekte für Sicherheit und Klimaschutz bewirken. 120/70/30 heißt die Formel, die als wirksam gilt. Funfact: Untersuchungen[52] haben ergeben, dass der größte Geschwindigkeitsbereich, in dem Autos unterwegs sind, zwischen 30 und 50 km/h liegt (38 Prozent Anteil), 25 Prozent liegen zwischen 50 und 70 km/h, 22 Prozent unter 30. Nur acht Prozent der Fahrten sind schneller als 100 km/h. Erklärt aber vielleicht auch, warum mental an diesem Tempo ohne Limit festgehalten wird: Wenn es mal möglich ist, will es auch ausgenutzt werden.

Lange habe ich mich bei meinem Wirken rund um den Mobilitätswandel nicht sonderlich um die Diskussion rund um Höchstgeschwindigkeiten gekümmert. Vielleicht, weil ich dachte, das wird von selbst kommen, weil es nur Vorteile hat. Aber auch, weil ich nicht geglaubt hätte, dass eine Bundestagsfraktion in diesem Jahrhundert noch darauf bestehen könnte, das Tempo unlimited in den Koalitionsvertrag zu schreiben. Mich erschüttert das auch, weil mich immer wieder Geschichten von Angehörigen und Einsatzkräften erreichen, die Menschen durch die »unangemessene Geschwindigkeit« anderer verloren haben oder Unfallopfer vor Ort behandeln mussten. Als ich kürzlich las, dass jemand, der mit dreifacher Geschwindigkeit durch die Stadt rast, nur einen Monat Fahrverbot erhält, war das der letzte Tropfen, der mein gut gefülltes Fass Beherrschung zum Überlaufen brachte. Ich kann es nicht ertragen, dass Menschenleben nichts, die persönliche Freiheit von Raser:innen aber alles wert sind.

Also befasste ich mich näher mit dem Tempolimit – und mache mir seitdem damit keine Freude und keine Freund:innen.

Ich setzte bereits am 3. Februar 2020 einen Thread bei Twitter[53] ab, der in 18 Schritten erläuterte, warum ich die Gründe GEGEN ein Tempolimit nicht mehr als Argumente bezeichne, sondern als egoistisches Verhalten.

Ich wollte informieren, aber auch erreichen, dass – so vorhanden – endlich mal Argumente dafür genannt werden, dass es unsinnig oder nachweislich nachteilig ist, Geschwindigkeitsbegrenzungen einzuführen. Denn für mich haben diese Auto-Begrenzungen für Menschenleben und Klima gleichermaßen nur Vorteile.

Und – so sagen es mir Bekannte, die im benachbarten Ausland Urlaubs- oder Geschäftsreisen machen: Es entspannt auch, wenn alle gleich schnell, nämlich langsam, fahren.

Ich veröffentlichte diesen Thread und wartete ab. Schon nach anderthalb Stunden hatte ich auf meinem Handydisplay Hunderte Benachrichtigungen bei Twitter. Ich hatte mir zuvor vorgenommen, den erwarteten Sturm nicht zu moderieren, sondern das System abends sich selbst zu überlassen. Ich tat das mit gutem Gewissen, hatte ich doch meine Darstellung auf Fakten basiert – und nicht auf einem subjektiven Gefühl.

Spoiler: Auch nach vielen Stunden »Diskussion« gab es kein einziges Argument, das für Tempo unlimited sprach.

Was es gab? Jede Menge Whataboutism (also die Ablenkung von einem Thema durch Platzierung eines anderen – und ja, es kamen auch wieder die Kohlekraftwerke aus China), trotz Fakten- und Quellennennung meinerseits der Vorwurf, dass ich »falsch«liege. Ich habe mich festgelegt: Wer gegen Geschwindigkeitsbeschränkungen ist, handelt einzig und allein aus eigenem Interesse und null aus dem Interesse anderer.

Der Thread:
370075 Menschen waren 2019[54] von Verkehrsunfällen betroffen. 3275 von ihnen starben.

*Wie ich auf diese Zahlen komme? Bitte folgen Sie mir!*
Da ist zunächst die Statistik vom ADAC: 3275 Tote auf unseren Straßen. Dazu kommen 382000 Personenschäden – was für ein furchtbares Wort für jedes Einzelschicksal. Jede Querschnittlähmung. Jedes massiv betroffene Leben. 2,66 Millionen Verkehrsunfälle insgesamt. Die FAZ[55] rechnet in einem umfänglichen und lesenswerten Artikel für Steinherzbesitzer vor, dass jeder tödliche Unfall nicht nur die Angehörigen, sondern auch die Menschen, die beruflich damit zu tun haben, belastet.
113 Menschen: 11 Angehörige, vier enge Freunde, 56 Freunde und Bekannte, 42 Einsatzkräfte. So komme ich auf 370075 Betroffene.
Damit kommen wir zum Tempolimit. Jeder dritte von den Menschen, die im vergangenen Jahr auf deutschen Straßen ums

Leben kamen, starb, weil er oder jemand anderes »unangepasst« und damit zu schnell fuhr. Damit waren 123 358 Menschen betroffen. Von Raser:innen. Ob auf gerader Strecke, bei Regen, im Nebel.
Ich bin fassungslos, was wir hier diskutieren. Dass eine Partei wie die CDU/CSU die ›freie Fahrt‹ vor Menschenleben stellt. Fakten verneint. Belastung für Retter:innen und Betroffene zumindest ausblendet, wenn nicht gar ignoriert.

*Was, wenn es Ihre Kinder träfe?*
Von ad hoc positiven Klimaauswirkungen ganz zu schweigen, denn: Die Einführung eines Tempolimits senkt sofort und kostenlos den Spritverbrauch. Bei einer Begrenzung auf 120 km/h ließen sich jährlich rund drei Millionen Tonnen $CO_2$ einsparen. »Mein« VCD fordert daher:
Kein Mensch darf mehr im Verkehr sein Leben verlieren. Das heißt Höchstgeschwindigkeit von 120 km/h auf Autobahnen, von 80 km/h auf Landstraßen und eine Regelgeschwindigkeit von 30 km/h in der Stadt. Spoiler: Durchschnittlich haben wir in Hamburg 17.
Erneut ist die Politik nicht so weit wie die Gesellschaft, die sich mehrheitlich für ein Tempolimit auf Autobahnen ausspricht. Frauen befürworten sogar mit Zweidrittel-Mehrheit das Tempolimit. Rasen ist anscheinend männlich?
Ist ein Tempolimit Nächstenliebe? Tatsächlich! Schon 2008 forderte das Zentralkomitee der deutschen Katholiken ein Tempolimit auf Autobahnen von 120 km/h. März 2019: Evangelische Kirche Mitteldeutschland startet Petition für Tempolimit 130 km/h. Erfolgreich! Muss nun vom Petitionsausschuss behandelt werden. Es gibt da zudem so Ziele. Die Klimaziele der Bundesregierung. Sie geraten durch den Verkehrsbereich in Gefahr. Im Verkehr liegen – anders als in allen anderen Bereichen – die Treibhausgas-Emissionen heute höher als im Jahr 1990. Merkste ne?

Ein Drittel der Fahrleistung von motorisierten Fahrzeugen wird auf der Autobahn erbracht. Auf 70 % der Autobahnen ist das Tempo nicht limitiert. Riesiges Potenzial zur Emissionseinsparung.
Ich wiederhole mich: Kostenlos, ad hoc, unbürokratisch. Geschenkt!
Wir schauen uns um: Wer hat noch kein Tempolimit? Sowohl bei der Zahl der Getöteten pro Autobahnkilometer als auch bei den Getöteten pro einer Milliarde Fahrzeugkilometer auf der Autobahn schneiden wir schlechter ab als die Schweiz, Schweden, Dänemark oder Großbritannien. 67,7 % aller tödlichen Unfälle ereignen sich auf Autobahnabschnitten, die keine Geschwindigkeitsbegrenzung haben. Und das, obwohl Unfallschwerpunkte längst mit dauerhaften oder situationsabhängigen Tempolimits ausgestattet sind. SPIEGEL ONLINE berechnete im Januar 2019 die Todesfälle, die durch Tempolimit verhindert werden könnten, und kam auf 140.
Pro Milliarde Fahrzeugkilometer gibt es 1,67 tödliche Unfälle auf Autobahnabschnitten ohne Tempolimit und 0,95 auf Abschnitten mit Tempolimit.
Der Unfallforscher Göran Nilsson kommt nach Auswertung des schwedischen Unfallgeschehens zu dem Ergebnis, dass die Verringerung der Durchschnittsgeschwindigkeit um fünf Prozent zu einer Reduzierung der Unfälle um zehn und der tödlichen Unfälle um 20 Prozent führt. Demnach reduzieren 9,1 weniger km/h die Unfallzahl um 18,2 % und Todesfälle um 36,4 %. 2017 starben 277 Menschen durch Unfälle auf nicht limitierten Autobahnen. Demnach würden 101 Menschen, die 2017 tödlich verunglückten, heute noch leben.
Während ich all das aufliste, wird mein Herz immer schwerer. Ich ende daher an dieser Stelle mit dem Hinweis, dass meine Freiheit IMMER da enden muss, wo sie die anderer beschränkt, sie tötet oder Unbeteiligte in Mitleidenschaft zieht.
Das waren sehr viele Fakten, die für Geschwindigkeitsbe-

grenzungen sprechen. Die ich um rigide, einkommensabhängige Strafen, entsprechende Kontrollen und Personal, das für die Nachhaltigkeit dieser Maßnahmen sorgt, ergänzen würde.
Aber wie gesagt: Sagen Sie mir gerne meinen blinden Fleck, der nicht erkennt, warum wir das nicht SOFORT machen sollten?

Wir alle fühlen uns als sichere Fahrer:innen, problematisch sind immer nur die anderen. »Gerade Vielfahrerinnen und Vielfahrer würden sich in einer mitunter trügerischen Sicherheit wiegen: Sie glauben, die täglich zu fahrenden Strecken gut zu kennen. Oft trete eine Art ›Gewöhnungseffekt‹ ein, ›die Leute glauben, sie könnten eine Überholstrecke richtig abschätzen‹. Doch das Gegenteil sei meist der Fall. Wechselt man die Perspektive und schaut auf eine andere Zahl, wird das deutlich: So gaben in der Forsa-Studie 53 Prozent der Befragten an, sich durch das Überholverhalten anderer häufig gefährdet zu fühlen.«[56]

Und genau da beginnt eigentlich die Chance zur Selbstreflexion. Denn was bedeutet die Freiheit, ein Auto schnell und ohne Limit fahren zu wollen, für andere? Was bedeutet die Freiheit, ein Auto durchschnittlich nur 45 Minuten am Tag zu benutzen, es aber kostenlos im öffentlichen Raum abstellen zu dürfen, für jene, die neben dem Auto wohnen? Was bedeutet die Freiheit, riesige Fahrzeuge kaufen zu können, für jene, die bewusst auf Autos verzichten oder aber sich diese gar nicht mehr leisten können?

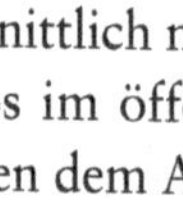

## Lobbyismus

Ich behaupte, dass kein Mensch Geld in ein Start-up investieren würde, das ein bis zu drei Tonnen schweres Fahrzeug anböte, welches täglich unter 40 Kilometer für eine Person zurücklegt – und 97 Prozent des Tages rumsteht. Sofort stünde zu Recht der Vorwurf von Ineffizienz, Egoismus und Umweltzerstörung im Raum. Beim Auto jedoch existiert ein großer dunkler Fleck, da es – so das Narrativ von Politik und Industrie – Zentrum der einzigen Schlüsselindustrie unseres Landes ist. Wie traurig für ein Land, das sich einst mit Dichter:innen und Denker:innen schmückte.

Was macht eine Schlüsselindustrie eigentlich aus? Darüber habe ich nachgedacht, weil

1. ich den Begriff nicht mag,
2. während der Pandemie mir wichtige Bereiche wie Kultur, Gastronomie und unzählige Soloselbständige im Vergleich zu »Industrien« kaum Unterstützung erfuhren und
3. gerade Menschen in Pflege und Gesundheitswesen der [sic!] Schlüssel waren, diese Pandemie, so gut es ging, zu bewältigen.

»2018 waren 833 937 Menschen in der Automobilindustrie beschäftigt. Im gleichen Jahr gab es in Deutschland 32 870 200 sozialversicherungspflichtige Beschäftigungsverhältnisse.«[57]

Schlussfolgerung: Ein Schlüsseljob ist gut bezahlt, da es augenscheinlich nicht nach Anzahl der Beschäftigten geht. In der Automobilbranche und damit auch in den Arbeitsplätzen (auch ein Wort, das ich nicht mag, weil es depersonalisiert) steckt viel Geld. Weil die dort Angestellten sehr viel mehr verdienen als z. B. in der Pflege. Weil dort vor allem Männer arbeiten – während in Berufen der sozialen Sparte Frauen in der Mehrheit sind.

Sie haben vielleicht von anderen Zahlen gelesen, der höchste

Wert, der mir begegnete, war: »Jeder siebte Arbeitsplatz hängt von der Autoindustrie ab«.[58] Schaut mensch diese Zahlen genauer an, sind da aber auch Forstbetriebe verzeichnet, die das Holz für Armaturen liefern. Tankstellen, Rastplätze und Autobahnpolizei werden ebenso hinzugerechnet.

Die Verflechtungen zwischen der Politik und der Lobby sind gerade im Bereich der Automobilität enorm. Diese wurden mehrfach en detail aufgearbeitet. Wenn es amüsant sein soll, trotz aller Schwere der Fakten, dann empfehle ich mit freundlichem Gruß an Claus von Wagner und Jan Böhmermann die in den Fußnoten genannten Quellen.[59]

Die Europäische Union, nicht die Bundesregierung, gibt den Ton an, was die längst überfällige Beteiligung des Automobilsektors am Klimaschutz angeht. Durch den Dieselbetrug wurde wertvolle Zeit verloren, um schneller klimafreundlicher zu werden – Gleiches gilt für den verschlafenen Start der vollelektrischen Automobilität.

»VW & Co. zählen zu den mächtigsten Konzernen in der EU. Seit Jahrzehnten sind sie eng mit den Institutionen der EU verflochten und beeinflussen deren Politik stark. Bis heute können die Autohersteller einen wirksamen Klima- und Umweltschutz im europäischen Verkehrssektor verhindern (…)« »Die zehn wichtigsten Autokonzerne und Verbände in Brüssel beschäftigen rund 70 Lobbyist*innen und geben jährlich 20 Millionen Euro aus. Davon kommen 10 Millionen allein von der deutschen Autoindustrie, die ca. 50 der genannten Lobbyist*innen unter Vertrag hat.«[60]

Ein Drittel der Auto-Lobbyist:innen in Brüssel arbeitet allein für Volkswagen.[61]

Auch in Deutschland gibt es Verflechtungen von Industrie, Lobby und Politik bis in höchste Ämter und Gremien. Ein Beispiel dafür wurde jüngst von SWR aufgedeckt.[62]

Verkehrsvermeidung und Verkehrsverlagerung – die ersten beiden Regeln einer echten Verkehrswende – sind in Beratungsgremien des Bundesverkehrsministeriums daher kaum Thema. Es geht um die stets beliebte Innovation, neue Geschäftsmodelle und Digitalisierung. Füllwörter, die nur spärlich verschleiern, was das Ziel ist: Manifestation des Status quo und noch mehr Fördergelder statt klarer Prioritätensetzungen zugunsten einer Verkehrswende.[63]

Menschen, die den Lobbyismus für diese Industrie gestalten, haben echt was drauf. Sie sind Magier:innen der Manipulation. Sie wecken Bedürfnisse, die wir zuvor nicht kannten. Und sie sind erfolgreich! So erfolgreich, dass sogar Menschen **ohne** Auto vieles nicht hinterfragen, obwohl sie in ihrem Alltag durch Pkw-Verkehr belastet werden. Lobbyist:innen und Industrie haben nicht nur geschafft, dass wir Stehzeuge »ruhenden Verkehr« nennen, damit diese am Straßenrand bevorratet werden dürfen, wir kaufen bis heute trotz ungeklärtem Dieselskandal gerne ihre Produkte. Die immer noch nicht halten, was sie versprechen, denn auch 2020 gibt es noch Ungereimtheiten bei Abgastests. frontal 21[64] hat aufgedeckt: »Der Mercedes C220 CDI ist nach dem Update nicht sauberer als zuvor. Stefan Carstens ist der Besitzer, und er ist ernüchtert: ›Der Fahrzeugwert wird massiv nach unten gehen‹, befürchtet der Unternehmer. Er wird den Mercedes verkaufen. Das neue Auto hat er schon bestellt. Es ist kein Mercedes.« Die Branche wehrt sich auch zum Teil erfolgreich gegen europäisch geplante Vorgaben zur Klimaneutralität, die ohne den Verkehrssektor nicht erreicht werden kann. Vorgaben zu neuen Abgasnormen wie Euro7 werden aufgrund lobbyistischer Eingaben abgeschwächt.

Dabei entstehen absurderweise Rahmenbedingungen, die es der Autoindustrie zusätzlich erschweren, zügig lokal emissionsfrei mit ihren Neuwagen zu werden: Die aktuelle Flotte ist Maßstab für zukünftige Auflagen – und das hemmt sie als wirtschaftlich agierende Unternehmen an der Übererfüllung, die zwar gut für das Klima und ihre eigene internationale Wettbewerbsfähigkeit, aber schlecht für ihre kurzfristigen Bilanzen und Renditeziele wäre.[65]

Auch wenn wir stets sehr erbittert um die Autoverkaufszahlen in Deutschland kämpfen – international spielt der hiesige Markt schon lange keine Rolle mehr. Schon weit vor Corona brachen die Absatzzahlen ein, weil wichtige Märkte wie China nicht mehr den fossil betriebenen Verbrenner kauften. Die sonst so oft statuierte Fürsorge gegenüber Mitarbeiter:innen führte nicht dazu, auf diese Trends zu reagieren und die Transformation zu beschleunigen – dabei war das Signal weltweit zu empfangen:

- China schickte sich an, das fossile Kapitel zu überspringen (weil es das nicht selbst gestalten und daran gewinnen konnte) und pushte qua Staatsmacht Elektroantriebe (die die deutsche Industrie zu liefern nicht in der Lage war).[66]
- In Amerika machten sich Tech-Konzerne wie Google, Tesla und Apple auf den Weg, das Autofahren zu revolutionieren. Ja! Ich sehe Tesla als Tech- und nicht als Autokonzern, und genau das ist das Fatale für das deutsche Business des reinen Autoabverkaufs.
- Einige dieser Firmen behandeln in ihrem Geschäftsmodell das Autobesitzen nicht als Fetisch, sie wollen es (teilweise) auf Sicht überflüssig machen – und damit auch die Kernkompetenz vom Autobauen im Wert minimieren und zum reinen Zulieferer machen. Auch wenn 2021 davon noch nichts zu sehen war, denn auch die von Tesla gebauten Autos sind zu groß und werden allein gefahren.
- Dennoch: Ihr Geschäft dreht sich um Daten und Mobilitätsservices. Um erlebbare Updates, autonomes Fahren. Der Abschaffung des Lenkrades, das in der Hand zu halten uns Deutschen noch so wichtig ist.

»Aus heutiger Sicht stehen die Chancen vielleicht bei 50 zu 50, dass die deutsche Automobilindustrie in zehn Jahren noch zur Weltspitze gehört«[67], erklärte VW-Chef Herbert Diess schon 2018. Auf die deutsche Autoindustrie kommen harte Zeiten zu, davon ist auch die Unternehmensberatung Roland Berger überzeugt. »Nicht alle Unternehmen der Branche werden überleben. Welche es schaffen und wer künftig gefährdet ist, hängt vor allem von der Fähigkeit ab, sich den Veränderungen anzupassen«[68].

Seit 2010 gab es im Kanzlerinnenamt nur *Auto*gipfel und damit die Zusammenkunft von ausschließlich einer Industrie, einer Lobby mit den höchsten Amtsträger:innen unseres Landes. Eine Verkehrswende kann jedoch nur stattfinden, wenn alle an Mobilität beteiligten Gruppen an diesem Tisch sitzen.[69] Was bis 2021 kein einziges Mal geschah.

Seit dem Autogipfel 2020, bei dem es kurz möglich schien, dass es eine neue Auflage der Abwrackprämie geben könnte, nenne ich mich **Zukunftsaktivistin.** Zuvor hatte ich mich immer gegen den Begriff des Aktivismus gewehrt, da ich mich eher als objektive Expertin für Mobilität sehe. Dieser Moment zeigte mir: Die Verkehrswende braucht Unterstützung, denn entgegen allen Behauptungen, Slogans und Kongressen: Die Verkehrswende hat in Deutschland noch nicht mal begonnen!

Der Dieselskandal ist bis heute nicht vollständig aufgeklärt. Es ist ein Menetekel, dass nicht deutsche, sondern amerikanische Ingenieur:innen den Impuls gaben, einmal genauer in die Abgastechnologie vor allem von Volkswagen, dann aber auch von allen weiteren Automobilherstellern zu schauen. Es macht mich betroffen, wie viel deutsche Ingenieurskunst jahrelang in Betrug statt in Innovation und echte Verbesserung für Menschen geflossen ist. Wie viel Kraft wurde hier aufgebraucht für einen Weg, der in die komplett falsche Richtung führte? Wäre dies vermeidbar gewesen, wenn die Teams in den leitenden Positionen mehr Diversität aufgewiesen hätten? Wie kann so eine Hybris der Unantastbarkeit entstehen? Wie kann es sein, dass für ein Transportmittel Versuche mit Affen durchgeführt wurden?[70] Wie kann es sein, dass unsere Autolobby die EU-Abgasnormen als zu ambitioniert kennzeichnet?[71] Wie kann es sein, dass die Freiheit jener, die ein Auto fahren oder parken, so viel mehr zählt als die aller anderen Menschen?

Schlüsselindustrie ist für mich etwas, das zukunftspositiv und damit klimapositiv klar an den Pariser Klimazielen orientierte Produkte anbietet oder der Gesellschaft auf anderen Ebenen wie der Erziehung, Bildung und Pflege, aber auch Kultur und Kunst Mehrwerte offeriert. Eine Industrie, die riesige Zerstörungen erzeugt, weil sie sich an einem Kapitalismus orientiert, der sich an falschen Maßstäben wie dem des Bundesinlandsproduktes oder der Dividenden für Aktionäre bindet, wird in unserer Gesellschaft als »erfolgreich« kategorisiert. Allein Volkswagen trägt mindestens ein Prozent zum weltweiten $CO_2$-Ausstoß bei und ist damit ein so großer Emittent, wie es ganz Deutschland ist.[72] Weil wachsend, weil reich, weil Lobbyismusmarktführer. Eine Schlüsselindustrie ist das nicht. Sie liefert auch keinen Schlüssel für die Zukunftsfragen unserer Gesellschaft. Schon zuvor war diese Industrie nicht zur Transformation bereit.

Schließlich gab es den ersten Gipfel mit Kanzlerin Merkel bereits 2010 – auch damals war die Autoindustrie in der Krise, als Folge der Finanzkrise. Und schon damals musste sie vom Staat »gerettet« werden. Faktisch wurde sie durch staatliches Geld und staatlichen Protektionismus von der Politik derart vom internationalen Wettbewerb abgeschirmt, dass sie ihre Wettbewerbsfähigkeit einbüßte. Natürlich ist die Autoindustrie mit den ihr nachgelagerten Zulieferbetrieben ein wichtiger wirtschaftlicher Faktor, wenn sie jedoch in Zeiten, da alles in die Krise gerät, immer den Staat und nach Geldern der Steuerzahler:innen ruft, um dann – so wie 2020 – hocherfreut Milliardengewinne zu verkündigen, dann ist das System ein falsches. Vor allem, weil die staatlichen Zuschüsse nicht, wie in anderen Ländern üblich, an Klimaziele gebunden wurden. Wir haben den Pariser Vertrag unterzeichnet, das sollte uns – ähnlich wie in Österreich – durch alle Entscheidungen lenken, die wir nicht nur, aber vor allem wirtschaftlich treffen. Nicht zuletzt das Bundesverfassungsgericht hat hier im Frühjahr 2021 ein deutliches Urteil gesprochen, dass alle politischen Entscheidungen eine lebenswerte Zukunft kommender Generationen wahren müssen.[73]

Die Geschichte zeigt an einem Beispiel, dass aus Krisen etwas Neues, Innovatives entstehen kann: Zu Beginn der 1980er Jahre taten sich in Flint im US-Bundesstaat Michigan Menschen zusammen, um sich mit der Zukunft der Arbeit zu beschäftigen. Auslöser war die dritte industrielle Revolution, mit der Roboter an die Fertigungsbänder der Autoindustrie kamen, um Arbeitsprozesse zu vereinfachen, zu beschleunigen und menschliche Arbeitskraft überflüssig zu machen. Die Gruppe, die sich dieser Herausforderung stellte, war sehr heterogen – Gewerkschafter:innen, Theolog:innen, klassische Manager:innen bis hin zum Bürgermeister stellten sich gemeinsam der Aufgabe, die Heimat von General Motors, Chevrolet und Buick in der Bedrohung durch Massenentlassungen neu auf Arbeit schauen zu lassen.

Hier liegt der Ursprung von New Work. Hier fassten die Beteiligten den Entschluss, die Arbeit gleichmäßig zu verteilen. So konnte jede:r von Arbeitslosigkeit bedrohte Mensch sechs Monate in den hochtechnisierten Fabriken arbeiten. Die weiteren sechs Monate waren nicht »frei«, sondern wurden unter Koordination von Frithjof

Bergman für den Ausbau von individuellen Fähigkeiten und Arbeit in dem, was die Menschen »wirklich, wirklich tun wollten«, eingesetzt. Einige fanden durch diese Zeit neue Jobs und Interessen, machten Hobbys zum Beruf oder veränderten die Prioritäten in ihrem Leben. Eine Veränderung, für die sie zuvor schlicht nicht die Zeit gehabt hatten.

Ich frage mich: Warum sollten wir angesichts der Umbrüche in der Automobilindustrie nicht auch heute so denken?

Ist die heutige Mitarbeiter:in am Fertigungsgang wirklich – neben der im Vergleich zu anderen sehr guten Bezahlung der Branche – daran interessiert, diese Tätigkeit für immer auszuführen? Hat sie:er vielleicht sogar Ideen, welche Dinge das Unternehmen vorantreiben sollte? Vielleicht möchte er:sie etwas anderes tun und Weiterbildungen anstreben? Und können wir nicht kreativer mit Arbeitszeiten umgehen? So wie in Schweden, wo Toyota bereits 2003 die Sechs-Stunden-Tage bei gleicher Bezahlung einführte. Die Mitarbeitenden sind gesünder, zufriedener und mindestens genauso produktiv. Der Versuch überzeugte so sehr, dass sogar Arbeitsplätze in umgebenden Krankenhäusern so geplant wurden.[74] Leider wurde der Versuch abgebrochen, weil Geld mehr zählte als die Gesundheit der Angestellten.

Ein weiterer Hinweis zur Einordnung sei erlaubt: Der einstige »Jobmotor« der regenerativen Energien ist schon sehr viel länger von einem umfangreichen Arbeitsplatzabbau betroffen – und das, obwohl er zukunftsfähige Stromerzeugung garantiert – für Klima und Menschen und Elektromobilität.[75, 76, 77]

Fakt ist: Die automobile Elektromobilität kommt. Diese Entwicklung ist unumkehrbar. Der Radius, innerhalb dessen die alte Technologie noch fahren darf, verkleinert sich weltweit. Auch die EU verschärft die Vorgaben: Unter dem Slogan »Fit for 55«[78] ist festgeschrieben, dass bis 2030 der Ausstoß von Kohlendioxid um mindestens 55 statt wie geplant um 40 Prozent im Vergleich zu 1990 reduziert wird. Bis 2050 will die EU klimaneutral sein. »Für Auto-Fahrer und die -Industrie bedeutet das: Mobilität wird teurer, der Verbrennungsmotor ist faktisch am Ende.«[79] Länder wie die Niederlande, Österreich, Belgien, Dänemark, Griechenland, Malta, Irland, Litauen und Luxemburg sind es, die diese Pläne in Europa vorantreiben, deutlich weniger abhängig und lobbyiert von der Autoindustrie, als wir es sind.

Deutsche Verbrennungsmotoren-Besitzer:innen mögen mit E-Mobilen fremdeln, doch sie entscheiden nicht über die globale Nachfrage (von der die Arbeitsplätze abhängen).

Es bedarf eines größeren Denkens als nur der Besitzstandswahrung. Es gibt hier kein »aus Alt mach Neu« – es muss wirklich neu gedacht und gemacht werden. Andere, jüngere Automobilhersteller lösen sich völlig vom Auto, indem sie Ökosysteme anbieten, von der Ladeinfrastruktur zum »over the air«-Update. Ähnlich wie bei einem Handy geschieht hier die Verbesserung des Autos, ohne Kontakt zu einer Werkstatt aufnehmen zu müssen. Das Auto ist für diese Hersteller nur noch ein »device«, ein Mittel zum Zweck. Sie bieten Mobilität an, nicht ein bestimmtes Fahrzeug, das man in seinem Besitz haben muss, um es zu nutzen. Genau dieses Denken hilft bei der Fokussierung auf Innovation.

Letztlich kommt unsere »Schlüsselindustrie« vielleicht auch einfach in der Realität vieler Branchen an, die jahrzehntelang als »too big too fail« galten. Doch über Erfolg oder Scheitern entscheiden nun nicht mehr deutsche Verbraucher:innen und Politiker:innen. Der Druck zur Veränderung kommt längst von außen, vom Weltmarkt. Das obere Management der Autokonzerne schien bis vor kurzem von den langen Jahren des Erfolgs satt und uninteressiert daran zu sein, auf derartigen Druck zu reagieren. Die drohenden Massenentlassungen aber sind ein Wecksignal, das niemand mehr in der Branche überhören kann. Wir sollten diese Warnung beherzigen und mit den notwendigen Veränderungen beginnen. Sonst gewinnen andere. Und die Folgen dessen wären erst recht fatal für den deutschen Industriestandort.

## Für eine wahlfreie Mobilität

Ich wende mich mit meinem Buch und meiner Arbeit unter dem Hashtag #Autokorrektur nicht gegen das Auto – ich wende mich vielmehr den Menschen zu, die im Auto sitzen.

#Autokorrektur ist eine Detektivinnen-Arbeit und basiert auf Zuhören, Nachfragen und dem Freilegen von unreflektierten Bedürfnissen, die sich hinter dem privaten Autobesitz verstecken. Eine Einladung, wahrzunehmen, wie das eigene Verhältnis zum Auto aussieht – und ob die Masse der Menschen, die muss und nicht will, ggfs. sogar die Mehrheit darstellt. Denn das Auto an sich ist ein cleveres Ding: wenn wir es teilen. Der Nutzen, den ein Auto bereitstellt, ist phantastisch, aber zu häufig nicht effizient, auf Kosten anderer und der Umwelt. Das können wir ändern, wenn wir laut werden. Zusammen. Und Alternativen fordern. Einige Ideen zum Umdenken oder auch einfach zum Nachmachen finden sich im Schlusskapitel.

Meine These:
Es ist falsch, Mobilität ausschließlich wirtschaftlich zu denken, zumal in einem System, in dem die Kosten für Autoverkehr seit jeher von allen getragen werden – auch von jenen, die noch nicht mal einen Führerschein haben, und das sind immerhin 30 Millionen Deutsche (Menschen unter 18 Jahren und Erwachsene ohne Führerschein).

Nicht zuletzt nach der Entscheidung des Bundesverfassungsgerichtes stehen die Klimafolgekosten des Autoverkehrs im Fokus – oder sollten es zumindest. Daher warne ich auch davor, parallele Strukturen für den Radverkehr zu bauen. Beton ist einer der schlimmsten Emittenten klimaschädlicher $CO_2$-Gase – dann doch lieber, auch wenn es heute unmöglich erscheint, die jetzt vorhandenen Autoflächen neu verteilen. So solidarisch, wie heute Politik mit der Industrie des Autos umgeht, so sollte sie es ab sofort mit öffentlicher Mobilität tun. Das Bundesverkehrsministerium hat zum Beispiel 2021 den 2. Platz des Mobilitätspreises an die Idee der bedarfsangepassten Freigabe von Fahrspuren für den Radverkehr vergeben.[80] Also eine temporäre und bedarfsgerechte Neuverteilung der Verkehrsflächen. Leider wurde diese Idee bisher weder rechtlich vom BMVI vorbereitet noch in der Praxis in einem größeren Feldversuch getestet.

Was wäre, wenn es Alternativen gäbe? Viele Menschen würden die 300 Euro, die ein Mittelklassewagen durchschnittlich im Monat an Kosten verursacht, dann vielleicht flexibler einsetzen als nur für diese eine Mobilitätsform, die überdimensioniert und klimaschädlich ist.

Eine Verkehrswende hin zu einer wahlfreien, klima- und sozial gerechten sowie barrierefreien Mobilität lohnt sich. Nicht nur im Sinne einer guten Gesellschaft, die resilient ist gegenüber den Herausforderungen einer globalen Zukunft, sondern auch wirtschaftlich durch Vermeidung von Folgekosten durch Klimaschäden und Krankheiten.

Wir haben im Mobilitätsbereich gute Lobbyist:innen, die wirksame und emotional aufgeladene Narrative gesetzt haben. Das Auto wurde als sicherer Raum, als individuelle Mobilität und Freiheit geframed. Gleichzeitig wurden die Alternativen verschlechtert und die Prozesse, die die Wege verlängerten, gefördert. Dazu kommt ein milliardenschwerer Werbedruck – das Auto springt einem überall entgegen: in Zeitung, Fernsehen, den sozialen Medien. Kein anderes Verkehrsmittel ist in der subjektiven Wahrnehmung so präsent wie das Auto. Das wirkt sich natürlich auf die Mobilitätsvorstellung einer Gesellschaft aus.

Doch das können wir ändern. Indem wir anfangen, Dinge zu hinterfragen.

Ich habe im vergangenen Jahr, als die Bundesregierung die erste Kaufprämie für E-Autos eingeführt hat, auf Twitter[81] die Frage gestellt, was sich die Menschen für die 6000 Euro zulegen würden: eine BahnCard100, ein Lastenrad, einen E-Scooter oder ein Auto? Viele reagierten betroffen, weil sie reflektierten: Ich habe mich an diese Prämien schon so sehr gewöhnt, dass ich sie gar nicht mehr hinterfrage. Auch wenn sie selbst nichts davon haben, es ist normal, dass Automobilität gefördert wird.

Mehr als 50 Prozent der Befragten hätten sich für die BahnCard100 entschieden, also für deutschlandweite Mobilität im öffentlichen Personenverkehr. Der größte Hinderungsgrund am Kauf einer BahnCard 100? Der Preis. Wir müssen endlich anfangen, nicht nur Autofahrer:innen zu belohnen, sondern auch andere Formen von Mobilität mit Anreizsystemen zu versehen.

Was heißt dies für bestehende Gesetzgebung?

Die Veränderung braucht definitiv neue regulatorische Rahmenbedingungen. So sind in der neuen Straßenverkehrsordnung und auch in der Novelle des Personenbeförderungsgesetzes Anker gesetzt, die zum einen die »schwächeren« Verkehrsteilnehmer schützen, und mehr Raum für Versuche schaffen. Das klingt zunächst sehr diffus, heißt aber, dass ausprobiert werden darf, was heutige Autofahrer:innen zum Ausstieg bewegen könnte. So zum Beispiel neue Konzepte wie On-Demand-Ridepooling[82] (integriert in den Nahverkehr) nicht mehr als temporär limitierten Versuch auszulegen, sondern fest zu verankern und je nach Resonanz der Kund:innen auszubauen.

In Europa setzen sich Politiker:innen durch, die »nach Corona« nicht mehr zurück zum vorherigen Zustand wollen, sondern die Krise nutzen, um Mobilität anders zu gestalten. Brüssel ist hier überraschend deutlich und sperrt Autos aus, in Paris gestaltet Bürgermeisterin Anne Hidalgo diesen Umbau schon seit längerem und will dafür kräftig investieren. Straßen werden autofrei gestaltet, Ufer der Seine zu aufenthaltsattraktiven Stränden. Die Stadt wird dem Menschen zurückgegeben – und genau darum geht es. Denn seien wir ehrlich: Schon jetzt bemerken wir, dass die Temperaturen seit langem über dem Normalniveau liegen. Die Wiener Vizebürgermeisterin Birgit Hebein schuf hier die sogenannten »coolen Straßen«, die durch Begrünung und mittels Wasserspielen helfen sollen, dass sich Menschen draußen aufhalten können, die nicht über Balkone und viel Platz verfügen, und die Stadt an sich zu kühlen. Spannende Zeiten, in denen es mutigen Politiker:innen gelingen kann, echten Mehrwert für alle zu schaffen.

Wenn wir aber weiterhin so viel Geld in das Produkt Auto stecken und das System Automobilität so stark wie bisher subventionieren, dann bleibt es auch weiterhin billig, so dass viele Menschen sich ein Auto anschaffen. Wirklich alle Menschen? Wer kauft Neuwagen, wer kann sich das leisten? Das geht in vielen Fällen über Dienstwagenregelungen, Rabatte und Leasing. Das Auto wird preislich künstlich attraktiv. Das muss aufhören. Es bedarf der echten Kostentransparenz – und dazu gehören auch die Kosten der Umweltzerstörung, die ein Auto verursacht.

Der Mensch muss zurück in den Mittelpunkt. Um ihn und seine Bedürfnisse herum würde die Stadt meiner Vision konzipiert. Nicht um Fahrzeuge aus Stahl. Alles, was sich mit Muskelkraft bewegt, hat Vorrang in der Planung. Also Rollstuhlfahrende und Menschen mit Rollator oder Kinderwagen, Menschen mit speziellen Bedürfnissen an Raum, Barrierefreiheit und Geschwindigkeit. Denn das Rasen durch unseren Alltag ist nicht selten auch durch die Auto-Alltagsmobilität erzeugt.

Wenn wir weniger Tempo in der Stadt erlauben, tut das allen Mobilitätsformen gut. Vor allem jenen, die aktuell keine Stimme haben. Da ist diese riesige Autolobby und all die kleinen »Lobbys« von Radfahrer:innen oder Fußgänger:innen und eine große »schweigende Mehrheit«, die ohne Auto leben möchte, aber nicht weiß, wie.

Meine Stadt ist ein Sehnsuchtsort, wo sich all diese Menschen wohl fühlen dürfen, stattfinden und gesehen werden. Und wo sie sich begegnen, weil es keine »Straßenschluchten« mehr gibt, sondern der Raum zwischen den Häusern so gestaltet ist, dass er zum Aufenthalt und Verweilen einlädt. Mit viel Grün, guter Luft und Ruhe.

Es braucht dringend Vielfalt. Neue Verkehrsangebote wie MOIA sind nicht barrierefrei und schließen damit Menschen mit Mobilitätseinschränkungen aus. Viele Leihfahrräder – und das mag minimal klingen – haben keine Möglichkeiten, Taschen unterzubringen, die aber viele Frauen und auch Männer mitführen.

Es gibt viele kleine Details, die zeigen, wie »gesund« es für die Marktfähigkeit neuer Produkte ist, wenn nicht nur eine privilegierte gesellschaftliche Gruppe die Mobilität entwirft, sondern ein Abbild der Gesellschaft. Ich will die Menschen wahlfrei machen, also die Abhängigkeit vom Auto durch neue Alternativen auflösen. Das kann nur gelingen, wenn wir die Bedürfnisse möglichst vieler kennen, die jetzt noch das Auto benutzen. Die Alternativen zum Auto müssen inklusiv sein.

Ich möchte in einer Stadt wohnen, die allen die Mobilität bietet, die sie benötigen. Ich möchte in einer Stadt wohnen, die versteht, dass Lebensqualität nicht am »Schnell-durch-die-Stadt-Fahren-und-billig-Parken« gemessen werden sollte, sondern an der Freude, in ihr spazieren zu gehen, Menschen zu begegnen, durchzuatmen und Ruhe zu genießen.

Ich wohne in Hamburg in einem Wohnviertel, das von vier Spuren Autos geprägt ist: zwei Park- und zwei Fahrspuren. Die Menschen, die ohne Auto mobil sind, ordnen sich dem Pkw unter. Der zum Teil in dritter Reihe geparkt und immer größer gekauft wird. Sicher kennen Sie ähnliche Stadtteile. Das hat nichts mit der Leichtigkeit zu tun, die ich in einer Stadt fühlen möchte. Momentan mache ich viele Dinge in Hamburg »trotzdem«. Obwohl es sich gefährlich anfühlt, fahre ich zum Beispiel Rad. Obwohl meine Gehwege sehr schmal sind, gehe ich zu Fuß. Ich habe kein Auto und dadurch auch wenig Raum in der Stadt. Das möchte ich ändern. Und davon werden alle profitieren. Die Attraktivität einer Stadt – und im Übrigen auch die Umsätze der lokalen Händler:innen – steigert sich mit dem Wunsch, in ihr verweilen zu wollen.

Interessanterweise haben die Städte, die gerade viel voranbringen, Bürgermeisterinnen.

Ich will nicht sagen, dass Frauen besser in der Umgestaltung autozentrierter Städte sind – aber vielleicht haben sie einfach andere Ideen und sehen andere Dinge. Wissenschaftlich ist bewiesen, dass sich Frauen – auch aufgrund der Rollengestaltung in der Familie – sehr viel mehr zu Fuß und mit dem ÖPNV bewegen als Männer. Das könnte einer der Gründe sein, warum Barcelona seine Superblocks gestaltet und Paris mit Anne Hidalgo eine Frau hat, die die Stadt autofrei machen will. Das halte ich für das wichtigste Signal, vor dem sich im Autoland Deutschland noch viele »drücken«: ganz klar zu sagen, dass der Platz vom Auto kommen muss, wenn die Stadt attraktiver werden soll. Diese Ehrlichkeit vermisse ich in der deutschen Debatte um eine wirksame Mobilitätswende bisher. Weitere Städte sind Kopenhagen, London mit seiner Citymaut, alles Beispiele, die nicht 100 Prozent perfekt, aber auf dem Weg sind, Mobilität jenseits des Autos zu denken. Tempo 30 wird von vielen Expert:innen für die Stadt empfohlen. Es schafft Gleichberechtigung zwischen den Verkehrsteilnehmer:innen und sorgt für mehr Sicherheit.

Es muss schlicht von Vorteil sein, das Auto stehen zu lassen. Das tritt ein, wenn die Alternativen attraktiver und verfügbarer werden. Wenn der Umstieg zwischen Verkehrsmitteln »einfach so« erfolgen kann. Heute müssen sich alle, die anders mobil sein möchten als im Auto, mehr anstrengen als die mit Pkw. Ampelschaltungen funktionieren autozentriert, alternative Mobilitätsformen sind nicht miteinander verbunden. Es wird den Kund:innen überlassen, sich über diese zu informieren und die richtigen Apps parat zu haben. Und selbst, wenn das gelingt, ist noch nicht gesagt, dass der fairste Preis gefunden wird. Es ist in Zeiten von Digitalisierung aktuell unverständlich, Kund:innen nur im eigenen Produkt zu sehen – nicht aber in einem Gesamtsystem, das eine echte Alternative werden könnte. Teilweise sind die Alternativen zum eigenen Pkw sogar ökonomisch nachteilig für die Nutzer:innen.

Kein Bus wird in den öffentlichen Raum gestellt. Das Auto hingegen bekommt all das geschenkt. Ich möchte gern dazu einladen, den Status quo aus den Augen von nicht Autofahrenden zu betrachten. In die Welt einzutauchen, die außerhalb der eigenen Fahrgastzelle enorm beschränkt wurde.

Im Mobilitätswandel stehen alle Ampeln auf Rot, wenn von Verboten die Rede ist. Es wird sich darauf berufen, dass jede:r das Recht habe, Automobilität nach eigenem Gusto zu gestalten. Es wird auf »die Freiheit« verwiesen. Warum? Gibt es dieses Recht überhaupt, wenn viele von diesem ausgeschlossen sind? Denn aufgrund von Einkommen, Mobilitätseinschränkung oder anderen Ursachen sind viele Menschen nicht frei in der Wahl ihrer Mobilitätsformen. Sie können sich z. B. ökonomisch kein Auto leisten oder verzichten freiwillig. Verzichten diese Menschen dann auch automatisch auf das Recht auf den Stadtraum, die saubere Luft und eine leise Umgebung?

SABINE!
Wenn die LATERNEN angehen, bist Du zuhause!

# RAUM

»Dort in Wien leben mittlerweile mehr Kinder und es ziehen mehr Familien in diese Gebiete, wo wir den Anteil des Autos gewaltig reduziert haben.«

*Prof. Hermann Knoflacher im Gespräch mit She Drives Mobility*[1]

## Die Entwicklung des Raums

Auch dieses Kapitel starte ich mit einer kleinen Rückschau, nicht mit dem Anspruch auf Vollständigkeit, weil ich weder Historikerin noch Raumplanerin bin, aber mit dem Anspruch, immer wieder daran zu erinnern: Wir haben das gemacht, wir können es also auch wieder ändern und gut machen. Unsere Räume sind nicht gesund. Viel zu oft sind sie nicht mehr am menschlichen Maß ausgerichtet, sondern an der Automobilität, die nur eine von unendlich vielen Formen der Fortbewegung ist. Trotzdem hat nur sie eine solche Dominanz über städtische, suburbane und vor allem ländliche Räume erhalten, dass es sich lohnt, mal zu schauen: Wie konnte es so weit kommen?

Denn irgendwann war das, was wir jetzt öffentlichen Raum nennen, tatsächlich für alle da. Das Auto brachte in diesen Raum eine neue Struktur, die darauf ausgerichtet ist, Menschen außerhalb des Autos zu schützen und Menschen im Auto freie Bahn und Abstellräume zu schaffen. Kennen Sie die Reichsgaragenverordnung[2] aus dem Jahr 1939? Erneut ein Aspekt deutscher Auto(un)kultur, der in die Nazizeit zurückreicht. Mit der von Hitler ausgerufenen Volksmotorisierung und dem Kraft-durch-Freude-Volkswagen wurde über dieses Gesetz verpflichtend festgelegt, dass mit jedem Neubau genügend Autoabstellplätze zur Verfügung stehen. Pro Wohneinheit war ein Stellplatz Minimum, wir können uns vorstellen, was das für die großen Siedlungen bedeutete. Bis heute haben sich die meisten Städte in Deutschland nicht vom Grundprinzip der Reichsgaragenverordnung verabschiedet, so dass viele Wohnquartiere noch immer so geplant werden, dass in den Tiefgaragen jede Menge Platz für Autos geschaffen wird. Eine unglaubliche Verschwendung von Ressourcen und eine Eintrittskarte in die Automobilität der Bewohner:innen.

## 100 Quadratmeter für ein Auto

Kommen wir zum Abstellen von Autos, wichtiger Punkt, weil sie sich ja kaum bewegen.

»Erst in den 1960er Jahren, als die Zulassungszahlen durch eine Reihe von steuerlichen Erleichterungen und weiteren gesetzlichen Privilegien deutlich zunahmen und die Zahl der Abstellmöglichkeiten nicht Schritt halten konnte, begannen immer mehr Menschen und Gewerbetreibende ihre Fahrzeuge einfach auf der Straße abzustellen und einen ›**Laternenparkplatz**‹ zu wählen. Als der Bremer Senat dies mit dem Hinweis auf das bestehende Recht verbieten lassen wollte, klagte sich ein Unternehmer bis zum Bundesverwaltungsgericht durch und erreichte, dass ab 1966 die immer mehr um sich greifende Praxis des öffentlichen Abstellens legal wurde.«[3]

Bis dahin war es lediglich erlaubt, sein Fahrzeug auf dafür vorgesehene Stellplätze abzustellen, überall anders war es verboten.

Grundsätzlich darf nicht in zweiter Reihe gehalten oder geparkt werden, um den Autofluss nicht zu gefährden. Keine Ahnung, wie es vor Ihrer Haustür aussieht, bei mir scheint es sich noch nicht rumgesprochen zu haben. Und selbst bei meinen Eltern auf dem Land werden vorhandene Stellflächen aus Bequemlichkeit oder wegen Übergröße der Fahrzeuge nicht genutzt und an der Straße geparkt.

Dass der Ruheplatz für ein Auto, das sich von seinem täglichen 45-Minuten-Einsatz erholen muss, direkt vor der Haustür liegt, ist nicht gesetzlich geregelt, es fühlt sich aber so an, als sei dem so. Als ruhender Verkehr werden geparkte, haltende und nicht fahrbereite Fahrzeuge im öffentlichen Straßenverkehr bezeichnet. Schon interessant, dass Fahrzeuge, die nicht fahrbereit sind, im öffentlichen Raum abgestellt werden dürfen, oder?

Wenn ich mein nicht fahrbereites Sofa auf einen zwölf Quadratmeter großen Platz im öffentlichen Raum abstellen würde, wäre das eine Ordnungswidrigkeit.

Zahlen des Statistischen Bundesamts aus 2021 belegen, dass die Straße zwölfmal so viel Platz pro beförderter Person wie die Schiene benötigt. Der Verkehr verbraucht dabei weit über ein Drittel der gesamten Siedlungs- und Verkehrsfläche in unserem Land. Wie die Schienen-Allianz im selben Jahr ergänzte,[4] braucht ein Auto durchschnittlich eine Fläche von 100 m², während ein Bus durchschnittlich 20 m², ein Fahrrad 10 m², die Eisenbahn 7 m² und ein:e Fußgänger:in 2 m² benötigt.

Die 100 m² eines Autos setzen sich zusammen aus mehreren Parkplätzen, die mindestens 12 m² groß sind (mehr als manches Kinderzimmer!) und der Fläche all der Straßen, die es befährt. In Wohngebieten ist das Parken oft kostenlos, obwohl sich die jährlichen Betriebskosten pro Platz auf bis zu 300 Euro belaufen und die Baukosten bis zu 5000 Euro betragen. Nicht umsonst werden Stellplätze für Autos in den Tiefgaragen neuer Wohnungen gerne mal für 20 000 Euro zu Wohnungen dazuverkauft. Erhebt eine Kommune Gebühren für Anwohnerparkausweise, dürften diese bundesweit bis Ende 2020 nicht mehr als 30,70 Euro kosten. Erst seit diesem Jahr haben die Länder und Kommunen die Möglichkeit, mehr als diese 30,70 Euro pro Jahr von den Anwohner:innen zu erheben.[5] »Wir geben unseren Autos mehr Raum als unseren Kindern und verschenken kostbare öffentliche Flächen, damit Menschen dort ihr ungenutztes Privateigentum abstellen können.«[6]

12 Quadratmeter Hamburg kostenlos zur Aufbewahrung seines privaten Gutes, davon träume ich auch manchmal: ein Sofa, ein Tisch, viele gute Bücher, noch besserer Kaffee und Nachbar:innen, die immer mal wieder sich zu mir setzen und einen Plausch halten. Dürfte ich das? Nein. Nachbar:innen mit Autos ist das erlaubt. »Für rund 65 Millionen Fahrzeuge (Pkw, Lkw, Anhänger) gibt es in Deutschland 160 Millionen Stellplätze. Davon befinden sich etwa 70 Prozent am Straßenrand.«[7] Das sagt der ADAC – und der kennt sich mit so was ja aus. Und das heißt, dass 840 Millionen Quadratmeter Fläche in Deutschland dem Auto gehören. Für die Vorstellung: Diese Fläche ist so groß wie 117 647 Fußballfelder[8]. Ganz schön viel Raum, der eigentlich allen gehören sollte.

Die Verkehrsfläche pro Mensch stieg in den letzten Jahrzehnten enorm an – parallel zum bis heute nicht gebremsten Wachstum des Autobestandes. Während wir heute durchschnittlich auf etwa 47 Quadratmetern[9] wohnen, erhält das Auto mehr als das Doppelte an Fläche. Wir versiegeln wertvollen Naturraum, holzen die für die Abwehr der Klimakrise so wichtigen Wälder ab und gefährden eine lebenswerte Zukunft für alle mit unserer bequemen Autogegenwart. Das Schlimme? Parken stellt eine verkehrliche Nutzung des öffentlichen Verkehrsraums dar und ist deshalb immer dann erlaubt, wenn es nicht explizit verboten ist. Straßenrechtlich wird das Parken als Gemeingebrauch eingeordnet. »Parkverbote im öffentlichen Verkehrsraum müssen im Einzelfall auf Grundlage des Straßenverkehrsrechts festgesetzt werden. Sie bedürfen stets einer Rechtfertigung und sind im Regelfall nur zur Gewährleistung eines sicheren und flüssigen Straßenverkehrs zulässig.

Aufgrund der Privilegienfeindlichkeit[10] des Straßenverkehrsrechts können andere Begründungen, wie beispielsweise die Förderung klimaschonender Mobilitätsformen, nicht herangezogen werden.«[11]

Die Agentur für Clevere Städte und Student:innen der »Best-Sabel-Hochschule« haben 2014 Berliner Straßen vermessen: 58 Prozent der Verkehrsflächen in der Hauptstadt sind für Autos reserviert, davon 19 Prozent für parkende Fahrzeuge. Fußwege nehmen 33 Prozent der Flächen ein, für den Radverkehr bleiben lediglich drei Prozent der Flächen übrig. Dabei legen die Berliner nur 30 Prozent ihrer Wege mit dem Auto zurück, aber 13 Prozent mit dem Fahrrad. Beim Fußverkehr entspricht der Anteil an den zurückgelegten Wegen mit 31 Prozent in etwa den zugewiesenen Flächen. Allerdings sind die Bürgersteige in Berlin breiter als in vielen anderen deutschen Kommunen. Nur fünf Prozent der Berliner Straßen sind demnach zu schmal, um Flächen zugunsten des Radverkehrs umzuwidmen.[12]

Bis heute werden Räume zu Autoräumen gemacht – im großen Stil.

So wurden zwischen 2014 und 2017 in Deutschland jeden Tag 58 Hektar[13] landwirtschaftliche Flächen in Siedlungs- und Verkehrsflächen umgewandelt. Dieser Wert soll bis 2030 unter 30 Hektar fallen. Fatal: Neue Wohngebiete entstehen oft ohne direkte Anbindung an Ortskerne. Ohne öffentliche Verkehrsanbindung – und sind damit Quelle neuer und längerer Wege, die zumeist mit dem Auto zurückgelegt werden. Die Folgen: Gemeindestraßen müssen aus- oder neu gebaut werden. Immer mehr Fläche wird versiegelt, und es entsteht zusätzlicher Verkehr.[14] Auch viele Gewerbegebiete haben keinen Gleisanschluss. Das führt dazu, dass dort alle Güter und Personen mit Lkw und Pkw befördert werden müssen. Ein Teufelskreis, den wir dringend unterbrechen müssen.

Die Vision meiner #Autokorrektur ist eine kinderfreundliche, barrierearme und entschleunigte Stadt. Sie hat sich den Stadtraum, den sie zuvor kostenlos oder viel zu billig an geparktes Blech vergeben hat, zurückerobert. #Autokorrektur beginnt in der Stadt. Hier ist es am leichtesten, weil in den Innenstadtkernen Alternativen bestehen und genutzt werden können. Danach bringt #Autokorrektur die Alternativen in die Stadtrandlagen und immer weiter in die Region. Da müssen wir auch gar nicht so viel anders denken. Denn der ländliche Raum mit seiner zumeist schlechten Versorgung kann in der Gestaltung richtig Freude bereiten! Viele Ideen aus der Stadt brauchen wir eigentlich hier: Einkaufsmöglichkeiten oder Ärzt:innen, die zu den Dörfern kommen. Fahrdienste und E-Scooter, Leihräder zum Lückenschluss zum Bahnhof oder einer Haltestelle.

Meine Stadt ist befreit vom privaten Pkw. Autoplätze wurden wieder zu Parkflächen gemacht, die dann zugleich dabei helfen, die im Sommer überhitzte Stadt abzukühlen. Der Raum zwischen den Häusern ist lebendig, Nachbar:innen kennen sich und können einander im Alltag helfen. Denn es genügt, wenn nur ein Mensch eine Bohrmaschine besitzt, wir müssen nur wissen, welcher dies ist.

Meine Städte sind befreit vom Verkehrslärm, Emissionen und dem Kampf um Stadtraum. Die Straßen gehören gewerblich genutzten Pkw, Einsatzfahrzeugen, Fahrrädern und Scootern, Rollern. Breite Gehwege laden zum Flanieren ein. Alle Verkehrsteilnehmer:innen sind überall sicher unterwegs. Die Wertschöpfung wird vor Ort gehalten. Rückgrat des Verkehrssystems ist der Nahverkehr, mit einer digitalen Plattform, die alle Angebote auch von privaten Mobilitätsunternehmen auffindbar macht und sie miteinander verknüpft. Kund:innen entscheiden, mit welchen Verkehrsmitteln sie schnell, ökologisch oder günstig unterwegs von A nach B sein möchten.

Der Mensch steht wieder im Mittelpunkt der Stadtplanung, die daher auch beim Fußverkehr beginnt. Belohnt wird lokal emissionsfreie Mobilität wie der Fußweg und die Radfahrt. Bepreist werden Mobilitätsformen nach ihrem $CO_2$-Abdruck. Durch Ausschluss der privaten Pkw entstand viel Raum für inklusive und fair bepreiste Mobilität und für Grünflächen, Parkbänke, Platz für lokale Händler:innen. Die Bepreisung von Stadtraum und die Rücknahme von Autoplätzen ging parallel vonstatten, ähnlich dem Klimaticket in Österreich ist es auch möglich, ein Deutschlandticket für alle öffentlichen Verkehrsformen zu kaufen – für wenige Euro am Tag.

Autofreie Innenstädte in Metropolen wie Madrid und Barcelona finden wir klasse. Radstädte wie Kopenhagen oder Amsterdam bewundern wir, und wenn wir dort sind, genießen wir die Freiheit, die wir hier ohne Auto erfahren – aber vor der eigenen Haustür empfinden wir die Vision einer autofreien Stadt als Einschränkung. Ich betrachte diesen Verzicht als Gewinn – für alle, für Gesundheit, Gemüt und Menschsein. Seitdem ich geboren wurde, atme ich die Abgase von Menschen ein, die in der Stadt nicht auf ihr Auto verzichten. Meine Gesundheit wird von einem Verkehrssystem in Mitleidenschaft gezogen, das Umwelt zerstört, Menschenleben gefährdet und Stadtraum an Stehzeuge verschleudert.

Überlegen wir uns mal, wie eine Dreijährige ihre Stadt wahrnimmt. Sie blickt, ihrer Körperhöhe geschuldet, nur auf Stahl. Sie muss sich vom Gehweg aus durch Autolücken an die Straße herantasten, weil sie diese nicht überblicken kann – auch im Wohnviertel nicht. Sie lernt, dass jedes Mal, wenn sie aus dem Auto ihrer Eltern steigt, sie an die Hand genommen und vor der gefährlichen Straße und gefährlichen Autos und Lastern gewarnt wird.

Wollen wir, dass unsere Kinder in Angst aufwachsen und mit dem Auto zum Kindergarten und zur Schule gebracht werden müssen? Oder wollen wir sie selbstbewusst erziehen, ihnen ermöglichen, dass sie selbst frei entscheiden, wie sie sich durch ihre Räume bewegen?
Vor dem Auto, das erst seit den 1950er Jahren massiv Bedeutung in unserem Leben erhielt, gab es Plätze und Orte, die geteilt wurden und keinerlei festen Regelwerks bedurften, weil sich alle dort auf Augenhöhe und meist auch rücksichtsvoll begegneten. Es gab weder klassische »Fahrbahnen« noch spezielle »Bürgersteige« (über das Wort schon mal nachgedacht?).

Städte verhießen durch die Industrialisierung Möglichkeiten und Chancen, die Landflucht setzte ein. Durch das zum Teil sehr unkontrollierte Wachstum der Städte wurde es dort eng. Gab es vorher eher ein Flanieren, Repräsentieren, Handeln und damit eine eher entspannte geteilte Fläche, so war es durch immer mehr Menschen mit Platzbedarf nun notwendig, Regeln aufzustellen. Ein weiteres Detail sorgte für Ausweitung des aktiven Lebens: das elektrische Licht. Mit ihm wurden die Menschen einen weiteren entscheidenden Schritt unabhängiger von der Natur. Bei allen Vorteilen bedeutete dies auch den Bruch mit natürlichen Zeitverläufen und eine Möglichkeit für die Industrialisierung, sich auf den gesamten Tagesverlauf und auch auf die Nacht auszudehnen.

Mit dem Wohnungsbau wurde ab 1900 der private Raum einer bewussten Gestaltung unterworfen. Es galt, dem nun rund um die Uhr verfügbar gemachten Arbeitstag Kontrapunkte entgegenzusetzen. Volksparks wurden zur Erholung der Arbeiter:innen angelegt und sind bis heute wertvolle Grünanlagen inmitten der Städte. Spannend auch hier die Ausführungen von Leslie Kern,[15] die sich mit dem Kaufhaus beschäftigt, das ab den 1870er Jahren in Paris Frauen erlaubte, sich in einem »öffentlichen geschlossenen« Raum aufzuhalten. In New York gab es z. B. die so genannte Ladies' Mile.[16]

Merken Sie was? Frauen wurde der Konsum und Männern die Produktion zugewiesen. Ganz cleverer Trick des Patriarchats, das bemerkte, dass Frauen in die Öffentlichkeit drängten. Diesem Drängen wurde innerhalb der alten Spielregeln nachgegeben, so dass Frauenfüße zwar in den öffentlichen Raum gelangten, aber nicht in die Bereiche, die mit männlicher Erwerbsarbeit zu tun hatten. Im Gegenteil. Eingekauft wurden Dinge zur Dekoration von Haus und Wohnung, Ausstattung von Kindern und Küche. Ich frage mich: Kann es sein, dass diese Historie der Grund ist, warum ich zwar selten in Kaufhäusern bin, aber wenn, dort nie doof angequatscht oder belästigt wurde? Sind Räume, die sich ausschließlich und überdacht dem Konsum unterwerfen, de facto sicherer? Durch Leslie Kerns Buch weiß ich jedoch, dass die Feminisierung von Räumen bedeutet, dass wenn diese für Menschen wie mich »angenehmer«, gleichzeitig sehr viele andere Menschen verdrängt werden. Meine Sicherheit wird gesellschaftlich über Absenz von »den anderen« definiert, ob ich das will oder nicht.

Nach den Weltkriegen sah das Bild der Stadt anders aus. Zerstörung, Wiederaufbau und am Horizont das Wunderversprechen für die deutsche Wirtschaft. Das Auto kam, für sich genommen, zur rechten Zeit. Die Idee der autogerechten Stadt setzte sich durch. Während an den Stadträndern Satelliten- und Schlafstädte entstehen, werden in vielen Altstädten viele Gebäude abgerissen.[17]

Innenstädte wurden umgestaltet, es entstanden die ersten Einkaufszentren am Rand der Stadt. Großsiedlungen wurden in Sachen Verdichtung und optimale Nutzung der Fläche pragmatisch, aber ohne jede Aufenthaltsqualität vor der Haustür umgesetzt, was auch daran lag, dass das Geld knapp und die Not groß war. Aufenthaltsqualität für Autos gab es allerdings von Beginn an.

Ganz Europa war im Aufbruch, die Wirtschaft florierte, es gab ein »scheinbar grenzenloses Vertrauen in die Zukunft der

Autogesellschaft«.[18] Es war die Zeit der sehnsüchtig erwarteten Konsumfreiheit, des Massenkonsums innerhalb einer unpolitischen Gesellschaft, die das Erlebte der Kriege überwinden wollte. Die Lebensstandards in allen sozialen Schichten stiegen. Kühlschränke, Waschmaschine und auch das Auto waren Zeichen des Aufschwungs, des Wohlstands und endlich für alle greifbar. Das Prinzip der Sparsamkeit der Nachkriegszeit konnte endlich überwunden werden.

## Die autogerechte Stadt

In der Stadt herrscht enorme Flächenungerechtigkeit, noch schlimmer als auf dem Land, wo mancher Pkw noch auf privatem Grund steht. Es stimmt: Das ist legal. Die bisherige Stadtpolitik war dem Paradigma unterworfen, zu verwalten, das Bestehende vor allem im Hinblick auf fahrenden und stehenden Pkw-Verkehr zu optimieren und dem Auto im wahrsten Sinne des Wortes Bahn zu brechen. Dass dabei der Blick auf den Menschen an sich verlorenging, ist die Folge. Umso wichtiger ist es, in das Gestalten zurückzugehen und das Bedürfnis, das auch ein Mensch hat, wenn sie:er aus dem Auto steigt, ernst zu nehmen: den Anspruch auf attraktiven, sicheren öffentlichen Raum, barrierefrei und mit hoher Aufenthaltsqualität.

Ähnlich wie bei dem Missverhältnis, dass viele finanzielle Kosten des Autoverkehrs externalisiert und damit von der gesamten Gesellschaft getragen werden, ist es auch beim Raumbedarf von Autos: Wir alle bezahlen diesen, indem wir Raum für diese sehr individuelle Mobilität hergeben, durch die sich unser Raum verkleinert, unübersichtlich wird und zusätzliche Barrieren durch Falschparkende erfährt. Der Anreiz zu diesem Verhalten liegt in einer komplett auf das Auto ausgerichteten

Raumstruktur, in der alle anderen, die sich in ihr bewegen, zu kurz kommen.

Manche Autoperson ahnt sicher, dass sie auf Kosten anderer lebt. Allein aus Vernunft wird sich hier jedoch nichts ändern. Gerade in Mobilitätsroutinen bestehen unüberwindbar scheinende Lücken zwischen dem Wissen über gemeinschaftsverträgliche bzw. nachhaltige Verhaltensweisen und dem eigenen Handeln. Wenn neue Rahmenbedingungen geschaffen werden, die Verhalten zum Positiven aller verändern sollen, wird in der Regel versucht, möglichst wenig in erlernte Autoroutinen einzugreifen. Umso deutlichere Ansätze braucht es endlich, um Gleichberechtigung und guten Raum für alle zu schaffen.

Das, was hoffentlich die Mehrheit von uns als schöne Stadt oder schönen ländlichen Raum empfindet, hat selten mit Automobilität und den dafür notwendigen Prämissen wie mehrspurigen Straßen und kostenfreien Autoabstellflächen zu tun. Sondern mit Aufenthalts- und Lebensqualität, dem Gefühl von Sicherheit und Willkommensein, dem Wunsch, bleiben zu wollen und mit anderen – vielleicht auch nur beobachtend – zu interagieren. Schöne Städte beruhen auf menschlicher, nicht auf Automobilität. Sind sie vor der Etablierung und Dominanz des Autos entstanden, haben sie immer noch die Chance, wieder ein schöner Ort zu werden.

Das, was sich Ende der fünfziger Jahre erfolgreich durchsetzte, bewirkte das Gegenteil. Es startete 1933 mit dem 4. Kongress der 1928 gegründeten Architekt:innen-Bewegung der Moderne, der Congrès Internationaux d'Architecture Moderne (CIAM), in Athen. Diese legte mit 95 Thesen die »Charta von Athen« vor, die den Städtebau und die Planung der Nachkriegsjahre bestimmten.

»Der Zyklus der täglichen Funktionen: wohnen, arbeiten, sich erholen, wird durch den Städtebau unter dem Gesichtspunkt der größten Zeitersparnis geregelt.«[19]

Zwischen diesen Zeilen steht der Tod dessen, was wir heute

als Basis gesunder Räume bezeichnen würden: die Funktionstrennung und damit Aufhebung gemischter Stadträume, die zuvor Wohnen, Arbeiten, Erholen und Sich-Bewegen noch in räumlicher Nähe ermöglichten. Und es drängt sich auch eine weitere Lesart auf: der Mensch als Teil des Maschinenraums der Industrialisierung, der sich von der Arbeit erholen muss, um seine Funktionsfähigkeit nicht zu verlieren. Sowohl Stadt als auch Mensch wurden depersonalisiert, während zuvor auch viel Raum für Zufälliges und Lebendiges im Stadtraum vorlag. Le Corbusier, nicht unumstrittener Herausgeber der Charta, war Technik- und Autofan. Das Auto wurde zum planerischen Adressaten und damit die Mobilität, die von weißen, mittelalten, gutsituierten, cis-Männern genutzt wurde.

## Autogerechter Wiederaufbau von Hannover

In der Vergangenheit wurde von Männern für Männer geplant. Männlich war lange Zeit auch die Automobilität, die zum Maß aller Dinge wurde – eben nicht nur als Fortbewegung, sondern auch als Fokus in der Raumplanung. Der *Spiegel* von 1959 mit dem Titelthema »Das Wunder von Hannover« zeigt sehr viel Euphorie für die Mobilitätsvision der autogerechten Stadt.[20]

Seit dem Moment, da das Auto und nicht mehr das menschliche Maß die treibende Kraft unserer Mobilität wurde, ist etwas Toxisches in unseren Räumen. Wie ein langsamer, intensiver Kopfschmerz, der sich zur Migräne entwickelte, hat sich die Automobilität und das stehende Blech in unser sonst so ausgeprägtes Besitzstandsdenken eingeschlichen. Selbst jene, die kein Auto besitzen, wagen nicht, für sich den Raum zurückzuverlangen, der einst allen gehörte. Bereiche, die nicht von Autostraßen und Autoparkflächen okkupiert wurden, leiden unter Beeinträchtigung durch Autoverkehr: Lärm und

Emissionen sind nicht begrenzbar, nicht lokal – schon gar nicht im globalen Sinne.

Hannover war nach dem Zweiten Weltkrieg stark zerstört. 51 Prozent des Wohnraums und 90 Prozent des historischen Stadtkerns waren zertrümmert. »Die Wohnfunktion wurde im Zentrum {von Hannover} sehr stark eingegrenzt: während noch vor dem Krieg in der Innenstadt 20–25 000 Menschen wohnten, so wurde jetzt diese Zahl auf 5000 herabgestuft.«[21] Und damit kippt die Ausrichtung der Stadtplanung unter der Leitung des Architekten Rudolf Hillebrecht in Richtung Verkehrsplanung: »Deswegen wurde das neue Verkehrskonzept zum wichtigsten Rückgrat des Flächennutzungsplans.«[22] Der Blick auf die Bilder der damaligen Teams, die an dieser Gestaltung arbeiteten, zeigt, dass nicht eine einzige Frau dabei war. Auch damit manifestierte sich eine sehr einseitige, homogene und exklusive Sicht auf die Mobilität in einer Stadt.

Was machte Rudolf Hillebrecht in Hannover und andere, die seine Herangehensweise kopierten, aus? Erstaunlich für mich war, wie deutlich die Arbeit, mit der diese Gruppe von Architekten den Wiederaufbau zerbombter Städte gestaltete, schon damals kritisiert wurde. In einer Festschrift aus dem Jahr 1981 anlässlich des 100. Geburtstages von Hillebrecht findet sich dieser Hinweis:

»Der autogerechte, um fast jeden Preis durchgesetzte Ausbau der zentralen Innenstadtbereiche, die auf der Basis des Flächennutzungsplans von 1951 aufs Engste mit lärmenden, mehrspurigen Straßen umschnürt wurden, trägt bis heute nicht zum Wohlbefinden der Bewohner bei. Ein weiterer Grund für die Kritik sind zahlreiche Abrissmaßnahmen von Baudenkmalen Hannovers, die von Hillebrecht geduldet oder sogar veranlasst wurden.«[23, 24]

Erst das Europäische Denkmalschutzjahr 1975 änderte die Haltung zum »Alten«. Innenstädte gelangten wieder ins Zentrum der Aufmerksamkeit, allerdings ohne den so genannten »ruhenden Verkehr« zu hinterfragen. Seit den 1990er Jahren gewann der öffentliche Raum insgesamt wieder an Bedeutung. Ungefähr seit dieser Zeit kennen wir auch die Betrachtung öffentlicher Räume im Hinblick auf stadtklimatische und -ökologische Aspekte.

Durch die Trennung von Funktionen, beginnend bei weiten Entfernungen zwischen Arbeit und Wohnen, Wohnen und Bildung, Bildung und Konsum haben wir uns durch die autogerechte Stadt ein immanentes Problem kranker Räume geschaffen, weil wir darauf vertrauten, dass immer größer werdende Entfernungen mit dem Auto zu überwinden sind. Das Autoversprechen hat uns erblinden lassen für die ursprünglichen Möglichkeiten, Räume menschenzentriert zu gestalten. Die Automobilität wurde zu einem pervertierten Teil unseres Selbst. Solange wir diese nutzen, scheint alles in Ordnung zu sein. Aber wo ist das Ende des Wachstums? Wo ist das Verständnis dafür, dass es nie genug Spuren geben wird für die Massen an Pkw? Dafür, dass wir dem Verkehr nicht mit immer neuen Spuren und Straßen hinterherbauen können? Wo begreifen wir, dass die drei Wege, die wir täglich machen und die sich in der Anzahl nicht verändert, aber in der Strecke unfassbar verlängert haben, keinen wirklichen Gewinn mehr darstellen, weil wir auf ihnen immer mehr Zeit verlieren, die wir doch eigentlich gewinnen wollen?

Die Basis dysfunktionaler Städte: Nicht die Aufenthaltsqualität für Menschen ist relevant. Menschen stören. Sie sind im Weg und verlangsamen. Die psychologische Wirkung einer solchen Verkehrsplanung auf Fußgänger:innen wurde lange nicht hinterfragt. Alle Nicht-Autofahrer:innen mussten sich nun an laute und riesige Verkehrsschneisen anpassen – oder sie wurden in Unterführungen geleitet.

Der Platz wurde knapper, Abstellflächen gingen zu Lasten

von Gehwegbreiten. Der Raumbedarf stieg mit der Ausbreitung des Autos. Ebenso wie die gesundheitliche Belastung durch Lärm und Emissionen. Das Auto prägt unsere Mobilität auf allen Wegen. Entsprechend unattraktiv wirken auch die Alternativen von Nah-, Rad- und Fußverkehr, die sich dem Auto stets unterordnen müssen.

Stadt- zugunsten von Verkehrsplanung aufzugeben war ein Fehler. Wir wussten es vielleicht nicht besser oder analysierten nicht tief genug, welche Auswirkungen diese Auto-Fokussierung auf Menschen, Natur und Raum haben könnte. Das Interessante ist ja, dass die autogerechte Stadt als menschengerechte Stadt angelegt werden sollte. Architekt:innen wollten schwache Verkehrsteilnehmer:innen vor jenen im Auto schützen, indem sie sie von diesen separierten. Das geschah in guter Absicht und funktionierte teilweise auch sehr gut, so etwa in der neugegründeten Siedlung Sennestadt in der Nähe von Bielefeld. Der Stadtplaner Hans Bernhard Reichow setze dort in den 1950er Jahren einen Prototyp seiner autogerechten Stadt um: »Die überschaubare Siedlung im Grünen, die er als ›autogerechte Stadt‹ entwarf, war geprägt von topografischer wie struktureller Nähe zur Natur. Ruhig und einbahnig sollten die Verkehrsströme hier durch luftig bebautes Gelände fließen, auf kreuzungsfreien und schilderarmen Straßen.«[25, 26]

Leider waren Planungen wie die von Bielefeld-Sennestadt die Ausnahme. Stattdessen wurden Städte neu arrangiert, Häuser abgerissen, um dem Auto – stehend oder fahrend – mehr Raum zu geben. Diese Herangehensweise nannte sich ebenso »autogerechte Stadt«, aber im Gegensatz zu Reichow, der damit eine gute Koexistenz von Auto und Mensch schaffen wollte, sah der Hannoveraner Stadtbaurat Rudolf Hillebrecht diesen Anspruch in der Unterwerfung des städtischen Raumes unter die Bedürfnisse des Autos.

Damit kommen wir zu den unterschiedlichen Bebauungsformen in der Stadt.

Drei gibt es besonders oft in der Stadt:
Hochhaus, Blockrand- und Zeilenbebauung.[27]

Während einer Kindheit im Hochhaus kommen viele Erlebnisdimensionen zu kurz. Für Erwachsene mag sich zwar kurzfristig durch die Distanz zum Geschehen der Stadt ein Erholungseffekt einstellen, auf lange Sicht überwiegen aber Nachteile wie erhöhter Medienkonsum und Suche nach Ersatzstimuli. Für kleinere Kinder bedeutet das Wohnen im Hochhaus oft sehr viel Aufenthalt im Innenbereich, da sie den Außenbereich nicht unbegleitet erreichen. Sie sind abhängig von der Aufsicht der Erwachsenen, was für beide Seiten eine Belastung sein kann. Die Naturferne kann sich im Erwachsenenalter in einer verminderten Stressresistenz äußern. »Durch die geringere emotionale Ortsverbundenheit verringert sich auch die Bereitschaft zur sozialen Kontrolle.«[28] Absichtslos wird sich hier nicht bewegt, die eigene Wohnung wird nur verlassen, wenn es einen konkreten Anlass gibt. Auch die Flächen vor vielen Hochhäusern sind für Interaktion selten gut gestaltet. Es ist nicht unmöglich, solche Bebauung menschlich gesund zu gestalten – es ist aber aufwendiger.

Die Blockrandbebauung stammt aus der Gründerzeit (19. Jahrhundert), einer Zeit, die noch nicht vom motorisierten Verkehr geprägt war. Diese Häuser wurden den Straßen quer und längs folgend ohne Lücke und mit Innenhöfen errichtet.[29] Auf der Straße – damals noch ein Raum, der für alle gleichermaßen zur Verfügung stand und genutzt wurde – fanden Begegnungen, Handel statt, Kinder eigneten sich den Raum autonom und spielerisch an. Der Innenhof wurde zum Obst- und Gemüseanbau und zur Begegnung mit Nachbar:innen genutzt.

Heute gibt es kaum noch belebte Innenhöfe; der Stadtwurde zum Parkraum. Der Raum für die Menschen ist innerhalb dieser Bebauungsform massiv geschwunden – zugunsten des Autos. Vor allem für Kinder und Menschen, die nicht (mehr) berufstätig sind, ist dieser Raum jedoch enorm wichtig, weil die Wohnung allein nicht alle Bedürfnisse nach Interaktion befriedigen kann.[30]

In dieser Wohnform kommt es damit erst durch das Auto zu dem Effekt, dass Eltern zu »Ersatz-Spielkameraden«[31] werden müssen und die familiäre Beziehung sich sehr stark auf den Bereich der Wohnung konzentriert, da Lernräume nicht mehr in naher Gehweite sind. Auch das Treppenhaus hat die Funktion des sozialen Orts verloren, die es zur Zeit des Hausbaus und eines funktional gesunden Innenhofes und Straßenbereiches noch hatte.

Ab den sechziger Jahren entstand der sogenannte Zeilenbau. Die Bauform hat einen sehr offensichtlichen Nachteil: Die einander gegenüberliegenden mehrstöckigen und straßenzuglangen Gebäude »spiegeln sich«, d.h., dort kann mensch seinen Nachbar:innen direkt in die Wohnung und auf die Balkone schauen. Es gibt somit zwei Risiken. Zum einen wird durch die unwillentliche Zurschaustellung auf dem Balkon der Erholungseffekt reduziert, da, unterschwellig wahrgenommen, keine Privatsphäre besteht. Dabei sollten Balkone die fehlenden Freiflächen in der Stadt ersetzen. Manche Balkone, das kennen Sie vielleicht auch aus eigener Beobachtung, sind aber aus diesem Grund eher eine Abstellkammer oder völlig ohne Benutzung. Interessanterweise führt diese Bebauung auch dazu, dass Kontakte reduziert werden, eben weil [sic!] wir das Gefühl haben, dass die Nachbar:innen uns zu nahe kommen und wir das nicht selbst steuern können.

Alle drei Bebauungsformen lassen den Wunsch nach dem Eigenheim entstehen, das alle Probleme lösen soll, die die Stadt mit ihren Wohnanlagen verursacht. Aus »wohnpsychologischer Sicht«[32] ist diese Vorstellung ein Wunschbild, das sich in der Realität oft nicht verwirklichen lässt, da das Einfamilienhaus andere »Probleme« mit sich bringt. Unter anderem der hohe Investitions- und Instandhaltungsaufwand und sich verlängernde Fahrt- und Wegezeiten in Alltag und Freizeit. Zudem: Wenn mensch die Nachbar:innen nicht kennt, in deren Nähe das Einfamilienhaus gebaut wird, bzw. wenn diese Nachbar:innen nicht in das eigene Leben passen, verlagert sich die Anonymität der Stadt in den ländlichen Raum. Kinder erleben dann oft nur den eigenen Garten. Personen, deren Partner:in im Alter stirbt, wenn die Kinder aus dem Haus sind, droht Vereinsamung.

»Ein Auto wird als Fortbewegungsmittel, eine Wohnung als Aufbewahrungsmittel für Menschen gesehen.«[33] Umso wichtiger ist es, dass wir nicht mehr nur einfach Häuser und Gebäude bauen, sondern Lebens- und Begegnungsräume gestalten.

## BAULICHE ABWEHR

Die Lebensräume in unseren Innenstädten sind oft von baulichen Abwehrmaßnahmen gekennzeichnet. Ist Ihnen schon mal aufgefallen, dass Mülleimer so hoch hängen, dass der Einwurf von Müll problemlos gelingt, die Suche nach Pfandflaschen aber unmöglich wird? Dass Bänke scheinbar einem etwas ungewöhnlichen Design unterworfen wurden, letztlich die Gestaltung aber bewirkt, dass auf ihnen nicht geschlafen werden kann? Unter mancher Treppe finden sich scheinbar sinnlos angeordnete Metallobjekte, auch diese dienen der Vertreibung von Obdachlosen aus dem öffentlichen Raum. An manchem Hauptbahnhof wird mensch mit klassischer Musik in großer Lautstärke begrüßt. Das liegt nicht daran, dass Beethoven- oder Haydn-Fans auf ihre Kosten kommen, sondern die Beschallungen lange Aufenthaltszeiten verhindern sollen.

Der öffentliche Raum soll störungsfreien Konsum ermöglichen und unerwünschte Menschengruppen fernhalten. Ein Buch, das ich hier empfehlen möchte, um in diese Welt einen

Einblick zu erhalten, ist *Unter Palmen aus Stahl* von Dominik Bloh.

Oder Sie schauen im Internet nach dem Begriff des »defensiven Designs« (hostile architecture/design).[34]

Designelemente, die wir vielleicht als Nichtbetroffene »schön« finden, wie Sitzsteine, abschüssige Bänke oder Bänke mit auseinandergezogenen Sitzen machen marginalisierten Menschen das Leben schwer. Und damit ein Leben mit Problemen, die unsere Gesellschaft geschaffen hat. Die wiederum diese Probleme nicht löst, sondern nur verdrängt. Der *Fluter* hat diesem Phänomen eine Bildstrecke gewidmet.[35]

Auch an der Verfügbarkeit und Gestaltung öffentlicher Toiletten spiegelt sich, ob eine Gesellschaft an alle denkt. »Die Toilette oder das Fehlen einer solchen wirft alle Arten von Fragen bezüglich Sicherheit, Zugänglichkeit, Geschlecht, Sexualität, Klasse, Obdachlosigkeit, Race und mehr auf.«[36] Leslie Kern berichtet davon, dass sich ihr erst, als sie selbst Mutter war, eröffnete, wie limitiert diese wichtigen Orte sind – und welche Rolle hier Konsumorte wie Kaufhäuser übernommen haben. Die wiederum nicht allen Menschen zugänglich sind. Anstatt dass die Gesellschaft großzügige, gepflegte und gut ausgestattete Toiletten bereitstellt, machen das Unternehmen, die sich erhoffen, dass Frauen und andere, die diese Orte benötigen, bei ihnen auch konsumieren.

Eine non-binary Person, die als Mann geboren wurde, schreibt in einem Artikel: »Öffentliche Toiletten sind für mich zu einer Quelle großer Ängste geworden, vor allem, wenn es dort Toilettenwärter gibt. In den letzten zweieinhalb Monaten wurde ich auf Damentoiletten sieben Mal körperlich angegriffen, indem Frauen ihre Hände auf meine Brust legten und versuchten, mich hinauszuschieben. Dies geschah sowohl durch die Toilettenwärterinnen als auch durch die anderen Toilettenbenutzerinnen. Es ist so weit gekommen, dass ich kein Wasser trinke, wenn ich draußen bin, nur damit ich nicht auf die Toilette muss.«[37]

Ich durfte bei der Präsentation des »Ideenzugs« der Deutschen Bahn dabei sein. Hier werden Toiletten nicht völlig neu, aber anders gedacht. Handwaschbecken mit Spiegel befinden sich auch vor den Toiletten, um allen einen schnellen Zugang zum Blick in den Spiegel und zum Händewaschen zu ermöglichen, ohne die Toiletten an sich auszulasten. Es wird Urinale und Non-Gender-Toiletten mit Sitzen geben. In diesen ist dann auch ein Wickeltisch und ein »Hochsitz«, vorgesehen, in den das Kind gesetzt werden kann, wenn das Elternteil sich selbst erleichtern muss. Damit ebenfalls gelöst: die geschlechtliche Zuordnung der Toiletten, wie sie in unserer Gesellschaft immer noch überwiegt und die Menschen marginalisiert, die nicht unserer binären Welt von Frau und Mann entsprechen (wollen/können). Noch nicht beseitigt ist die Barriere der Stufen, die in den Zug führen.

## Ländlicher Raum

Ohne Auto geht es auf dem Land nun wirklich nicht! Eine oft schon reflexhafte Verteidigung, wenn ich anfange, von Autokorrektur zu sprechen. Das stimmt auch. Ich möchte nur darum bitten, über Folgendes nachzudenken:

1. Wollen Sie, dass das immer so bleibt? Oder sind Sie wie ich hellwach, wenn wir in einer überalternden Gesellschaft bewohnte Räume schaffen, die ein Auto voraussetzen und einen Führerschein?
2. War das in Ihrem ländlichen Raum schon immer so, oder wurde dieser durch uns und unseren Glauben an das Auto so gestaltet, wie er heute ist? Weil immer weniger Busse fuhren und immer längere Strecken zurückgelegt werden

mussten? Die Nahversorgung ausstarb, weil alle ja eh das Auto hatten und lieber zum Vollsortimenter ein paar Kilometer weiter fuhren? Ärzt:innen, Schulen, Kitas sich nicht mehr vor Ort ansiedelten, weil alle mit ihren Autos diese Angebote woanders wahrnehmen konnten?
3. 50 Prozent der Wege im ländlichen Raum sind unter fünf Kilometer lang und haben damit eine Distanz, die gesunde Menschen durchaus auf dem Rad oder mit elektrischer Unterstützung auf dem E-Bike zurücklegen könnten.

Ich zitiere Prof. Hermann Knoflacher: »Zeiteinsparung tritt im System als Gesamtheit der Verkehrsbewegung nicht auf. Wenn die Systemgeschwindigkeit angehoben wird, ändert sich nicht die Reisezeit, sondern die Reiseentfernung.«[38]

Die Folge dieses Effektes sind die Ballung von Angeboten und die Zersiedelung. Städte zerfransen in ihrer Struktur, weil sich Menschen aus dem stressigen, engen und vollgeparkten Innenstadtbereich nicht zuletzt auch wegen steigender Mieten entfernen – und auf das Auto angewiesen sind, weil außerhalb der Stadtmitte die Alternativen zum Auto unkomfortabler werden.

Dörfer werden dysfunktional, weil sie die für den täglichen Bedarf notwendigen Funktionen von Einkauf über Bildung bis Gesundheit nicht mehr aufweisen. Stattdessen entstanden auf der grünen Wiese geballte künstliche Zentren, in denen es Ärzt:innenhäuser, Supermärkte und Gastronomie gibt. Bis zu 200 Kilometer »Sogkraft« hat Prof. Knoflacher für manche Supermärkte oder Einkaufszentren nachgewiesen. Diese Sogkraft fehlt den lokalen Angeboten, die eingehen und damit dem einst gesunden ländlichen Raum die Lebensgrundlage entziehen.

Leslie Kern berichtet, dass es in der feministischen Kritik auch viel Ablehnung gegenüber dem Leben in der Vorstadt gibt. »Vorstädte sind alles andere als natürlich.«[39] Was ist damit gemeint? Vorstädte sind nicht aus sich heraus funktional, sondern immer im Bezug auf die Stadt. In der Vorstadt findet das Familien-, in der Stadt hingegen das oftmals männliche Erwerbsleben statt. Das Vorstadtleben manifestiert laut Leslie Kern die heteronormative Familienstruktur mit dem erwerbstätigen Ehemann und der Frau, die Haushalt, Kinder und Pflege der Älteren unbezahlt übernimmt.[40] »Die meisten öffentlichen Transportsysteme sind so konzipiert, dass sie den typischen Arbeitsweg eines pendelnden Büroangestellten zur Hauptverkehrszeit erleichtern.«[41] Was meint: In den Nebenzeiten sind die Fahrpläne ausgedünnt, die linearen Wege von der Wohnung zur Arbeit und zurück werden priorisiert zu Lasten anderer Bedürfnisse an Mobilität. Frauen hingegen, vor allem Mütter, »pendeln« sehr viel »umständlicher« als Männer. Weil sie sowohl bezahlter als auch unbezahlter Arbeit nachgehen, sind ihre Wege unterschiedlich stark sichtbar. Die Wege, für die ein:e Arbeitgeber:in zahlt, sind statistisch relevant und erfasst. Die Wege, die unentgeltlich als Teil der Fürsorgearbeit zurückgelegt werden, bleiben oftmals folgenlos für die Planung, weil unbezahlt, statistisch irrelevant und unsichtbar.

Obwohl Frauen zur Gestaltung ihrer Wege im öffentlichen Raum eher auf öffentliche Verkehrsmittel angewiesen sind, werden diese zu wenig nach ihren Bedürfnissen gestaltet. Dadurch kommt es zu dem Effekt, dass für sie passende Ticketangebote teurer, da spezieller im Vergleich zur männlichen Mobilität sind. Das führt dazu, dass auch Frauen zum Zielobjekt der Werbung der Automobilindustrie werden. Ihnen wird suggeriert, dass sie im und mit dem Auto all das erhalten können, was sie in den öffentlichen Verkehrsmitteln und zu Fuß oder auf dem Rad so schmerzlich vermissen: Sicherheit, Verlässlichkeit, Flexibilität und Barrierefreiheit.

Besonders im ländlichen Raum werden Frauen daher vom Auto teilweise zum ersten Mal in ihrem Leben abhängig, weil sie neben der Familie, den Kindern, dem Job auch noch Hobbys und andere Details innerhalb kurzer Zeit organisieren müssen. Warum? Weil das Auto vorausgesetzt wird. Im ländlichen Raum ist es oft nicht vorgesehen, dass hier leben will, wer nicht im Besitz eines Autos oder Führerscheins ist. Für Menschen, die in diesen Gebieten ohne Auto leben, hat sich die Situation der Teilhabe dramatisch verschlechtert. Und diese Menschen gibt es. Sie sind nur nicht die Regel, sondern erneut: die »anderen«.

Sie werden zur »Ausnahme« herabgestuft. Die, die besondere Bedürfnisse haben. Obwohl diese Bedürfnisse sehr menschlich sind: selbstbestimmte Mobilität, ohne auf ein Auto angewiesen zu sein.

Am Zustand öffentlicher Räume wird ersichtlich, welchen Wert und Respekt die Gesellschaft einem Ort entgegenbringt. Das einst blühende, lebendige Leben in Ortskernen, das zugleich auch für soziale Sicherheit sorgte, ist in vielen Dörfern verschwunden. Ähnlich wie Trabantenspeckgürtel, in denen nur noch geschlafen wird, gibt es auch so genannte Schlafdörfer,[42] die tagsüber komplett verlassen scheinen. Im schlimmsten Fall kommt es zum sogenannten Donut-Effekt. Da ist der Ortskern menschenleer und die soziale Interaktion findet nur noch geplant und in den Außenbezirken statt. Hier spielt der Traum vom eigenen Heim eine große Rolle. Neubau erscheint attraktiver als der Erhalt alter Bausubstanz, der als unkalkulierbar empfunden wird. Der Bestand im Kern des alten Dorfes wird vernachlässigt, und ein Neudorf entsteht, ohne baulichen und sozialen Bezug zum Ursprung. Mit Konzentration und finanziellen Anreizen auf die Neubaugebiete an den Rändern verlieren öffentliche Räume im Zentrum an Lebendigkeit und Qualität. Ihre identitätsstiftende Kraft, die vorhergehende Generationen noch erleben, gestalten und empfinden durften, geht verloren.

Eine hochmotorisierte und hypermobile Republik, zu der wir geworden sind, lässt unmotorisierte Menschen zurück und empfindet das Kümmern um die Belange dieser Gruppe als anstrengend. Die Entscheidung, auf dem Land zu wohnen, wird oft in einer Phase des Lebens getroffen, in der der Mensch noch mobil und gesund ist. Alte Menschen jedoch, die durch ihre periphere Wohnlage und dann durch ihre Nichtmotorisierung in diesem dysfunktionalen Raum leben, sind ohne Nahversorgung vor logistische Probleme gestellt. Im Alter führt dies zur Isolation, wenn sich die jüngere Generation nicht entsprechend kümmern kann.

## Öffentlicher Raum

Öffentliche Räume erfüllen unfassbar viele Funktionen – wenn sie menschenzentriert gestaltet sind. Aktuell liegt aber der Autoverkehr im Fokus der Gestaltung. Dieser soll möglichst ungehindert DURCH die Stadt fließen, während Menschen, die IN der Stadt wohnen, erst allmählich an Bedeutung zurückgewinnen. Städte sind Orte des Handels, des Konsums, der Bildung und sollten auch immer Rückzugsräume bieten. Öffentliche Räume sind aber auch immer politisch, Orte der Kommunikation, der sozialen Verständigung und zugleich auch der Ort, in dem Proteste stattfinden und um eine bessere Zukunft für alle gerungen wird.

Städte und auch der ländliche Raum stellten die bezahlte Arbeit in den Fokus – und damit auch nur die Mobilität, die für diese notwendig ist.

Stadt und Land wurden zu Räumen mit getrennten Funktionen (Arbeit, Pflege, Einkaufen, Bildung …). Darüber hinaus reduziert dieser Raum die Mobilität auf den Tag, so dass Städte und andere Regionen zu bestimmten Tageszeiten funktionieren und der Abend bzw. die Nacht der Freizeit und dem Konsum gewidmet sind. All diese Details schließen eine große Gruppe Menschen aus, weil die städtische Umwelt nicht auf das Alltagsleben der Menschen eingeht, die die Stadt nachts nicht für Freizeit, sondern für Arbeits- oder Pflegewege (Reinigung, Gesundheit, Altenpflege, soziale Notfälle, Sicherheit und Sexarbeit) nutzen. Vor allem Nachtarbeiter:innen haben mit großen Problemen wie Mobilität, Angst, sexueller Belästigung und der Vereinbarkeit von Privat- und Familienleben zu tun.

Der Begriff der »feministischen Stadt«, den Leslie Kern mit ihrem Buch prägt, ist ein Begriff der Befreiung von der Binärität des städtischen, aber auch des ländlichen Lebens. Eine Raumgestaltung, die sich allein auf die Bedürfnisse gesunder, weißer, wohlhabender cis-Männer fokussiert, ignoriert alle Ansprüche »der anderen«, die letztlich sogar in der Mehrheit, aber nicht an der Macht sind.

Mädchen, so Kern, wachsen mit einem Paradox auf:

»Nimm dich vor Fremden in Acht, aber auch: Sei immer nett zu Fremden.« Immer noch erschrecken Männer, wenn sie von Statistiken hören, dass nahezu jede Frau (und viele, die nicht der optischen Kategorie eines weißen, gesunden Mannes entsprechen) Übergriffe in der Öffentlichkeit erlebt haben. 90 Prozent aller Frauen geben dies in Umfragen an. Dass unsichere öffentliche Räume, zu denen auch Haltestellen, Bahnhöfe und Straßenbahnen gehören, die Mobilität Richtung Auto steuern, sollte unsere Gesellschaft nicht verwundern, sondern wir sollten etwas dagegen unternehmen. Dann tragen vielleicht auch weniger dieser Menschen Kopfhörer zur Abwehr von Sprüchen und Schlüssel zur Abwehr von Übergriffen. Dann bewegt sich in öffentlichen Verkehrsmitteln vielleicht endlich die Gruppe von Menschen, die unsere Gesellschaft spiegelt: also alle von uns.

Je mehr Marginalisierung in einer Person zusammentrifft, je mehr Details sie von einer toxischen Mehrheitsgesellschaft unterscheidet, desto mehr nehmen die sogenannten Mikroaggressionen[43] zu. Sich unsichtbar, will heißen: sich frei durch eine Stadt bewegen zu können, ist das Privileg des weißen gesunden Mannes. Immer wieder versuchen Menschen der Mehrheitsgesellschaft zu konstruieren, dass sie genauso bedroht seien wie andere Menschen. Das ist mehrfach widerlegt und ignorant. Diskriminierung ist kein Pokal, den irgendein Mensch haben wollen würde. Wer zur »Normgruppe« gehört, muss etwas gegen die Diskriminierung »der anderen« tun. Das ist auch schon alles, aber das ist wichtig. Täglich.

Ich selbst gehöre zu der Gruppe der Menschen, die nach dem weißen cis-Mann am wenigsten Probleme im öffentlichen Raum hat. Dennoch fühlt sich das nicht immer so an. Ich kenne Belästigungen, die Aufforderung, zu lächeln.[44] Ich kenne das sogenannte Catcalling,[45] das Manspreading[46] in öffentlichen Verkehrsmitteln, Grabschen und Beleidigungen. Und wissen Sie was? Viel zu lange habe ich das nicht hinterfragt, sondern es als Teil meines Lebens zähneknirschend akzeptiert.

## Öffentlicher Raum für Kinder und Jugendliche

Den größten Bewegungsdrang haben Kinder zwischen sechs und zwölf Jahren. Sehen Sie diese Altersgruppe regelmäßig vor ihrem Haus oder in der Umgebung?

Auf ein Kind kommen in Deutschland statistisch 2,7 Autos.

20 Prozent der Kinder sind übergewichtig. 80 Prozent der Kinder erfüllen nicht die von der WHO empfohlene tägliche Stunde mäßiger bis intensiver Bewegung. Einer weiteren Empfehlung zufolge sollen hochintensive Aktivitäten sowie solche, die Muskeln und Knochen stärken, an mindestens drei Tagen pro Woche stattfinden, da nur so körperliche, geistige und kognitive Gesundheit erreicht werden kann. Hier braucht es sichere Radwege, abwechslungsreich gestaltete Pausenhöfe, Sporthallen mit guter Ausstattung – aber auch: Eltern, die als gutes Vorbild dienen.

Wie war vor der Dominanz des Autos eine Kindheit in der Stadt? Wie nahmen Kinder und Jugendliche den Raum wahr, in dem sie sich bewegten?

Der Alltag der Kinder orientiert sich an der Zeit, die sich ihre Eltern für sie nehmen können. Solange die heteronormative Kernfamilie mit ihrer klassischen Rollenverteilung dominierte, bedeutete dies vor allem die Abwesenheit des männlichen Ernährers. Dieser verbrachte mehr Zeit mit der Erwerbsarbeit als mit seiner Familie. Seinen Erwachsenentag widmete er der Arbeit, die Basis der finanziellen Haushaltsmittel war, während die Mutter in ihrem Erwachsenentag alles andere organisierte: Wege mit den Kindern, Wege zum Einkauf, Wege zu pflegebedürftigen Familienangehörigen.

Und die Kinder? Anfang des 20. Jahrhunderts war es uncool, als »Stubenhocker:in« zu gelten. Heute ist Kindern der Straßenraum als Abenteuer- und Erlebnisraum völlig abhandengekommen. Sie erleben diesen nur noch in Begleitung von Erwachsenen, da er durch Pkw zur Gefahr für Kinder wurde. Zufällige Begegnungen und Erlebnisse auf der Straße sind daher kaum noch Teil der kindlichen Erlebniswelt.[47]

Die Straße war vor der Dominanz des Autos ein Ort der echten Gleichberechtigung – auch für die Kinder. Sie waren hier ohne Unterordnung und autonom unterwegs, auf den ihnen eigenen Wegen. Kinder lernten auf der Straße und im öffentlichen Raum viel »en passant«. Diese Freiheit ist jedoch verlorengegangen, wir Erwachsene haben sie ihnen geraubt. Das Lernen geschieht kaum noch zufällig, es wird organisiert und durchgeplant. Lernen geschieht aus zweiter Hand und nicht mehr unmittelbar durch eigenes Erleben.

»Das Auto als Massenverkehrsmittel hat die natürliche und bauliche Umwelt der Kinder massiv verwandelt. Straßen sind nahezu unbespielbar geworden.«[48] Das gilt übrigens nicht nur für die Stadt, sondern auch für den suburbanen oder ländlichen Raum. Auch hier werden Kinder oft zu den ihnen wich-

MAMA TAXI
Warum darf ich nicht alleine mit meinem RAD fahren?
43 Minuten

NEIN! Das ist zu weit und zu gefährlich!
38 Minuten
Schnellste Verbindung
Freibad

tigen Orten bewegt, anstatt dass sie sich zu ihnen bewegen. Im ländlichen Raum, wo meine Eltern wohnen, stelle ich immer wieder fest: Hier gibt es keine Kinder. Weder höre noch sehe ich sie. Einziger Zeitpunkt, wenn ich sie im öffentlichen Raum erlebe, ist der zeitliche Start von Kindergärten und Schulen. Und das liegt schlicht daran, dass die im Vergleich zur Kindermobilität brutale und machtvolle Erwachsenenmobilität im Auto deren Spielräume ins Innen verlagern ließ.

Wenn der öffentliche Raum den Eltern Angst macht, so dass sie sich lieber in das Auto setzen, als Rad zu fahren, dann überträgt sich diese Vermeidungsstrategie auf ihre Kinder. Völlig nachvollziehbar bei der Qualität, die der öffentliche Raum aktuell für muskelbetriebene Mobilität bietet: Obwohl sie die gesündeste, klimafreundlichste und platzsparendste Mobilität ist, wird ihr nur ein Randbereich gewidmet, sowohl was die Größe als auch was die Priorisierung betrifft.

Weil sich die Angst der Eltern auf Kinder überträgt, lernen manche von ihnen weder Schwimmen noch Radfahren. Kinder sollten und müssen in einem gewissen Maß Risiken eingehen, um ihre Grenzen austesten und überschreiten zu können. Doch das Risiko im Außen ist dafür oftmals zu groß, weil wir dem Auto zu viel Platz eingeräumt haben. Vor meiner Hamburger Haustür höre ich es immer wieder, wenn ich auf dem Balkon bin. »Nur bis zur nächsten Ecke!!! Halt an!!! Nicht so schnell!! Da fahren Autos!« Viel zu oft ist das Entdecken der eigenen Mobilität und Fähigkeiten im öffentlichen Raum für Kinder ein Spiel in Zäunen, Räumen, Hinterhöfen, Gärten. Weil die eigene Nachbarschaft in der Stadt, aber auch nicht selten im ländlichen Raum, zu gefährlich dafür wurde, selbst auf die Jagd nach neuen Abenteuern zu gehen.

Wie seltsam müssen manchem Kind die Bücher meiner Kindheit vorkommen, in denen Kinder Banden bildeten und den gesamten Tag ohne Erwachsene Abenteuer, spannende Herausforderungen und deren Lösungen erlebten?

Aber auch, wenn sie noch nicht laufen können oder im Buggy sitzen, erleben Kinder Limitation. Sie sehen stehendes Blech, riechen Abgase, hören Lärm. Und damit das Gegenteil eines Raumes mit unendlichen Möglichkeiten der Entwicklung und Entdeckung. Ich kann Eltern verstehen, die wegen dieser Rahmenbedingungen ihre Kinder zu den Orten, wo sie in Ruhe spielen oder lernen können, mit dem Auto fahren. Wir sollten dabei aber im Blick haben, dass wir das 1. ändern können und 2. zuliebe der Kinder auch ändern sollten. Wie öde ist bitte das Fahren im Auto, der Blick auf eine dunkle Sitzrückwand, mit den Eltern nur über den Rückspiegel zu sprechen und sich nicht über all das, was im Außen passiert, austauschen zu können? Automobilität ist Zwangsmobilität, weil sie Kindern nicht das ermöglicht, was sie mit Hunden gemein haben: immer wieder neugierig stehen zu bleiben, Dinge zu betrachten, zurückzulaufen – und uns Erwachsene zu nerven, weil wir lieber die kürzeste Verbindung zwischen zwei Punkten erlaufen.[49]

Laut einer aktuellen Umfrage sind nur 45 Prozent der Kinder täglich draußen,[50] obwohl Treffen mit Freund:innen und draußen Spielen liebste Freizeitaktivitäten von ihnen sind. Sicheres Zeichen dafür, dass sie sich durch nicht kindgerechte Räume und vielleicht auch den Alltagsstress der Eltern nicht kindlich der Umgebung nähern können. Räume, in denen interagiert wird, die den gesamten Tag über belebt sind, weil sie verschiedene Funktionen anbieten von Bildung über Wohnen und Arbeiten zu Konsum, fühlen sich subjektiv sicherer an, sind es auch objektiv.

Der Straßenverkehr stellt die größte Bedrohung im Leben für Kinder dar, weil er überall in ihren Räumen die Hoheit über den Platz hat. Damit meine ich nicht nur Unfälle, sondern auch das Einatmen von Emissionen, den Stress durch Lärm, das Gefühl, im öffentlichen Raum nicht gesehen zu werden – real, aber auch im übertragenen Sinne. »Bis heute sind Spielplätze in erster Linie ein Stadtphänomen.«[51]

Folge: Der gefährliche Raum verursacht, dass sich die geistige und reale Mobilität von Kindern nicht frei entfalten kann. Das hat Auswirkungen.

Wenn schon nicht für uns als Erwachsene, so doch für Kinder und andere Gruppen, deren Bedürfnisse wir als »besonders« erachten, weil sie nicht der von uns gesetzten Mehrheitsnorm entsprechen, sollten wir diese Räume zurückerobern. Für alle Menschen. Gerade auch für jene, die aktuell vielleicht im Auto sitzen, um den öffentlichen Raum zu »umfahren« und sich ihm nicht ausliefern zu müssen.

Denn auch das sollten öffentliche Räume bieten: Raum für die persönliche Entwicklung vom Kind zum Erwachsenen.

Wo fand das bei Ihnen statt? Wo haben Sie mit Ihren Mitschüler:innen, Freund:innen Ihre Freizeit verbracht?

Wo haben Sie miteinander »abgehangen«? Was war Ihr dritter Ort zwischen Schule und Zuhause?

Das Seltsame am öffentlichen Raum ist, dass er von Heranwachsenden als »privat« empfunden wird, weil zu Hause die Überwachung durch die Eltern droht. Der öffentliche Raum hat somit eine sehr gewichtige Rolle in der Jugend und bei der Abnabelung von der Kernfamilie. Denke ich an meine Entwicklung zurück, so habe ich meine Kindheit auf dem »richtigen« Land verbracht, mit Klingeln bei den Freund:innen und raus in die Umgebung. Meine Jugend habe ich viel auf dem Rad autark mobil mit Freund:innen gestaltet. Wenn ich heute so nachdenke, WAS für Strecken wir auf dem Rad zurückgelegt haben …!

Da waren immer öffentliche Räume in der Kindheit, die sicher waren, da nicht vom Autoverkehr dominiert. Das alles ist heute nicht mehr selbstverständlich und sorgt auf vielen Ebenen für Probleme. Ein Buch, das wundervolle Geschichten über die Stadt als Entwicklungsraum für Teenager:innen erzählt, ist das bereits zitierte *Feminist City*. Ich verstehe meine eigene Entwicklung nach diesem Buch so viel besser! Auch ich habe mich bis zu einem bestimmten Alter mit Freund:innen zu Hause getroffen, Teenachmittage abgehalten und irgendwann »das Weite« gesucht. Durch das Buch habe ich verstanden, dass der öffentliche Raum bei meinen Eltern war, in unserer Wohnung. Und dass das Private eines heranwachsenden Teenagermädchens in der Öffentlichkeit stattfand, die anonym ist. Durch das Buch verstehe ich auch die Mechanismen, die Mütter sehr viel abhängiger und im schlimmsten Falle sogar limitierter in ihrem Lebensentwurf machen, als sie es in der Stadt wären.

Verstehen Sie mich nicht falsch. Ich weiß um die Sorge in Sachen Gesundheit und Sicherheit, aber auch günstigerem Wohnen, die Familien zu der Entscheidung bringt, nicht mehr in der Stadt wohnen zu wollen. Aber durch das Buch stellt sich bei mir ein ambivalentes Gefühl ein. Denn in der Stadt sind viele Dinge zu Fuß erreichbar. Eine junge Mutter kann auf Angebote zurückgreifen, die auf dem Land nicht in Fußläufigkeit erreichbar sind. Die Doppelbelastung der Frau durch bezahlte und unbezahlte Arbeit kann am ehesten noch in der Stadt mit ihren kurzen Wegen organisisiert werden.

Es fällt Ihnen schwer, sich in die Situation von Kindern und Jugendlichen hineinzuversetzen, weil es schon etwas länger her ist, dass Sie ein Kind waren – und weil die Welt sich vielleicht auch so verändert hat, dass Ihre Kindheit nicht mehr in die Gegenwart passen würde? Kann ich gut verstehen.

Schauen wir doch einmal auf uns Erwachsene. Was bedeutet für uns der aktuelle Zustand des städtischen, suburbanen und ländlichen Raumes? Die Stadt ist aus patriarchalischer Sicht zumindest ein guter Ort: Frauen können die unbezahlte Carearbeit und ihren Brotjob mit relativ kurzen Wegen verbinden. Theoretisch. Vielleicht sogar auch ohne Auto, aber – wie meine Interviews aufgezeigt haben: Alle Menschen, die nicht der sogenannten Mehrheitsgesellschaft von weiß, gesund, männlich, wohlhabend zugehörig sind, sind benachteiligt – auch durch die Gestaltung von Stadträumen.

»Das bedeutet, dass Stadtplaner:innen und Architekt:innen nicht länger den weißen, körperlich nicht beeinträchtigten cis-Mann als vorgegebenes Subjekt nehmen und alle anderen als Variation dieser Norm sehen dürfen.«[52]

In diesen Wörtern steckt viel Kraft, den öffentlichen Raum zu einem Ort zu machen, der wieder allen gehören kann und keine Menschen ausschließt.

Ich persönlich finde, dass die Perspektive auf das Leben von Kindern immer Kraft zur Veränderung freisetzen sollte, da wir ihnen diese Welt und ihre Räume gestalten – wir liefern sie diesen Räumen aus, da sie selbst kein Recht zur Mitgestaltung haben. Aber auch ältere Menschen, die langsamer, eingeschränkter als der Durchschnitt sind, finden nicht mehr in dem Maße die Räume vor, die ihnen eine freie Gestaltung ihrer Mobilität ermöglichen.

## Öffentlicher Raum im Alter

Alte Menschen finden ihre Bedürfnisse nicht in öffentlichen Räumen gespiegelt. Es beginnt vor meiner Haustür. Immer engere Gehwege in enorm schlechtem Zustand sorgen dafür, dass ich weder Menschen im Rollstuhl noch mit Rollator sehe. Zudem – in Zeiten von Corona – muss immer ein Mensch ausweichen, da nur noch Platz für eine Person auf dem verbliebenen Raum ist. Dabei ist mein Viertel ein Wohnviertel. Aber die in ihm abgestellten Pkw entsprechen nicht mehr den Abstellflächen, die Autos der 1970er Jahre benötigten. Obwohl sich der Besetztgrad der Fahrzeuge im Vergleich zur Vergangenheit sogar reduziert hat, werden unsere Autos immer größer. Weil wir sie nicht für unseren Alltagsbedarf kaufen, sondern für alle Ausnahmesituationen, die jemals auftreten könnten.

Was bedeutet eine solche Umgebung für ältere Menschen, die mehr als andere auf Fußläufigkeit und Erreichbarkeit von sozialen Treffpunkten abhängig sind? Mit steigendem Alter nehmen auch die Ein-Personen-Haushalte wieder zu, da Ehepartner:innen sterben. Umso wichtiger ist für diese Menschen, weiterhin Teil der Gemeinschaft zu sein.

Dabei geht es nicht unbedingt nur um reale Treffen, sondern um das Gefühl der Verbundenheit mit dem Viertel, in dem gelebt wird. Es gehen deutlich mehr Frauen zu Fuß als Männer (von 65 bis 74 Jahren sind es 36 Prozent der Frauen und 28 Prozent der Männer, ab 75 sogar 43 Prozent der Frauen und 34 Prozent der Männer). Klarer Hinweis darauf, dass Räume, die gut zu Fuß bewältigt werden können, im Alter von hoher Bedeutung für eine soziale Teilhabe sind. Damit steigt jedoch auch die Verletzlichkeit dieser Gruppe, da sie sich im öffentlichen Raum bewegt, der vom Autofahren und -parken dominiert ist. Fußgänger:innen sind selten Verursacher:innen von Unfällen, sondern zählen zu den Verunglückten, die Verletzungen erleiden. Kommt das Alter und damit eine sinkende körperliche Widerstandskraft und Koordination hinzu, führt dies zu einer steigenden Vulnerabilität dieser Gruppe.

Spannend finde ich ein Langzeitprojekt aus Hamburg, das mit älteren Menschen zusammen die Prävention von Erkrankungen im Fokus hat: das Projekt der Longitudinalen Urbanen Cohorten-Altersstudie (LUCAS).[53]

Gesunde Mobilität ist Basis eines guten Lebens im Alter. Die Definition, die LUCAS hier vornimmt, lautet: »Mobilität bedeutet die Fortbewegung zur Planung und Durchführung von Aktivitäten im Handlungsraum einer Person aus eigener Kraft und Antrieb in Anpassung an die Umweltbedingungen.«[54]

Und genau das ist auch mir wichtig: Mobilität als Grundrecht zu denken, das selbstbestimmt gestaltet werden kann. Kein Mensch sollte um Mobilität bitten müssen oder von dieser ausgeschlossen sein. Für ältere Menschen sollte, sofern es ihr Gesundheitszustand zulässt, die aktive eigene Mobilität im Fokus stehen. Diese wird nur in gesunden, weil auf den Menschen zugeschnittenen Räumen entsprechend Ausprägung finden können. Erst nach Verlust gewisser Fähigkeiten sollte das Passive der Mobilität in den Fokus rücken, aber auch hier als eine Art Selbstverständnis, dass der Mensch das »Gefahrenwerden« als Angebot erhält, das auf ihn:sie zukommt.

Mobilität ist selten ein Selbstzweck, auch ältere Menschen sind unterwegs, um Ziele zu erreichen, die ihnen bestimmte Funktionen eröffnen, wie das Treffen anderer Menschen, der Einkauf, der Besuch bei Ärzt:innen. Freiheit definiert sich hier als die Möglichkeit, diese Wege selbst zu kontrollieren und zu gestalten. Der öffentliche Raum ist ein Möglichkeitsraum, der diesen Wunsch aktiv aufnehmen und gestaltbar werden lassen sollte. Tut er das aktuell?

Über die Beschäftigung mit der LUCAS-Studie habe ich das »Frailty-Syndrom« kennengelernt. Unsere Gesellschaft wird immer älter durch bessere ärztliche Versorgung und die Möglichkeit, ein gesundes Leben zu führen. So schön es auch ist, mehr Lebensjahre auf unserer Welt verbringen zu dürfen, so größer wird hier die Aufgabe für die Gesellschaft, ein gutes Leben im Alter zu gestalten und die Anzeichen von Gebrechlichkeit frühzeitig zu erkennen. LUCAS schätzt den Anteil gebrechlicher Menschen über 66 Jahre in Hamburg auf über zehn Prozent der Gesamtbevölkerung ein – das sind fast 200 000 Menschen! Frauen waren zu 70 Prozent betroffen, Akademiker:innen waren deutlich weniger betroffen als Menschen ohne Ausbildung. Gebrechliche Menschen lebten deutlich häufiger allein als »robuste« Senior:innen.[55] Ein klarer Hinweis darauf, dass Chancengleichheit auch im Alter nicht besteht, sondern erst geschaffen werden muss. Wenn sich zu diesen Fakten dann noch ein Raum gesellt, der nicht altersgerecht gestaltet ist, trifft es Benachteiligte doppelt.

Frailty meint, dass wir im Alter auf mehreren Ebenen Fähigkeiten und Widerstandskraft verlieren. Das wirkt sich auch auf die Mobilität aus. Die gesteigerte Anfälligkeit kann, so ihr nicht aktiv entgegengewirkt wird, scheinbar plötzlich zu einer Pflegebedürftigkeit führen. Die Studie führt jedoch aus, dass dies nicht wie empfunden »über Nacht« passiert, sondern sich langsam in das Leben des Menschen einschleicht. Gefährlich sind hier vor allem Stürze, die durch das Abbauen der körperlichen Stabilität durch Muskeln und Knochen passieren. Denn obwohl es für uns Gesunde so einfach erscheint: Das Gehen ist eine hochkomplexe Sache, die schnell »ins Wanken« geraten kann, wenn die Umgebung »Fallstricke« zieht. Dazu gehören nicht abgesenkte Bordsteinkanten, unebene und zu schmale Gehwege, fehlende Sitzmöglichkeiten für Pausen.

Gebrechliche Menschen haben Vermeidungsstrategien. Sie wagen sich seltener aus dem Haus, unterlassen das Radfahren und verschwinden so mehr und mehr aus dem für sie gefährlichen öffentlichen Raum. »Über 50 % der Personen mit Gebrechlichkeit berichteten, in der Woche allenfalls noch an zwei Tagen außerhalb der Wohnung oder des Hauses unterwegs zu sein.«[56] Es ist z. B. unerlässlich für ältere Menschen, aber auch andere Personengruppen mit Einschränkungen, dass Bänke vorhanden sind. Diese erhöhen die Mobilität älterer Menschen, weil diese auf längeren Strecken zu Fuß auch gelegentliche Pausen einlegen können.

Kurze Fußwege, die Erreichbarkeit von Haltestellen, ein gut ausgebauter Nahverkehr – eigentlich sind die Bedarfe älterer Menschen etwas, das uns allen mehr Lebensqualität verschafft, auch auf dem Land!

Die Weltgesundheitsorganisation hat das Programm »age friendly cities« etabliert – ein Zeichen dafür, dass die Wichtigkeit dieses Themas erkannt wurde. Viele von uns leben in Städten oder verdichteten Gebieten. Das Gefühl von ländlichem Raum entsteht dennoch entgegen der Statistik häufig. Nicht, weil wir wirklich ländlich leben, sondern weil das Internet schlecht, die Nahversorgung verschwunden und keine Mobilitätsalternativen vorhanden sind. Und dieses Gefühl stellt sich manchmal schon außerhalb der Innenstädte ein. Umso wichtiger ist es, diesen Zustand, der schon junge und gesunde Menschen einschränkt, aktiv zu beheben, um zum einen für die benachteiligten älteren Menschen bessere Lebensumstände zu gestalten, aber auch – ganz egoistisch – für unser eigenes Alter Vorsorge zu treffen.

Für die altersgerechte Stadt wurden acht Lebensbereiche priorisiert:

- Verkehr
- Wohnen
- öffentlicher Raum
- soziale Teilhabe
- Einbezug und Mitsprachemöglichkeiten bei der Planung von Angeboten
- Beschäftigungsmöglichkeiten für ältere Menschen
- Information über bestehende Angebote sowie
- qualitativ hochstehende und genügende Gesundheits- und Unterstützungsleistungen.

Das »vierte Alter«, die letzte Lebensphase, ist nicht nur geprägt von körperlicher Eingeschränktheit, auch Altersarmut nimmt zu – und ist übersetzbar in geringe Mobilitätsbudgets. Im ländlichen Raum bestehen Barrieren durch große Entfernungen, die nur mit dem Auto überwindbar sind. Wenn dieses nicht mehr gefahren werden kann oder das Geld für einen eigenen Pkw fehlt, kommt es zur Immobilität.

Ich finde, wenn es den Ältesten gutgeht, kann es uns nicht schlechtgehen! Es heißt schließlich auch LEBENSraum und nicht ÜBERLEBENSraum. Alle Räume, in denen Menschen wohnen, sollten auch Räume für ein gutes Leben bereitstellen, das vor der eigenen Haustür beginnt.[57]

Eine Frage wäre für mich: Sind die schlechten Bedingungen für ältere Menschen, die auch Einschränkung für andere Gruppen bedeuten, ein Bruch der Menschenrechte? Kennen Sie die Allgemeine Erklärung der Menschenrechte der UNO?[58]

Dort heißt es u. a.:

> »Jeder hat Anspruch auf alle in dieser Erklärung verkündeten Rechte und Freiheiten, ohne irgendeinen Unterschied, etwa nach Rasse, Hautfarbe, Geschlecht, Sprache, Religion, politischer oder sonstiger Anschauung, nationaler oder sozialer Herkunft, Vermögen, Geburt oder sonstigem Stand. … Jeder hat das Recht auf Leben, Freiheit und Sicherheit der Person. … Jeder hat das Recht, am kulturellen Leben der Gemeinschaft frei teilzunehmen, sich an den Künsten zu erfreuen.«

Was denken Sie? Ist das bei Ihnen vor Ort gewährleistet? Bieten die Räume, die Ihren Wohnraum umgeben, diese Möglichkeiten? Wenn wir auf die Schwächsten schauen und für sie die öffentlichen Räume gestalten, ist es meiner Meinung nach nahezu unmöglich, dass die aktuelle Mehrheitsgesellschaft darunter leidet. Es mag Privilegien geben, die geteilt werden müssen, aber das sollte uns doch leichtfallen. Gleichberechtigung ist eben nicht nur zwischen Mann und Frau wichtig, sondern letztlich zwischen allen, die in unserer Gesellschaft leben und sich gut bewegen wollen. Da ältere Menschen noch mehr als andere auf ein gesundes Wohnumfeld im Sinne von »Walkability« angewiesen sind, also der fußläufigen Erreichbarkeit von Zielen, kann dieser Wunsch ein Kerngedanke bei der Qualitätsbewertung von Räumen werden – und Antrieb, diese barrierefrei zu gestalten.

Öffentliche Räume mit einer hohen Aufenthaltsqualität sind »das gebaute Äquivalent zum Recht auf Stadt, da sie Zentralität, Vielfalt und Kommunikation ermöglichen und befördern«.[59]

Was heißt das? Zentralität bezieht sich auf die Erreichbarkeit von Orten, die für ältere, aber letztlich auch für alle Menschen relevant für einen guten Lebensalltag sind. Auf Mikroebene ist das vielleicht eine Bäckerei, auf mittlerer Ebene ärztliche Betreuung und auf der Makroebene ein kultureller Event. Vielfalt ist der Spiegel unserer Gesellschaft: Auch ältere Menschen sind keine einheitliche Gruppe, sondern haben sehr heterogene Bedürfnisse und Ansprüche, die sich möglichst in ihrem Lebensraum befriedigen lassen sollten. Quartiere, Städte, aber auch ländliche Räume sind lebenswert, wenn sie integrativ entwickelt werden, also offen dafür sind, dass unterschiedliche Bedarfe unterschiedliche Herangehensweisen an Teilnahme bedürfen. Die Erreichbarkeit von Orten ist zentral, um diese Ansprüche umzusetzen. Dabei sollte die fußläufige Erreichbarkeit Basis aller Ausgestaltung, der Mindeststandard sein. Es muss aufhören, dass Autobesitz als ungeschriebenes Gesetz gilt.

Dadurch, dass die Norm unserer Gesellschaft die »Nichtbehinderung« ist, werden Menschen, die dieser Norm nicht entsprechen, in den Räumen, die nach diesem Maßstab gestaltet wurden, diskriminiert. Leistungsfähigkeit ist eines der Hauptkriterien unserer Bewertung von Menschen. Dabei sind gesunde Menschen nicht davor gefeit, selbst einmal als nichtgesund zu gelten. Aber es ist einfacher, Räume für Gesunde zu gestalten. Obwohl auch hier das Achten von Bedürfnissen sogenannter Minderheiten sicher noch nie der Mehrheit geschadet hat, gibt es bei Planer:innen und Gestalter:innen schlicht Routinen, wie bestimmte Räume zu gestalten sind. Die Exklusion von Menschen geschieht nicht aus böser Absicht, sondern aus Unkenntnis. Und eventuell auch aus der Scheu heraus, diese Routinen zu durchbrechen und anders zu denken. Die Zugänglichkeit von Räumen, Bahnhöfen, Haltestellen im öffentlichen Raum spiegelt stets die Bedeutung, die eine Gesellschaft der Inklusion einräumt.

Mind the gap! – ein wichtiger Hinweis, aber warum ist dieser eigentlich notwendig? Warum ist der Ein- und Ausstieg in Bahnen nicht ebenerdig, warum gibt es nicht überall an unterirdischen Haltestellen und Bahnhöfen Aufzüge oder Rampen, warum werden Sehbehinderte an vielen öffentlichen Orten einer Umgebung ohne taktile Leitsysteme ausgesetzt? Ich habe mich über die Jahre mit vielen Menschen mit Einschränkung unterhalten. Die meisten von ihnen betrachten ihre Behinderung als einen Teil von sich, der nur relevant wird, wenn die Gesellschaft in ihren Angeboten ihn nicht berücksichtigt. Diese Menschen sind nicht behindert, wir behindern sie. Wir erschaffen durch unsere Räume, die nur an gesunden Menschen ausgerichtet sind, zusätzliche Einschränkungen. Auch wenn ein Kind in die Familie kommt, ändert sich der Blick auf öffentliche Räume enorm. Die Behinderung in Form des Kinderwagens macht deutlich, wo an einfache Zugänge gedacht wurde oder wo Hürden existieren.

## Für einen lebenswerten Raum

Gutes Leben braucht Platz. Gutes Leben entsteht nicht zwischen Autos oder anderen uns einengenden Dingen. Gutes Leben entsteht in ruhiger, grüner, gesunder, zum Flanieren einladender Umgebung. Wir haben es dem Auto sehr leicht gemacht, uns das alles zu rauben. Schon erstaunlich, oder?

Öffentlicher Raum in der Stadt sieht mittlerweile aus wie ein riesiges Open-Air-Autohaus. Weil der städtische Raum oftmals kostenfrei zu haben ist, werden alle Fahrzeuge in diesem abgestellt. Der Bestand an Wohnmobilen stieg 2021 deutschlandweit auf 674 700 – neuer Rekord. Ich vermute, dass viele dieser Freizeitmobile billiger zu haben wären, wären sie gemietet worden. Aber sowohl die SUVisierung[60] als auch die immer größeren Freizeitmobile, die als kleine Wohnung vor der echten Wohnung aufbewahrt werden, zeigen es sehr deutlich: Viele Entscheidungen, die zum Besitz eines bestimmten Fahrzeugs führen, sind weder rational begründbar noch auf Basis des Alltagsbedarfes getroffen worden.

## #Maximaleventualbedarfs-PKW

Menschen, die mir auf Twitter folgen, kennen diesen Hashtag. Denn der SUV an sich ist nicht das Problem, das Problem ist, dass wir nicht ehrlich nach Bedarf kaufen, den wir täglich haben, sondern nach Ausnahmen, die eventuell mal auftauchen könnten. Fünf fremde Kinder, die gleichzeitig mit dem eigenen zum Ausflug müssen, Schrankwände, Italienurlaub. Der Polo von heute ist so groß wie der Golf von gestern. Der heutige Mini ist ein Maxi. Das, was auf meine Frage nach den Gründen für die Anschaffung immer als Antwort kommt, ist die eigene Sicherheit und der eigene bequeme Einstieg. Bis zu einem gewissen Grad nachvollziehbar, aber dass dabei nicht an andere Menschen gedacht wird, die solche Pkw noch schwächer machen, als sie es im Straßenverkehr eh schon sind, vor allem kleine Kinder und langsame Ältere, irritiert mich.

Durch die zunehmende Größe der Pkw werden diese zudem immer gefährlicher für die Menschen, die nicht in diesen sitzen. Dass viele Unfälle zwischen Pkw-Fahrenden und Fußgänger:innen tödlich enden, ist bitter – aber nicht verwunderlich. Hier treffen 80 Kilogramm ungeschützter Mensch auf zwei Tonnen Stahl in Bewegung. Im Gegensatz zur Pkw-fahrenden Person hat ein:e Fußgänger:in keine Möglichkeit, sich zu schützen. Eine aktuelle Studie[61] kam zu einem überraschenden Ergebnis. Obwohl immer mehr Sicherheitssysteme verbaut werden, sind SUVs viel tödlicher als andere Pkw. Einige von Ihnen mögen jetzt sagen: Die übertreiben es aber auch, die Amis. Ich kann Ihnen nur berichten, dass in meiner Straße Dodge Rams und andere in diese Kategorie fallende Pkw nicht mehr selten sind.

Das alles sorgt für eine weitere Verknappung eines wertvollen Gutes: gesunde öffentliche Räume, in denen sich Menschen gern aufhalten.

Lebenswerte Räume sind sehr viel schwieriger zu gestalten als Autobahnen, aber daran sollte es nicht scheitern, oder? Wir sind phantasievolle Wesen – in der Lage, unsere Bedürfnisse unter all der Hektik und den Zwängen, die wir empfinden, wiederzuentdecken.

Mir ist es sehr viel wert, dass meine Stadt ruhiger, lebenswerter, gesünder wird. Oftmals erhalte ich auf meinen geäußerten Wunsch den Hinweis, dass ich doch auf das Land ziehen soll. Es wird als anmaßend und naiv empfunden, dass ich mir eine gute Stadt wünsche, die es mir ermöglicht, dass Urlaubsgefühl vor der eigenen Haustür beginnt. Träume ich zu groß oder die anderen zu klein? Nach meiner Vision befragt, könnte ich sehr lange begeistert über das Bild sprechen, was ich sehe: spielende Kinder mitten auf der Straße, Radfahrer:innen, Spaziergänger:innen, Rollstuhlfahrende und Menschen mit Rollatoren, die mal für einen Schwatz stehen bleiben, bevor sie ihr Gemüse kaufen, Brot besorgen, in die Kita rollern oder ins Atelier gehen. Eine bunte Tüte Leben, die Lust macht auf das Bleiben. Sehen Sie all diese Menschen täglich vor Ihrer Haustür? Ich nicht. Kinder, Rollstuhlfahrer:innen – all die Menschen, die im Vergleich zum Auto langsam und vulnerabel sind, sitzen eher im Auto, als dass sie mir begegnen.

Ist das gesunder Raum, der nur den vermeintlich Starken gehört? Und was geschieht, wenn auch wir Einschränkungen erleben? Ich selbst war aufgrund einer Knie-OP mehrere Wochen an Krücken unterwegs und nicht nur verletzlich, sondern auch enorm langsam. Auf einmal fand ich mich auf Mittelinseln wieder, weil ich nicht schnell genug war für Ampelphasen.

Eine Stadt der kurzen Wege würde Lebensqualität wiederherstellen. Das gilt nicht nur für Großstädte – auch Kleinstädte und Dörfer gewinnen durch Bildung, ärztliche Versorgung, Dinge des täglichen Bedarfs in fuß- oder radweiter Entfernung an Wert – ein wichtiger Schritt zurück zur Menschlichkeit von Räumen.

Sollten wir weiterhin um Auto-Parkplätze mehr kämpfen als um Platz für Menschen?

Sind gesperrte Straßen nicht befreite Straßen?

Warum mögen wir Straßenfeste so gern, genießen die autobefreiten Wochenenden?

Wir verteidigen den Raum für das Auto so, als wäre es unser eigener. Wie kommt es zu dieser Personalisierung? Wieso schauen wir auf Raum als etwas, das möglichst einfach für das Auto zu nutzen sein muss, obwohl dieses, wenn wir es verlassen, überhaupt keinen Nutzen mehr für uns hat? Im Gegenteil. Geparkte Autos zerstören räumliche Strukturen, heizen Räume auf, versiegeln sie, weil sie nur auf befestigtem Grund stehen können.

Immer mehr Raum haben wir in Auto-Raum verwandelt. Teilweise sogar in exklusiven Auto-Raum, wie Autobahnen, de facto aber auch Landstraßen und städtische Straßen, an denen es keine Radwege gibt. Wir müssen zurück in unsere eigenen Köpfe, das Auto muss raus aus unserer Denke. Wie eine falsche Brille, deren Mangel wir erst bemerken, wenn die Optikerin uns eine mit den richtigen Werten gibt. Vielleicht ein guter Vergleich. Denn wir bemerken unwirtliche Räume, aber wir schieben dieses Gefühl beiseite, weil den Missstand zu beseitigen nur über das Abbauen von Privilegien des Autos geht. Wenn wir das Auto hinterfragen, hinterfragen wir automatisch auch uns und unseren Beitrag an der Zerstörung von Räumen. Wir nutzen als Autofahrende eine Infrastruktur, die darauf aufbaut, dass wir den öffentlichen Raum autokonform gestaltet haben und andere für uns verzichten. Dass das nicht immer menschenkonform sein konnte, ahnen wir. Oder?

Ich weiß nicht, wie es Ihnen geht, aber ich konnte nie etwas mit architektonisch »weit« gestalteten Plätzen anfangen. Sie lösen in mir immer ein Gefühl von Kälte aus. Am wohlsten fühle ich mich in Räumen, die nach dem menschlichen Maß gestaltet worden sind – also dem Fußverkehr, der menschlichen Geschwindigkeit, die uns von der Natur gegeben wurde. Wenn wir Räume von dieser Geschwindigkeit und vom Menschen aus denken, verdichten sie sich automatisch, das fußläufige Erreichen von Zielen und das Miteinander unterschiedlicher Verkehrsteilnehmer:innen rückt in den Vordergrund. Es wird in diesen Räumen gearbeitet, konsumiert, gespielt, gelernt, gelacht, gegessen und geruht.

Ich schaue, während ich schreibe, auf drei große alte Bäume. Ein für mich sehr beruhigender Anblick, den jeder Mensch in der Stadt haben sollte. Denn Begrünung, Schatten und Kühle sollten dringlich Teil von städtischen Räumen sein. In einer sich aufheizenden Welt hilft nur die Gegenwehr der uns schützenden Natur, die wir zerstören. Bäume sind Schattenspender, Wasserspeicher und Filteranlage in einem. Viele von ihnen haben wir geopfert, um Abstellflächen für Autos zu schaffen.

Bei aller Schwere, die die Corona-Pandemie hat: Erinnern Sie sich an den ersten Lockdown? An die natürlichen Geräusche, die die Stadt plötzlich hatte? Sind Sie vielleicht auch mal mitten auf autoleeren Straßen mit dem Rad gefahren? Haben auch Sie, wie Freund:innen von mir, gerätselt, was das da für ein Vogel ist, der auf dem Balkongitter sitzt? Viele schrieben mir nach dem Ende dieser gewaltvoll eingeläuteten, aber dann auch von einigen als entlastend empfundenen Ruhepause, dass der Verkehrslärm auf einmal »dröhnt«. »Ich habe das vorher nie wahrgenommen. Jetzt stresst es mich total!«, schrieb mir eine Freundin aus Berlin.

Ruhe zu finden. Das ist in der Stadt von heute nicht immer

leicht. Wären wir sonst so urlaubsreif? Wäre es für alle, die gut zu Fuß oder mit dem Rad unterwegs sein können, nicht phantastisch, wenn diese Mobilität Alltag und nicht Urlaub wäre? Denn ich bin mir sicher: Viele meiden diese für Mensch und Natur gleichermaßen gute Mobilität nicht, weil sie darauf keine Lust haben, sondern weil sie den Raum als zu gefährlich erachten. Gerade in Städten wie Hamburg und Berlin habe ich viele Gespräche mit Menschen geführt, die mir erst als Autofans entgegentraten, im weiteren Gespräch dann aber zugaben: »Mir macht der Verkehr Angst. Ich habe nicht den Mut, mich da hineinzubegeben.«

Eine Stadt sollte keine Maschine sein, die möglichst effizient die Funktionen erfüllt, die wir an sie stellen. Sie sollte wieder ein Organismus sein dürfen, als solcher hat sie auch begonnen, ihr Herz schlagen zu lassen. In manchen Stadtvierteln, die ich in Deutschland kennengelernt habe, hatte ich das Gefühl, dass die Stadt in diesem Teil an einem Beatmungsgerät hängt. Sie alle werden solche Viertel kennen. Meist sind es die Shoppingviertel nach 21 Uhr, die Feierviertel um zehn Uhr morgens. Also Viertel, die nur einer Funktion zugeordnet wurden und die daher nicht rund um die Uhr lebendig und damit sicher sind. Denn sicher fühlen wir uns nur in gemischten Räumen, die den Tag über von Menschen durchströmt werden, weil zu jeder Tageszeit eine andere Funktion des Viertels das Leben dort bestimmt.

Die Corona-Krise war es nicht, die die Krise in die Innenstädte brachte, es war die jahrzehntelange Vernachlässigung und Homogenisierung. Was ursprünglich mal bunt durchmischt und lebendig war, wurde immer teurer und einseitiger. Lange Zeit ging es dem Dienstleistungs-, Banken- und Einzelhandels-Sektor so gut, dass Innenstädte von ihnen dominiert wurden. Durchmischte Funktionen sind resilienter, gerade auch in der Krise. Durch Insolvenzen von Kaufdinosauriern werden jetzt riesige Gebäude in Innenstädten frei. In das Dienstleistungssegment werden (hoffentlich!) nicht alle zu 100 Prozent zurückkehren müssen, weil mobiles Arbeiten sich etabliert hat. Es entstehen viele Möglichkeiten, Zentren neu zu gestalten, Kultur an ungewohnten Orten stattfinden zu lassen, ehemalige Einkaufszentren zu Kultur-, Konsum- und Begegnungsorten umzuwidmen.

Sind heutige Räume demokratisch, von Gleichberechtigung geprägt? Jede:r Autofahrer:in ist auch mal anders unterwegs, und sei es nur, dass er:sie zu Fuß zum Auto geht. Eigentlich müssten wir ein Gespür dafür haben, dass wir anderen massiv etwas wegnehmen, und die Privilegien, die wir mit unserem Auto haben, auch als solche empfinden. Tun wir aber nicht. Es ist selbstverständlich, auf exklusiv nur für uns gebauten Wegen zu fahren und das Auto abzustellen. Wir verwechseln dieses Privileg mit einem Recht, das uns gegeben wurde. Gilt für viele Privilegien unserer Zeit.

Allein die Tatsache, dass Parksuchverkehr in Städten viele Kilometer der täglich zurückgelegten Wege einnimmt, beruht darauf, dass

1. wir denken, ein Anrecht auf einen Abstellplatz vor unserer Tür zu haben und
2. die Zeit, die wir beim Suchen aufbringen, vernachlässigt und nicht verglichen wird mit der Zeit, die wir für einen kurzen Spaziergang hätten. Oder – andersrum: Nicht wenige Städter:innen empfinden vielleicht den Weg zur nächsten Haltestelle als zu weit, legen diesen aber täglich vom und zum Autoabstellplatz zurück. Wir statuieren: Da geschieht viel Verdrängung, um den Raum, der für das Auto gestaltet wurde, nicht zu hinterfragen.

Welche Ausgangssituation haben wir da in zu vielen unserer Städte? Die Einwohner:innen kommen an letzter Stelle. Wie dicke Venen ziehen sich mehrspurige Straßen durch Städte, einige von ihnen sind sogar in dem leidlichen Glück, Stadtautobahnen zu besitzen. Manche Stadt ist durch eine solche sogar in zwei Teile zerschnitten. Selbst ich, die ich in einem Wohnviertel lebe, habe mich dabei ertappt, nur die Straßenseite zu wechseln, wenn ich muss. Die Straße ist Lava, weil ich, wenn ich sie überschreiten will, immer diejenige bin, die sich um ihre Sicherheit sorgen muss. Weil da Autos fahren, die sehr viel schwerer und schneller sind als ich. Auch wenn an Bord meist auch nur ein Mensch sitzt, bin ich diesem untergeordnet.

Wo fahren Sie hin, wenn Sie Urlaub machen möchten?
An eine vierspurige Straße?
In die Nähe eines Parkplatzes?
Oder waren Sie auch schon einmal in einer Stadt, wo Sie hinterher begeistert von belebten Plätzen gesprochen haben?
Von einem Kaffee in der Sonne?
Von der Lebendigkeit der Plätze und Märkte?
Was ist da los, dass wir das als Ausnahme akzeptieren und nicht als Regel fordern? Ich will das nicht als Vorwurf platziert sehen, sondern als ernstgemeinte Frage.

Denn auch ich, vermutlich in einem orangenen VW Käfer in den 1970er Jahren gezeugt, führe ein Leben, in dem ich nie ohne Autos war, obwohl ich selbst nie eines besessen habe. Auch ich habe jahrzehntelang Autos noch nicht mal wahrgenommen. Sie waren für mich wie Stadtmobiliar. Weil sie eben immer schon da waren. Weil die Vormachtstellung des Autos schon vor meiner Geburt besiegelt wurde. Das heißt aber nicht, dass ich das auch für den Rest meines Lebens akzeptiere. Im Gegenteil. Ich glaube an die Veränderungskraft und den Gestaltungswillen von uns Menschen. Es ist schade, dass wir erst durch den Druck der Klimakrise auf dieses Thema schauen. Es wäre schöner gewesen, das als einen natürlichen Erkennungs- und Umsetzungsprozess zu gestalten.

Die Stadt, in der Sie leben, hat vielleicht Viertel, die Sie eher meiden, die abstoßen, auch wenn Sie vielleicht manchmal gar nicht so genau wissen, warum dem so ist. Wir Menschen reagieren, auch wenn unsere Welt noch so digital dargestellt wird, in vielen Bereichen unseres Lebens noch sehr instinktiv. Das muss Städteplanung berücksichtigen, wenn sie kranke Viertel gesund machen will. Nur gesunde Viertel üben den gesamten Tag über einen Sog aus. Das immer wieder als Beispiele genannte Skandinavien oder die Niederlande sind nicht unbedingt radfahraffiner, es wird den Einwohner:innen aber sehr leicht gemacht, diese Alternative dem Auto vorzuziehen. Da – Sie ahnen es – die Städteplanung auf das Rad und nicht auf das Auto ausgerichtet ist. Nicht wenige haben mir schon berichtet, dass sie erstmalig in einer der sogenannten Radstädte gemerkt haben, wie es ist, in einer Minderheit im Straßenverkehr zu sein. Diese Menschen saßen – im Auto.

Wie also den Raum gestalten, dass die Freude, sich in ihm aufzuhalten, zurückkehrt und ihn wieder sicherer macht?

Ganz sicher nicht durch Wolkenkratzer und für das menschliche Auge nicht mehr zu erfassende weite leere Plätze. Diese beiden Extreme sind die Pole der Gestaltung, die es zu vermeiden gilt.

Mein Haus hat fünf Stockwerke, und das entspricht in etwa dem Ideal. Denn auch vom fünften Stock aus können Menschen die Straße beobachten und mit etwas Anstrengung sich sogar noch mit Menschen auf der Straße unterhalten. Alles Weitere verlässt das menschliche Maß. Zudem sind wir auf Gehgeschwindigkeit ausgerichtet. Das menschliche Maß hat eine Geschwindigkeitskomponente, die wir mit dem Auto nicht nur ignorieren, sondern in die Unmenschlichkeit führen. Bei Geschwindigkeiten von über 50 km/h ist es uns nicht mehr möglich, Details zu erkennen. Plus der Tatsache, dass unsere Automobilität geführt wird, wir verbleiben auf den breiten Wegen, die für uns angelegt wurden. Vielleicht haben

Sie selbst schon einmal gestaunt, wie anders eine Stadt wirken kann, wenn Sie von Ihnen zu Fuß oder mit dem Rad erobert wird. Beide Formen der Mobilität bieten zudem die Möglichkeit, spontan mal anzuhalten und einem Sinneseindruck, einer Entdeckung vertiefend zu folgen. Das geht im Auto nicht. Denn die Bequemlichkeit der Autobahnen durch die Stadt hat ihren Preis: Es gilt, den anderen Menschen im Auto nicht im Weg zu sein, sich zu konzentrieren und den Fluss nicht zu unterbrechen. Und ich wette mit Ihnen: Zu Fuß und auf dem Rad sind wir nicht in autogerechten Bereichen unterwegs. Denn das ist öde, langweilig und gefährlich.

Jan Gehl hat sich als Architekt mit den unterschiedlichen Distanzen im menschlichen Leben beschäftigt: Die engste ist die intime Distanz, die wir nur Menschen zugestehen, die wir sehr gut kennen. Zwischen 45 bis 120 Zentimetern liegt die Distanz, die wir mit Freund:innen und uns lieben Familienmitgliedern teilen. Es folgt die soziale Distanz bis etwa 375 cm Abstand. Diese Distanz existiert in sozialen Gruppen, beim gemeinsamen Essen etwa. Über 375 cm liegt die öffentliche Distanz.

Als Mensch geht es uns am besten, wenn uns nicht vertraute Personen eine Armlänge entfernt sind (dein Tanzbereich, mein Tanzbereich). Das sehen wir vor allem in Wartesituationen im öffentlichen Raum, na ja, durch Corona haben wir das noch mit mehr Abstand versehen müssen. Eine Armeslänge entfernt bedeutet: Der Mensch kann mich nicht berühren, weil seine oder ihre Arme dafür zu kurz sind. Ganz simpel eigentlich. Gegenbeispiel ist der Aufzug, der uns zusammenpfercht. Alle starren irgendwohin, haben das Gefühl, die Luft anhalten zu müssen, bis diese als unangenehm, weil erzwungene intime Nähe endlich aufhört. Denn jetzt sind da Menschen in unserer intimsten Zone, die da nicht hingehören. Und wenn wir ehrlich sind: Gute Partys entstehen nicht in öffentlicher Distanz. Hier vertrauen wir den Gastgeber:innen, so die Party drinnen stattfindet, dass sie »gute Menschen« einladen – wir geben einen Vorschuss, so dass uns Unbekannte temporär sehr nahe kommen dürfen.

Diesen Vertrauensvorschuss sollten uns öffentliche Räume wieder gewähren. Und das führt ein wenig zu einem absurd klingenden Ansatz: Weniger Platz wagen. Damit meine ich nicht den Abstand zwischen den Menschen, sondern die Gestaltung des Raumes. Weitläufige Plätze entsprechen nicht unserem Wunsch nach subjektiver Sicherheit. Ich meine die Einrichtung des Raumes als etwas Abwechslungsreiches, an dem das Auge und andere Sinne immer wieder mal hängenbleiben. Aber auch eine Struktur, die die Sinne mal ruhen lässt. Zum Innehalten einlädt. Zur Mittagspause im öffentlichen Raum. Viele Viertel und Gebäude mögen in der Vergangenheit Designpreise erhalten haben – aber geht es darum, einem ästhetischen Geschmack und Trend zu folgen oder Räume für Menschen zu gestalten, die eben ganz unterschiedliche Geschmäcker, aber sehr ähnliche Bedürfnisse haben?

Welches Bild haben Sie jetzt vor Augen, wenn ich Sie frage: Was ist für Sie eine lebendige Stadt?

Machen Sie mal kurz Pause und stellen Sie sich vor, wie eine solche Stadt aussähe – was geschieht dort, was sehen Sie, was hören Sie?

Ertappen Sie sich bei einem Lächeln und einer gewissen Vorfreude, dass dieses Bild aus Ihrem Kopf vielleicht sogar mal zu Ihrem Alltag gehören könnte?
Und jetzt gehen wir einen Schritt weiter (ja, wir gehen, Sie setzen sich dafür NICHT ins Auto!).

Welche Dinge machen Sie werktäglich? Welche Erledigungen sind unabdingbar, um Ihren Alltag zu gewährleisten? Ich nehme an: berufliches Pendeln, Kinderbetreuung, Einkäufe und Hobbys, die an festen Terminen stattfinden. Sind diese Wege weit? Wünschen Sie sich manchmal, dass Sie weniger Zeit auf den Wegen verbringen müssten? Hinterfragen Sie, warum diese Wege so weit sind, oder haben Sie diese als unveränderliche Tatsache in Ihr Leben integriert? Ist die Zeit zu knapp, weil die Wege zu weit sind? War es schon mal besser? Was war da anders? Sind Sie Eltern und wünschen sich Kinderbetreuung oder Schulen an anderen Orten, um nicht so weit fahren zu müssen? Ist Ihr Arbeitsplatz weit von Ihrem Zuhause und raubt Ihnen die tägliche Fahrt Zeit? Oder haben Sie, je länger Sie jetzt darüber nachdenken, vielleicht schlicht zu viel auf dem Zettel und sollten mal aufräumen, Raum schaffen?

Sie merken: Wir brauchen fast ein wenig Unterricht, um zu verstehen, wie wir Menschen eigentlich so ticken. Wenn wir im Auto sitzen, ist das eine uns sehr vertraute Umgebung, eine uns sehr vertraute Handlung und der Komfort des sich Bewegenlassens, statt sich selbst zu bewegen. Wir haben uns von dem entwöhnt, was wir zu Beginn unseres Lebens sind – so wir in der Kategorie »gesund« zur Welt kommen: Fußgänger:in.

Eine Vision, die immer wieder anklingt, ist die Stadt der kurzen Wege. Alle Ziele des täglichen Bedarfs nur 15 Minuten Fuß-, Rad- oder ÖPNV-Weg entfernt. Das Privileg, auf ein eigenes Auto verzichten zu können. Es dennoch mieten zu können, wenn ich es mal brauche. Diese Stadt trennt Viertel nicht mehr nach Nutzen, sondern weist in jedem Viertel die notwendige Versorgung auf. Was heißt: Lange Pendler:innenwege sollten der Vergangenheit angehören. Ziel ist die Rückkehr zu einem Zustand, der existierte, bevor das Auto alles auseinanderzog: Schule der Kinder, Arbeitsplatz, Einkaufen und Hobbys in Gehweite. Auch ich habe schon provokant gefragt: Was ist mit den Bürotürmen in Frankfurt? Brauchen wir diese noch in dem Ausmaß – oder können hier Wohnungen entstehen, weil die dort Arbeitenden diesen Büroplatz nicht mehr benötigen? Sollten Räume, die einer sehr homogenen Nutzung unterliegen und damit für die Öffentlichkeit verschlossen sind, anders gedacht werden? Sollte hier das Konzept von Sharing greifen? Sollten Arbeitgeber:innen Coworking-Spaces etablieren, die Pendler:innenwege deutlich minimieren? Sollten Chef:innen dazu angehalten werden, ihre Kontrollwut zu überwinden? Corona hat bewiesen: Arbeit außerhalb des Büroarbeitsplatzes ist effizient. Vielleicht sogar effizienter. Was nicht bedeutet, dass man gar nicht mehr in das Büro fährt. Aber eben nicht jeden Tag.

Mobilität ist etwas enorm Essenzielles, Begegnung mit anderen Menschen, andere Orte kennenlernen, den eigenen Horizont im wahrsten Sinne erweitern. Erstaunlich nur, dass wir – obwohl wir doch aus diesen Gründen unterwegs sind – viel im Auto sitzen. Denn dort findet all das ja nicht statt. Es braucht beides: Alternativen, die so komfortabel sind wie ein eigenes Auto. Dabei müssen diese nicht eins zu eins das Auto imitieren, sondern andere Vorteile bieten, wie Zeitgewinn, weniger Stress, weniger Kosten. Es braucht aber auch Maßnahmen, die Automobilität in ein gleichberechtigtes Kosten- und Privilegienniveau zurückführt. Ohne diese werden die Alternativen nicht gewinnen können.

What's your story?

# MENSCH

»Dass es auch eine Menge Autofahrer gibt, die das Auto notgedrungen nutzen, ist vollkommen unstrittig. Dieser Teil der Autofahrer … ist Opfer einer Raumplanung und -ordnung, die sich am Auto orientiert und die vor allem die Ausbreitung des Autos erst möglich gemacht hat.«

*Wider das System Auto, S. 11*

Was mich ärgert, ist das paternalistische Verhalten von Politiker:innen, der Industrie sowie Lobbyvertreter:innen, die zur Wahrung des Status quo des Autos stets bestimmte Menschengruppen heranziehen und als Ausrede für ihr Tun nutzen. Ich habe mich aufgemacht, MIT den Menschen und nicht ÜBER sie zu sprechen.

Wollen Krankenschwestern, Ärzt:innnen, Feuerwehrleute, ältere Menschen im ländlichen Raum und in der Stadt Auto fahren – oder müssen sie es?

Sitzen BIPoC und Transpersonen im Auto, weil sie gern Auto fahren?

Wie ist es, als Mensch im Rollstuhl in Deutschland unterwegs zu sein?

Wird die Stadt von heute »smart«, wenn wir sie mit den Rahmenbedingungen von heute digitalisieren – oder bleibt sie dumm für jene, die schon heute nicht mitgedacht sind?

In den vorherigen Kapiteln habe ich Mobilität und Raum betrachtet. Ich habe hergeleitet, warum das Auto und nicht der Mensch in den Fokus rückte. Ich habe erläutert, wie die Autoabhängigkeit entstand, die wir heute hinnehmen, ohne sie zu hinterfragen. Ich mache mir Sorgen um unsere Gesellschaft, die in Sachen Mobilitätsgerechtigkeit in Schieflage geraten ist. Ich mache mir Sorgen um unsere überalternde Gesellschaft, um eine Welt, in der Pandemien in unserem Alltag angekommen sind und dafür sorgen können, dass Menschen kein Auto mehr fahren können oder aber den Job verlieren, der sie das Auto bezahlen ließ. Es muss ein Grundrecht auf Mobilität geben. Ein Grundrecht darauf, ein Leben ohne eigenes Auto führen zu können.

Wer Auto fahren möchte, der:die soll das tun. Durch über 60 Interviews mit Menschen über ihre individuelle Mobilität weiß ich jedoch: Die Gruppe derer, die nicht auf das Auto angewiesen sein wollen, ist riesig, aber sehr heterogen. Daher nehmen wir sie nicht als »großes Ganzes« wahr. Und auch diese Menschen selbst sehen sich mit ihren Bedürfnissen, Ängsten und Wünschen nicht in der Mehrheit, weil die weiße, gesunde, wohlhabende, männliche cis-Norm in unserer Gesellschaft ihnen einen Platz am Katzentisch zugewiesen und sie als »anders« deklariert hat.

Die Großmütter meiner Familie hatten keinen Führerschein, die Mütter meiner Familie haben diesen gemacht, um dann jahrzehntelang vor allem Beifahrerinnen zu sein. Meine Tanten sind irgendwann qua mangelnder Routine gar nicht mehr selbst gefahren, meine Mutter hat jahrzehntelang alles mit dem Rad erledigt, weil der Familienwagen von meinem Vater gefahren wurde. Jetzt, da er nicht mehr fahren kann und will, muss sie Auto fahren, da Alternativen fehlen. Um den gemeinsamen Alltag zu meistern, sitzt sie hinter dem Steuer – dabei hasst sie es.

Ich hoffe, dass durch die persönlichen Geschichten der Bedarf an #Autokorrektur ersichtlich wird. #Autokorrektur bedeutet für mich nicht, alle Autos abzuschaffen, ich finde Autos sogar sehr clever. Wenn sie einer Nutzung unterliegen, die effizient ist und Menschen eine Mobilität erlaubt, die ihre Freiheit sichert, ohne die Freiheit anderer zu begrenzen. Das ist beim Autofahren nicht gegeben, denn aktuell geht Autoverkehr sehr zu Lasten anderer. Im Juli 2021 waren noch nicht einmal ein Prozent der Pkw-Flotte Deutschlands vollelektrisch.

99 Prozent der Autos gaben damit noch Gifte in die Umgebung. 49 Millionen Autos auf 41 Millionen Haushalte – das bedeutet viel Raum, Lärm. Oder das gefährliche Mikroplastik. Dessen weltweit größte Quelle sind Autoreifen, jeder von ihnen erzeugt im Verlauf seines Lebens vier Kilogramm, 1/3 des Mikroplastiks in Deutschland stammt aus dieser Quelle: über 100 000 Tonnen jährlich.[1] Noch ein wichtiges Detail, das zeigt: Elektrifizierung von Antrieben ist keine Verkehrswende.

Ich habe mit den Menschen gesprochen und Ihnen die Frage gestellt:

»Willst du oder musst du Auto fahren?«

In den Gesprächen ging es um Umstände, die nicht aus Lust hinter das Lenkrad führen, sondern aus Frust, Angst, Zwang und mangels Alternativen.

Aber auch die Menschen, die nicht Auto fahren können oder wollen, habe ich interviewt. Wie lebt es sich in einer Gesellschaft, in der es selbstverständlich ist, einen Führerschein zu erwerben und ein Auto zu haben?

Fangen wir mit diesen an.

## MENSCHEN, DIE NICHT AUTOFAHREN WOLLEN

Esmeralda ist 52 Jahre alt, lebt mit ihrem Mann alleine, die Kinder sind ausgezogen und haben sie bereits zur Oma gemacht.

Aus gesundheitlichen Gründen will sie nicht mehr Auto fahren. Sie könnte es noch, denn in Deutschland gibt es nicht, wie

in anderen Ländern, angeordnete Tests ab einem bestimmten Alter (in Portugal z.B. ab 50 Jahren), die die Fahrtüchtigkeit überprüfen. Ärzt:innen, die Menschen ein bestimmtes Medikament verordnen, das fahruntüchtig macht, eine Diagnose stellen, die die gleichen Konsequenzen mit sich bringt, sind nur dazu verpflichtet, ein Aufklärungsgespräch zu führen. Ob der Mensch dann Auto fährt, bleibt letztlich ihm:ihr überlassen.

»Ich hab mir gesagt, ich möchte nicht schuld sein, dass jemand verletzt wird. Da ist für mich die Einschränkung das kleinere Übel. Ich lebe auch gut damit.«

Esmeralda würde mit dem Auto nur 20 Minuten zur Arbeit benötigen, mit dem Bus sind es sechzig Minuten. Zwei Stunden Lebenszeit. Sie hat anderthalb Jahre von zu Hause aus gearbeitet – jetzt verlangt ihr Unternehmen von allen, wieder zweimal die Woche im Büro zu arbeiten. Dabei war das Arbeiten zu Hause für alle sehr angenehm und effektiv.

Auch Rob hat anderthalb Jahre sehr gut von zu Hause gearbeitet und soll nun wieder 90 Minuten am Tag damit zubringen, an seinen Schreibtisch zu fahren. Derlei Geschichten habe ich leider oft gehört.

Nach einer im zweiten Quartal 2020 vom ifo-Institut durchgeführten Personalleiter:innenbefragung haben vor der Pandemie 40 Prozent der Mitarbeiter:innen in Unternehmen von zu Hause aus gearbeitet. Dies steigerte sich während der Pandemie auf 60 Prozent. Damit ist das Homeoffice-Potenzial noch nicht ausgeschöpft: Laut einer von Randstad in Auftrag gegebenen Umfrage könnten theoretisch 80 Prozent der Belegschaften von zu Hause aus arbeiten.[2]

Deutlicher Hinweis dafür, dass zuvor von Arbeitgeber:innen und -nehmer:innen eine irrationale Anwesenheitspflicht gepflegt wurde. Auch mir wurde, als ich noch im Konzern tätig war, mein Wunsch nach einem Homeoffice-Freitag als »Frau Diehl ist nicht so oft im Büro« vom Vorgesetzten ausgelegt. Mein Team sprach mit mir darüber, wie die Prozesse

anzugleichen seien, wenn ich einen Tag von zu Hause aus arbeite. Während ich das erste Phänomen auf Misstrauen zurückführe, war das zweite eher Unsicherheit, weil es in einem Anwesenheitssystem Sicherheit vermittelt, wenn die Chefin nebenan sitzt und ansprechbar ist. Ich glaube, hier hat die Pandemie bewiesen, wie viel flexibles, agiles und mobiles Arbeiten möglich ist.

Na klar, nicht jeder Job kann mobil gestaltet werden. Dieses Wort verwende ich statt Homeoffice, weil es meiner Meinung nach nicht richtig ist, das Zuhause als Arbeitsort anzuordnen. Beim mobilen Arbeiten geht es darum, Wege zu verkürzen. Das kann durch einen Arbeitsplatz zu Hause möglich werden – oder aber durch Co-Working auf dem Land. Zudem – das ist mir wichtig – sollten nicht alle Büroarbeitsplätze abgebaut werden. Große Arbeitgeber:innen wie SAP[3] und BMW[4] stellen es ihren Angestellten beispielsweise frei, von wo aus sie arbeiten möchten. So plant BMW für seine Büromitarbeiter:innen in München mittlerweile eine Schreibtischbesetzung von 1,4 Personen. Was bedeutet: Es gibt keine festen Arbeitsplätze mehr, Büroräume werden dadurch frei und anderweitig nutzbar. Und es sind Werksbusse im Einsatz, so dass es unnötig wird, dass Mitarbeitende mit dem eigenen Pkw pendeln.

Bis zu 12,2 Megatonnen $CO_2$ könnte Deutschland jährlich durch hybride Arbeitsmodelle einsparen. Das sagt nicht viel, daher eine Bezugszahl: Diese Einsparung entspricht 83 Millionen Flügen von Berlin nach London. Pro Arbeitnehmer:in im Homeoffice werden 700 kg $CO_2$ vermieden, fünf Flüge von Berlin nach London. Die Studie des Carbon Trust[5] geht davon aus, dass in Deutschland rund 17,5 Millionen Jobs (39 Prozent) zukünftig eine flexible Arbeitsplatzgestaltung erlauben und im Schnitt an 2,7 Tagen im Homeoffice gearbeitet wird.

Jemand, der Bernd genannt werden möchte, weil er weiß, dass er mit seiner autokritischen Haltung allein dasteht in einem mittelständischen Unternehmen, hadert sehr damit, auf das Auto angewiesen zu sein.

»Ich würde gerne kein Auto besitzen. Es ist nicht nur Freiheit, man hat eine große Verpflichtung. Die Karre muss am Laufen gehalten werden und TÜV-gerecht bleiben. Außerdem hast du hohe laufende Kosten, und wenn Reparaturen fällig sind, haste ein Problem. Ich brauche mein Auto zwingend, um zur Arbeit und zurück zu kommen. Weil ich um 6 Uhr morgens 25 Kilometer Strecke hinter mich bringen muss. Wenn ich einen beschissenen Tag habe, kann das mit Sekundenschlaf passieren. Bisher viel Glück gehabt.

Ich bin atypischer Autist und froh, nach mehreren Stationen endlich einen Job gefunden zu haben, in dem ich angekommmen bin. Den wegen der miesen Strecke und Autoabhängigkeit zu kündigen ist daher keine Option. Auch wegen der kaputten Wohnungsmarktsituation. Wir würden nie etwas finden, das im Preis unserer heutigen Wohnung liegt. Daher bin ich auf das Auto angewiesen. Im Winter war mein Auto kaputt. Das Problem mit dem ÖPNV hier ist: Ich muss um 6 Uhr ankommen. Das Früheste mit ÖPNV wäre aber 7 Uhr morgens. Obwohl die Verbindung an sich sehr easy wäre. Ich steige bei mir vor der Türe in den Bus, an den Bahnhof im Ort, dann in den Zug zum Arbeitsort, und von dort sind's 20 Minuten zum Arbeitsplatz.«

Bei Bernd kommen damit viele Details zusammen, die ihn ins Auto zwingen. Die erste Bahn fährt zu spät, die Arbeitszeitmodelle in der Produktion sind nicht flexibel und ein Umzug ist finanziell nicht machbar. Damit werden Menschen zu Pendler:innen wider Willen. Auch weil einige von ihnen nicht in der stressigen Stadt wohnen wollen, deren Stress vor allem durch den Autoverkehr derjenigen entsteht, die in die Stadt pendeln und die damit die Belastung und Enge im Stadtraum mit verursachen.

Seine Idee: »Ich glaube, dass ein Bus und Zug früher mein

Problem lösen würden. Ich könnte Punkt 6 Uhr auf der Arbeit sein, vielleicht noch ein kleiner Cityroller dazu, dann bin ich noch einen Moment eher da. Rein theoretisch wäre es möglich, mit Bus und Bahn und einem Carsharing-Angebot zurechtzukommen. Aber Menschen ohne Führerschein könnten meinen Job in derselben Situation nicht machen. Als ich mal arbeitslos war, war das Erste, was der Mensch auf dem Amt gesagt hat, dass ich pendeln können muss. Da habe ich mir mein erstes Auto gekauft, das von meiner Oma, für 2000 Euro.«

Da musste also ein Mensch, der gerade seinen Job verloren hatte, einen hohen Betrag in seine Automobilität investieren, um den Berater bei der Arbeitsagentur zu befriedigen und als vermittelbar zu gelten. Wie viele Menschen werden aufgrund ihrer Erwerbstätigkeit zu Autofahrer:innen gegen ihren eigenen Wunsch? Wie viele Menschen sitzen jeden Werktag zweimal sehr lange alleine im Auto, halten ein Lenkrad fest, vergeuden wertvolle Zeit mit dem Weg zur Arbeit – und würden diese gern anders nutzen? Die Strecken zwischen Wohn- und Arbeitsort steigen kontinuierlich an.

Matthias ist Mitte 30, wohnt in Stuttgart und möchte anonym bleiben. Damit ich ihn mir vorstellen kann, hat er sich als Mensch mit deutschem Pass und türkischem Nachnamen vorgestellt. Von seiner Jugend an ist er es gewohnt, zum Teil sogar mehrfach die Woche auf der Straße von der Polizei angehalten und durchsucht zu werden. Das Verdächtige an ihm? Er entspricht in seinem Äußeren nicht der weißen Mehrheitsgesellschaft – und er läuft in einer unserer Autohauptstädte fast alle Wege zu Fuß.

»Natürlich weiß ich, dass ich im Auto weniger Ärger hätte. Aber ich sehe das einfach nicht ein. Weder will ich einen Führerschein machen noch ein Auto kaufen!«

Am Auto wird abgelesen, welchen Erfolg und Status der:die Autofahrer:in hat. Ob bewusst oder unbewusst, mit uns ge-

schieht etwas, wenn ein Mensch im Auto vorfährt. Denn wir sehen zuerst das Auto und dann erst den Menschen, der aus diesem aussteigt. Wir machen uns damit ein Bild von dieser Person, bevor wir nur einen Satz mit ihr gesprochen haben. Auch wenn es immer in Abrede gestellt wird, das Auto bleibt das einzig große und mitnehmbare Statussymbol unserer Gesellschaft. Mit einem Auto kann bis heute, so gewünscht, ein deutliches Statement gesetzt werden. Anders kann ich mir die Zunahme von Dodge RAMs, Range Rovern und Minitrucks in meinem Viertel nicht erklären. Ich setze voraus, dass in Hamburg-Eimsbüttel kaum Förster:innen und Alpinist:innen wohnen.

Zurück zu Matthias. Als BIPoC ist er optisch lesbar nicht Teil der weißen Mehrheitsgesellschaft. Er berichtet von seiner Mutter, die mehrere Jobs hat und für diese viel fahren muss. Bei ihr wird das Auto vorausgesetzt. Es ist eine Belastung für sie, weil die Strecken zwischen den Jobs immer länger werden.

Amüsant ist, dass Matthias in einer Zulassungsstelle arbeitet – und dort immer wieder die Menschen fragt: Warum schaffst du dir ein Auto an? Mathias sieht im Auto viele Nachteile. Seiner Aussage nach können Menschen dort, wo er wohnt, auf viele Autofahrten verzichten, wenn sie wie er gesund und gut zu Fuß sind.

Matthias hat schon Jobs nicht bekommen, weil er keinen Führerschein hat. Das letzte Erlebnis gerade erst vor ein paar Wochen: Finale Runde bei einem Industriebetrieb: »Ich habe dort direkt im zweiten Satz gesagt, dass ich keinen Führerschein habe. Die Gesichter entgleisten sofort und signalisierten: abwinken. Obwohl ich gesagt habe, dass das kein Problem ist, da ich ja den ÖPNV super nutzen kann. Ich wurde abgelehnt.«

Natürlich können wir vermuten: Das ist doch nicht nachweisbar, dass er wegen des fehlenden Führerscheins abgelehnt wurde. Nach vielen Gesprächen, die ich zu diesem Buch hatte, muss ich leider sagen: Deutschland tickt so. Menschen berichteten mir davon, dass sie als »unzuverlässig« galten, weil sie mit dem Nahverkehr pendeln wollen. Als ob das Auto immer »zuverlässig« sei und ein:e Arbeitgeber:in über die Mobilität der Mitarbeiter:innen bestimmen könne. Auch das Fehlen eines Führerscheins löst anscheinend bei vielen Personaler:innen eine Irritation aus, die ein gutes Zeugnis nicht wettmachen kann.

In 2020 haben 57,45 Millionen Menschen in Deutschland einen Pkw-Führerschein. Die Zahl der Personen mit Führerschein steigt kontinuierlich. Liegt das daran, dass die Fahrerlaubnis so etwas wie Allgemeinbildung ist? Die wir erwerben im Rahmen unseres Erwachsenwerdens, weil alle das so tun? In Großstädten legt nach Angaben der Bundesvereinigung der Fahrlehrerverbände (BFV) nur noch jeder fünfte Jugendliche die Fahrprüfung gleich mit 17 Jahren ab. Inzwischen werde die Abdeckung mit 90 Prozent pro Jahrgang bis zu sechs Jahren später und somit erst im Alter von 23 oder 24 erreicht. Dies liegt an den Kosten, die laut einer Umfrage des Vereins Moving International Road Safety Association 2020 im Schnitt bei 2182 Euro liegen.

»Sowohl in den Metropolen als auch im ländlichen Raum hat der Anteil der Personen ohne Führerschein abgenommen«, so Claudia Nobis und Melanie Herget. »Grund hierfür ist der steigende Anteil älterer Menschen mit Führerschein; vor allem ältere Frauen sind heute häufiger im Besitz einer Fahrerlaubnis als früher. Dieser Trend wird in den nächsten Jahren anhalten. Da sich die Bevölkerung im ländlichen Raum aus mehr alten Menschen zusammensetzt, ist die Entwicklung dort besonders ausgeprägt.«[6]

Während also Medien von einer sinkenden Bedeutung des Autos sprechen, sinkt die Bedeutung eines Führerscheins faktisch nicht.

Ein Mensch, der ohne Auto und Führerschein lebt, ist John, 33 Jahre alt, verheiratet, zwei Kinder. Er wurde in Hamburg geboren und lebt da bis heute mit seiner Familie. Seine Eltern kamen vor 40 Jahren nach Deutschland und er kurze Zeit danach auf die Welt.

»Ich bin in Brahmfeld groß geworden. Das ist ein großer Stadtteil mit 80000 Menschen, aber trotzdem ohne jeglichen Bahn-Anschluss. Als Jugendlicher geht man da auf Partys und kommt von da nicht mehr weg. Ich musste ewig lange zur U-Bahn Berne fahren und von dort aus dann noch eine Stunde zu Fuß gehen. Das war nicht ganz ohne für mich als junger Mann mit asiatischen Gesichtszügen. Da trifft man so manche Personen, die man nicht treffen möchte.

Mein Wunsch war, wenn ich Kinder habe, will ich besser angebunden wohnen, damit sie kurze Wege haben.

Meine Frau hat anders als ich einen Führerschein, hasst es aber über alles, Auto zu fahren.«

Menschen, die keinen Führerschein haben, sind »die anderen«, weil die Mehrheit in unserer Gesellschaft einen Führerschein macht. Und wie immer, wenn es um eine Mehrheit geht, ist diese zugleich eine Norm. Leider. Damit gehen viele Möglichkeiten, inklusiv und für alle zu denken, verloren. Menschen, die keinen Führerschein haben, vergleichen die Reaktionen auf diese Entscheidung als noch eskalierender, als wenn geäußert wird, dass kein Alkohol getrunken wird. Wir sind daran gewöhnt, dass Menschen Auto fahren und Alkohol trinken, das wird nicht hinterfragt. Hinterfragt werden aber jene, die das nicht möchten.

»Auch ich habe mit 18 dieses Sparbuch von meinen Eltern bekommen. 1000 Euro für den Führerschein. Hab ich versucht und gleich gemerkt: Ich möchte das nicht. Ich mag diese Blechkisten nicht. Ich sehe, dass sie Menschen nicht guttun. Dass sie laut sind und Lärm verursachen. Ich wollte nie Auto fahren, hab mich immer geweigert. Und es ist dabei geblieben. Ich habe meinen Wohnort immer in Stadteilen, die gut angebunden sind, und dadurch habe ich nie ein Auto gebraucht.«

Dabei hatte seine Frau im Nahverkehr auch Erlebnisse, die nicht immer angenehm waren: »Sie hat damals in Spätschichten gearbeitet und musste viel mit der S21 fahren. Das war ihr nachts total unangenehm. Da kommt das Party-Volk, teilweise toxisches männliches Klientel, während du nach Hause möchtest.

Das sind Faktoren, wo eine Frau sagt: Ich fühle mich nicht sicher. Ich lass es sein und steige lieber ins Auto.

Als Großstädter können wir andere Fortbewegungsmittel etablieren. Im Ausland sehen wir, was möglich ist. Nicht nur in Barcelona mit Superblocks. Wir waren gerade auf Menorca im Urlaub in einem kleinen Ort namens Ciutadella. Die haben die gesamte Altstadt zur autofreien Zone erklärt. Und dadurch ist das Leben so schön dort. Warum sollte es in Hamburg nicht möglich sein mit unseren Quartieren? Das ist meine Traumvorstellung. Wir wohnen hier an einer 6-spurigen Hauptstraße, und im Erdgeschoss macht jetzt eine Fahrschule auf.«

**Aber John ist auch ehrlich: Es wird ihm und seiner Familie nicht leicht gemacht, ohne Auto zu leben.** »Wenn wir zum Niendorfer Gehege gehen wollen, tuckern wir ewig mit dem Bus mit mehreren Umstiegen. Wenn wir an die See wollen, müssen wir uns nach Bahnen richten, die nicht in jedes Dorf fahren, die total voll und nicht familiengerecht sind. Wehe, du schiebst einen Kinderwagen durch eine Regionalbahn. Da fehlt mir die Familienfreundlichkeit in diesem Mobilitätssystem. Das ist auf erwachsene mobile Menschen ausgelegt und nicht auf Familien oder andere Gruppen, die erst recht marginalisiert sind. Das ist total schade. Auch die Tatsache, dass der HVV jedes Jahr teurer wird.

Wirtschaftlich trägt das dazu bei, dass der HVV einer der kostendeckendsten ÖPNV-Betriebe ist. Aber das ist meiner Meinung nach eine gesellschaftliche Fragestellung, ob das notwendig ist oder ob wir hier einen Gemeinwohl-Beitrag haben: menschengerechte Mobilität, welche viel mehr Gewinn für uns bringt. Nämlich Lebensqualität, Wohnqualität und Mobilitätsqualität.«

**Beruflich hat sich John auch schon mit dem genauen Gegenteil seiner Lebensrealität beschäftigt: einem ländlichen Raum mit großer Abhängigkeit vom Auto – dennoch hat er seinen Job weiterhin ohne Auto gestaltet.** »Ich war viel in Orten in Schleswig-Holstein unterwegs – in der Pampa. Während die Kollegen aus Hamburg mit dem Auto auf einfache Fahrt 50 Minuten gebraucht haben, war für mich jede Strecke 3 Stunden. Vor Ort habe ich mit den Menschen darüber gesprochen, wie man die Mobilität im ländlichen Raum verbessern könnte.

Ich hab mit vielen geredet, die bei der jetzigen Infrastruktur auf das Auto angewiesen sind. Wir haben überlegt: Wie bekommen wir es hin, dass der lokale Händler in Zeiten, in denen Menschen immer viel online bestellen, eine Nähe zu den Menschen schafft? Wir haben gemeinsam mit der Kommune vor Ort und einem lokalen Start-up ein System aufgemacht, das nennt sich Heimatware.[7] Da geht es darum, eine digitale Plattform für lokale Händler:innen bereitzustellen und für Menschen, die im ländlichen Raum kein Auto haben oder wollen, das mit einem Lieferservice zu verbinden. Die lokalen Händler:innen vor Ort stellen die Produkte her. Damit schaffst du ein regionales Versorgungssystem, was durch gegenseitige Verbundenheit geprägt ist.

Ich hätte das gerne weitergemacht, aber ich habe gemerkt, dass diese ewige Pendelei der Familie nicht guttut und deswegen einen neuen Job gesucht.«

**Eine Sache, die John sehr umtreibt, ist das Nutzen von Privilegien, um die Welt für alle besser zu machen. Er hat einen guten Job, eine gesunde Familie und fühlt sich privilegiert gegenüber anderen, denen es nicht so gut geht.** »Ich weiß, wie das ist, weil meine Eltern auch nicht viel hatten. Wir hatten aber das Privileg, dass wir uns etwas erarbeiten konnten und daher jetzt auch stadtnah wohnen können. Meine Tochter Helene kann jetzt Rad fahren, und wir nutzen das auch fleißig. Aber: So ein Fahrrad musst du dir einfach leisten können. Die sind schweineteuer, diese Kinderräder. Mein Vater zum Beispiel hat sich in Deutschland etwas aufgebaut und war so stolz, als er sich irgendwann seinen Mercedes leisten konnte. Er war so glücklich darüber.

Wir können es uns leisten, anders zu leben. Wir sind privilegiert. Aber: Das Auto wird pervertiert, als Status mit den vielen SUVs, die jetzt in der Schule bei meiner Tochter sind. Ich gönne es Menschen so sehr, die einen sozialen Aufstieg geschafft haben, dass sie bekommen, worauf sie stolz sein können. Aber diejenigen, die das Geld haben: Warum setzt ihr immer noch auf Statussymbole, anstatt eure Ressourcen zu nutzen, um die Dinge für das Gemeinwohl besser zu gestalten?«

Lisa ist 31 und hat aus Zeit- und Geldmangel keinen Führerschein gemacht. Die letzten zehn Jahre war sie beruflich im Ausland, wo das nie ein Problem war. »Ich habe immer in großen Städten gelebt, da habe ich nie ein Auto gebraucht. Nach meiner Rückkehr nach Deutschland ist das Auto-Thema für mich plötzlich präsent. Hier muss ich immer Familienmitglieder bitten, die sich Kommentare über meine Fahrunfähigkeit manchmal nicht verkneifen können. Ich habe lange Zeit keinen Impftermin in Berlin bekommen und habe mich deswegen in meiner Heimat (Provinz Sachsen-Anhalt) zum Impfen angemeldet. Wegen schlechter Busverbindungen musste ich mich von der Familie fahren lassen, das waren 45 Minuten hin und 45 Minuten zurück, also viel zu weit fürs Fahrrad. Das Ergebnis: Obwohl ich erwachsen bin, fühle ich mich in Deutschland (zumindest auf dem Land) unmündig, einfach weil ich kein Auto fahren kann und möchte.«

All meinen Gesprächspartner:innen fiel etwas ein, das ihnen helfen würde, mobiler und selbstbestimmter unterwegs

zu sein – oder auch manche Wege gar nicht erst antreten zu müssen. Denn das ist die erste Regel der Verkehrswende: Wege vermeiden.

Meist denken wir über unsere alltägliche Mobilität nur nach, wenn sie uns unmöglich wird oder eingeschränkt ist – oder wenn wir umziehen oder Kinder in die Familie kommen.

So auch bei Mimi, die mir auf meinen Twitteraufruf schrieb: »Ich bin 27 und habe seit 10 Jahren einen Führerschein. Ich komme aus einer ländlicheren Region, und der Führerschein war eine ganz neue Freiheit! Zum Studium bin ich nach Düsseldorf gezogen, und ich konnte endlich wieder alles mit Bus/Bahn und Rad machen. Mein Freund wohnt in Neuss, direkt neben Düsseldorf, die Strecke war mit dem Rad aber einfacher und entspannter, als eine gute ÖPNV-Verbindung zu finden. Im September ziehen wir um. Er arbeitet in Düsseldorf, ich im Duisburger Süden. Und da wir beide zu Randzeiten anfangen/aufhören zu arbeiten (er fängt auch am Wochenende um 7 an, ich höre abends um 8 nach 12 Stunden Tagdienst auf), war uns klar, mit ÖPNV wird es schwer. Unser neuer Wohnort liegt so, dass er mit der S-Bahn fast bis zur Arbeit kommt. Ein Umstieg. Fahrzeit knapp 30–40 Minuten. Ich kann meine Arbeitsstelle mit ÖPNV zu den Zeiten, die ich brauche, nicht erreichen und wäre mindestens anderthalb Stunden unterwegs. Mit dem Auto 25–40 Minuten. Das hat mich echt schockiert. Würden wir näher zu meiner Arbeitsstelle ziehen, wäre der Weg für meinen Freund nahezu unmöglich. Wir wollen beide kein Auto, ich will eigentlich ein zweites Rad, um Einkäufe etc. leichter transportieren zu können. Und trotzdem haben wir jetzt eines. Und versuchen mit allen Mitteln, ein zweites Auto zu vermeiden, weil das nicht die Welt ist, in der wir leben und irgendwann mal Kinder bekommen wollen!«

Solche Geschichten kennen wir alle. Selbst Menschen, die sich schon bewusst gemacht haben, dass Automobilität meist auf Kosten anderer geschieht, werden in die Lage gedrängt, mit dem Auto unterwegs sein zu müssen. Dies gilt vor allem für Jobs im Schichtdienst. Auch Busfahrer:innen und Lokführer:innen, das weiß ich aus meiner beruflichen Vergangenheit, sind an Tagesrandlagen auf das Auto angewiesen, da sie ja zur Arbeit fahren müssen, wenn der ÖPNV noch ruht.

## MENSCHEN IN FAMILIEN

Alleinerziehende sind reich an Zeitmangel und langen Wegen, weil sie allein organisieren, was Eltern sich sonst – zumindest in der Theorie – hälftig aufteilen können. Unbezahlte Haushalts- und Familienarbeit sowie der Job, der das Geld bringt, sind oftmals in komplexen Wegeketten zu organisieren. Der höhere Zeitaufwand resultiert aus vielen Erledigungen und vor allem aus der im Vergleich zu gemeinsam erziehenden Eltern geringeren Motorisierung und entsprechend geringerer Pkw-Nutzung.[8]

Paula ist alleinerziehende Mutter einer kleinen Zweijährigen und arbeitet als Anästhesistin im Krankenhaus. Sie erinnern sich? Das waren die Menschen, für die zu Beginn der Pandemie von den Balkonen geklatscht wurde, deren hohe Belastung uns als Gesellschaft jedoch viel mehr auch nicht wert war. Weil wir eine Gesellschaft sind, die mehr das produzierende Gewerbe im Fokus hat als Menschen, die uns gesund machen.

»Ich will nicht Auto fahren. Am allerliebsten würde ich dieses Auto verkaufen und nie wieder einsteigen. Das Problem ist: Mit den öffentlichen Verkehrsmitteln komme ich entweder 10 Minuten zu spät zur Arbeit oder eine Stunde zu früh. 10 Minuten zu spät jeden Tag geht nicht im OP,

der fängt um 8 Uhr an, und dann muss die Narkose sitzen. Zusätzlich muss ich meine Tochter zu einer Tagesmutter in einen anderen Ortsteil bringen. Und es ist morgens zeitlich so krass knapp bei mir. Ich habe schon mit der Tagesmutter ausgemacht, dass ich sie 15 Minuten früher bringen darf, weil ich es sonst nicht rechtzeitig mit dem Auto zur Arbeit schaffe.«

**Paula heißt nicht Paula, sie möchte anonym bleiben, weil sie weiß, dass es an manchen Tagen heikel ist, dass sie noch mit dem Auto nach Hause fährt.**

»Das Schlimmste ist, wenn ich Bereitschaftsdienst in der Klinik habe – 24 Stunden. Es kann ruhig sein und ich schlafe. Es kann aber auch sein, dass ich 24 Stunden durcharbeite und danach noch heimfahren muss. Wie ich mich dabei fühle, muss ich nicht sagen. Vor drei Wochen habe ich auch gearbeitet. Stauende. Ich habe gebremst, der hinter mir nicht. Der ist mir voll hinten reingerasselt. Aber ich hab mir gedacht: Das hätte mir auch passieren können. Ein Kollege von mir hat einen Unfall auf dem Heimweg gebaut, weil er eingeschlafen ist nach dem Dienst.«

Bei ihr in der Gegend wird seit Jahren der Ausbau der Bahnstrecke versprochen – aber nicht umgesetzt. So lange muss sie mit dem Auto fahren. Denn ihr ist es wichtig, dass ihre Tochter in einer grünen Umgebung aufwächst. »Wenn wir umziehen, kostet mich das sehr viel Geld, und weil ich alleinerziehend bin, dürfen wir eh nicht weiter als 50 Kilometer vom Vater entfernt wohnen. Ich möchte auf dem Land wohnen. Mir ist wichtig, dass mein Kind zur Haustür rausgeht und kein Auto kommt. Wir wohnen in einer Spielstraße, wo direkt hinterm Haus das Naturschutzgebiet anfängt. Ich möchte nicht in der Stadt wohnen müssen, nur damit ich einen öffentlichen Nahverkehr habe.«

Sie hatte überlegt, ein vollelektrisches Auto anzuschaffen, weil sie gegenüber ihrer Tochter ein enorm schlechtes Gewissen hat. Aber so ein Auto kann sie sich nicht leisten, Gebrauchtwagen gibt es bisher nicht und laden kann sie es weder zu Hause noch in der Klinik, da sie zur Miete wohnt und das Krankenhaus keine Lademöglichkeiten anbietet. Daher hat sie sich für einen Plug-in-Hybrid entschieden, um zumindest die überwiegenden Strecken ohne lokale Emissionen fahren zu können.

»Es ist im Leben immer eine Abwägungssache. Das, was mir das Auto an Freiheit gibt, ist nicht aufzuwiegen gegen das schlechte Gewissen, das ich dabei habe. Gegenüber meiner Zweijährigen und der Verantwortung, ihr eine Welt zu hinterlassen, in der sie gut leben kann.«

Manuela und Peter haben eine Patchwork-Familie. Manuelas Kindern sind 12 und 6 Jahre alt, vor einigen Monaten wurde ihre gemeinsame Tochter geboren. Während Peter kurz davor ist, das Familienauto endlich abzuschaffen, hat Manuela noch Bedenken. Die beiden wohnen 20 Kilometer außerhalb von München in Wolfratshausen (18 000 Einwohner:innen).

»Worauf es am Ende immer hinausläuft, ist Zeit. Am Ende des Tages fehlt uns die Zeit, um es ohne Auto zu schaffen. Oder es fehlt das Geld, weil man weniger arbeiten müsste, um die Zeit zu haben, etwas ohne das Auto zu erledigen. Das ist ärgerlich. Wenn ich nächstes Jahr aus der Elternzeit raus bin, dann werde ich nicht so viel arbeiten wie vorher. Unsere Konsequenz wird sein, dass ich Arbeitszeit reduziere, um die Strecken, die ich fahre, mit Fahrrad, Bahn oder Bus zu machen.

Bevor ich zu Peter gezogen bin, war ich lange alleinerziehend. Da hatte ich keine Option, weniger als 37,5 Stunden zu arbeiten. Peter fährt nach München rein. Das sind mit dem Auto 40 Minuten, mit der Bahn 60 Minuten, der Unterschied macht kaum was aus. Zu meinem Arbeitsort gibt's keine Bahnverbindung. Wolfratshausen ist die Endstation der S-Bahn. Ab da bin ich auf den Bus angewiesen. Die Bushaltestelle ist 900 m von unserem Haus entfernt, und dann brauche ich eine Stunde zur Arbeit. Mit dem Fahrrad ebenso. Und mit dem Auto nur 18 Minuten.

Wenn man nach Penzberg rausfährt, sehe ich Eltern, die ihre Kinder mit dem Auto zur Bushaltestelle bringen, damit die Kinder zur Schule kommen. Die Infrastruktur ist feindlich für Familien. Es ist völlig unpraktikabel mit einer Vollzeitarbeit. Und das ist auf dem Land wesentlich schwieriger als in NRW, wo ich ursprünglich herkomme. Da gibt's Kindergärten, die eine lange Öffnungszeit haben.«

**Eine Familie, die also im Sinne einer guten Zukunft für ihre Kinder klimafreundlich unterwegs sein möchte, muss auf Geld verzichten, um die Familienmobilität besser abbilden zu können. Den Kindern gefällt es offensichtlich, dass der Haushalt zwei Lastenräder und ein Kinderrad hat:**

»Die sind Feuer und Flamme. Der Große ist voll motiviert. Der ist zwölf. Letztes Jahr hatte der bei Strecken von 15 km nicht so richtig Bock. Dieses Jahr fährt er 40 km auf fremden Rädern, und es ist kein Problem. Die mittlere Tochter mit ihren sechs Jahren hat zu Beginn der Pandemie Radfahren gelernt. Die fährt sehr gerne, auch abends noch ne Runde. Hat ein schönes Kinderrad bekommen. Mittlerweile fährt sie 14 km. Alltags ist das eher schwierig. Wir wohnen an der Durchgangsstraße. Es gibt bei uns nicht mal einen Bürgersteig. Bei uns ist auch Tempo 30, aber da hält sich niemand dran.«

**Während Manuela und Peter es fördern, dass ihre Kinder selbständig unterwegs sind, und der Sohn auch mit dem Fahrrad in den nächsten Ort zum Training fährt, beobachten sie zunehmend, dass andere diese Wege mit dem Auto machen.**

»Man merkt an diesen Facebook-Gruppen im Ort, dass Radfahrer verschrien sind. Letztes Jahr wurde bei uns eine protected Bike-Lane getestet. Das hat zu viel Kritik geführt. Die Leute haben sich sehr aufgeregt, angeblich könnten jetzt bei dem Optiker keine Kunden mehr parken. Man fühlt sich auf dem Fahrrad nicht wohl, nicht sicher, weil man nicht wertgeschätzt wird.

Bis 2020 haben wir hier 1500 Euro Prämie für ein Lastenrad bekommen – bei maximal 50 Prozent Förderung. Jetzt musst du nachweisen, dass du dadurch deine Autokilometer um 20 Prozent senkst. Heißt, Leute, die kein Auto haben, haben nichts von dieser Prämie. Und die, die die Prämie nehmen, haben fünf Jahre Aufwand, den Autofahrer, die Kaufprämien bekommen, nicht haben.«

**Interessant war auch dieses Detail:**

»Wir wohnen kurz vor den Alpen, haben aber keine ÖPNV-Anbindung, um in die Alpen zu fahren. Alles, was Richtung Süden geht, da müssen wir erst 15 Minuten nach München reinfahren, um dann auf der anderen Linie wieder rauszufahren. Das ist so unintuitiv, das macht kein Mensch. Wenn ich mit den Kindern mal raus auf den Berg fahre Richtung Tegernsee, dann bin ich in 50 Minuten mit dem Auto da. Alternativ muss ich 2 Stunden mit dem Zug fahren. Das ist total ätzend.

Natürlich will man nicht mit dem Auto in die Berge rein. Ist ja ne Sackgasse. Und jedes Mal, wenn du wieder zurückfährst, sagst du: Nie wieder mit dem Auto in die Berge. Und nur Probleme auch für die Anwohner. Aber es gibt eben keine guten Alternativen.«

Das Fazit von Familienvater Christian aus Berlin fällt nüchtern aus:

»Ohne die Kinder bräuchten wir wohl gar kein Auto. Das Carsharing ist ganz gut für Singles und Menschen ohne Kinder. Familien sind da nicht im Fokus. Genauso bei der Bahn. Klar, es gibt Familienabteile und Aktionen für Familien. Aber der Fokus liegt nicht auf Familien als Kunden. Reisen mit mehreren Kindern, Gepäck und Kinderwagen ist extrem schwierig, besonders wenn man umsteigen muss. Ich habe auf Twitter mal ein Foto gesehen aus Finnland oder Schweden, da gab es Züge mit so einer Spielecke, wo ich dachte: ›Wie geil ist das denn?‹ Das ist bei uns nicht denkbar.«

Christian lebt mit seiner Frau und den drei Kindern im S-Bahn-Ring von Berlin. Das klingt für Menschen, die Berlin nicht so gut kennen, wahrscheinlich als Ortsbeschreibung etwas seltsam, aber außerhalb des S-Bahn-Rings fühlen sich manche Berliner:innen schon gar nicht mehr so städtisch, da viele Mobilitätsangebote hier nicht angeboten werden und damit die Alternativen zum Auto fehlen. Wie eigentlich überall außerhalb von Stadtzentren bräuchten wir für den Start einer Verkehrswende einen Fokus auf den suburbanen und ländlichen Raum. Aber das war nicht Fokus im Gespräch zwischen Christian und mir.

»Katja, durch dich habe ich darüber nachgedacht, dass man auf das Auto angewiesen sein kann, ohne dass man das möchte. Ich dachte immer: Wer Auto fährt, möchte das auch. Wir haben dieses Jahr unser drittes Kind bekommen: Wir hatten vorher schon ein Auto, brauchten jetzt aber ein größeres, und haben uns Gedanken gemacht … ein Elektroauto wäre besser als ein Verbrenner, wir haben aber im Bereich der E-Autos nichts gefunden, was genug Platz bietet – außer man kauft einen großen SUV –; und das kommt nicht in Frage. Erst seit dem zweiten Kind haben wir ein Auto. Wir fahren im Alltag eher selten. Das meiste in der Stadt erledigen wir mit dem Fahrrad und auch mit Anhänger für die Kinder.

Carsharing funktioniert für uns nicht, weil die keine geeigneten Autos haben oder unsere Ziele außerhalb des Geschäftsgebiets sind, man dort dann das Auto nicht abgeben kann und es deswegen dann den ganzen Tag mieten muss. Daher haben wir selbst ein Auto – und die meiste Zeit steht es rum. Ich sehe manchmal auf die Straße und denke mir, dass das nicht sein kann – alles zugeparkt. Wenn man das alles sieht, gehen einem die Augen auf. Es wäre doch viel cooler, wenn man da sitzen oder langgehen könnte. Ich arbeite in der Produktentwicklung. Und da fragen wir uns meist zuerst: ›Was möchte unser Kunde?‹ Hier hat man die Leute gar nicht gefragt. Es ist alles gegeben und autozentriert. Bei den Straßen hier im Umfeld bewegen sich viele Autos genauso wenig wie meins: jeden Tag fast gar nicht. Die stehen einfach rum. Wenn man das wahrnimmt, bekommt man das nicht mehr raus. Das ist so schlimm; dieser verschwendete Platz. Neulich war die ganze Straße gesperrt wegen Bauarbeiten, und plötzlich hast du gemerkt; wie breit diese Straße ist und wie schön das aussieht. Und wir stellen die zu mit Autos.«

**Christian hat dabei sehr genaue Ideen, was seiner Familie helfen würde, auf das eigene Auto zu verzichten.** »Wenn man mit Carsharing im Familienauto ins Umland für einen Tagesausflug könnte – super. Oder mit der S-Bahn irgendwo hinfahren und die letzte Meile mit einem Fahrdienst, oder Ride-Pooling oder Minibus, dem ich sagen kann: Ich brauche 3 Kindersitze; und muss die selbst nicht mitschleppen in der S-Bahn. Das wäre cool.«

**Und was wünscht er sich für seine Kinder?**

»Bessere Fahrradwege und mehr Platz, allgemein, dass die in einem besseren Zustand sind, konsequentere Kontrollen von Autofahrern. Ich fahr manchmal mit meinem Sohn zur Kita. Er fährt selbst mit dem Rad. Das muss er alles auf dem Bürgersteig fahren. Der beste Weg ist einer, den traue ich mir selbst auf der Straße fast nicht zu. Der führt parallel zur Autobahn, und wenn dort Stau ist, habe ich schon erlebt, dass die links an einer Verkehrsinsel vorbeifahren und mich im Gegenverkehr überholen, weil sie's nicht aushalten, hinter einem Radfahrer zu fahren. Und am Ende der Straße ist eine Ampel, an der hole ich die meistens ein. Ich möchte mit meinen Kindern auf den Spielplatz gehen und zurückkommen und nicht bei jeder Straße zwei Schritte vormachen müssen, um für die Kinder zu schauen, ob da ein Auto kommt. Meine Kinder sind halb so hoch wie ich. Die können das gar nicht sehen. Die müssen IN die Gefahrenzone rein, um zu schauen, ob sie gehen können. Das muss geändert werden, damit ich meine Kinder sicher irgendwo hingehen lassen und auf der Straße spielen lassen kann, ohne dass die ein Auto überfährt.«

Julia und ihr Sohn Fritz **wohnen auch in Berlin – und Fritz ist ein sehr selbstbewusster Radfahrer. Julia fährt ihrem Neunjährigem da manchmal durchaus mit sorgenvollem Blick hinterher –** »aber andererseits mag ich es auch, dass er sich so frei und umsichtig bewegt!« **Fritz ist es wichtig, dass nicht mehr so viele Autos fahren, aber auch nicht mehr so viele geparkt sind. Er will am liebsten Fahrrad fahren, dafür sind es ihm noch zu wenige Fahrradwege.**

»Wenn ich Fahrrad fahre, dann habe ich keine Angst. Aber die meisten von meinen Mitschüler:innen werden mit dem Auto gebracht. Ich glaube, die wollen nicht Fahrrad fahren. In der Schule hatten wir das Projekt ›Zu Fuß zur Schule‹, da wurde gezeigt, dass das Fahrrad das Beste ist, dann der Roller und dann zu Fuß. Ich habe mich daran gewöhnt, dass es da,

wo ich wohne, so laut ist wegen der Autos. Aber gut finde ich das nicht. Ich fänd auch gut, wenn es mehr Rücksicht gäbe. Alle sollten mehr Rücksicht aufeinander nehmen.«

Für eine Obdachlosenzeitung in Berlin hat Fritz mit seiner Mutter einen Artikel geschrieben, was er tun würde, wenn er Bürgermeister von Berlin wäre. »Ich würde ganz viele Spielstraßen bauen, da dürften keine Autos mehr fahren und Kinder könnten auf der Straße Fußball spielen und was mit Kreide malen in Ruhe. Wenn ich durch Berlin fahre, gibt es solche Straßen nicht. Lkw dürften nur noch fahren, wenn sie ganz viel geladen haben. Menschen sollten nur noch Geld für echte Klimaautos bekommen, damit alle die bezahlen können. Was mich nervt, ist, wenn Autos mich so eng überholen. Und dann stehen wir an der Ampel wieder zusammen.«

Am Tisch malt uns Fritz auf, wie er die Stadt sieht. Im ersten »Entwurf« ist das Bild sehr trostlos, ohne Balkone, ohne Grün – und damit vielleicht einfach so, wie Fritz das Viertel sieht, in dem er in Berlin wohnt. Aber je länger wir uns unterhalten, desto mehr feilt der Neunjährige an seinem Entwurf. Es kommen viele Wege hinzu, Pflanzen, Dachgärten und Parks. Im Innenhof würde er etwas Ähnliches anlegen wie die Biosphäre Potsdam,[9] von der er augenscheinlich sehr begeistert war. Von den Balkonen, die es dann auch geben würde, würde es möglich sein, auf einen verbindenden Balkon zu gehen. Auf dem Dach wäre ein Park, der von allen Seiten zugänglich wäre. Die Häuser wären mit Brücken verbunden, so dass alle Nachbar:innen sich begegnen könnten. An die Häuserwände und in Autos würde Fritz zudem Moos pflanzen, weil das die Luft reinigt und gute Atmosphäre macht. Fritz ist der Park, der neben seinem Haus ist, sehr wichtig. »Da wohnen viele Tiere, und der Fuchs trinkt Bier.«

Lukas ist gerade Vater geworden, ist 30 Jahre alt und führerscheinlos. Dennoch hat er sich mit seiner Partnerin jetzt einen Pkw angeschafft, weil er sein Baby in sicherer Umgebung wissen möchte.

»Ich bin vielleicht der erste Autobesitzer ohne Führerschein.«

Kiel, 250 000 Einwohner:innen groß, macht ihm zufolge zu viel Angebote, mit dem Pkw zu fahren, und weist zu wenig Raum und Möglichkeiten der alternativen Mobilität auf. Und das ärgert ihn. Er ist riesiger Fan des Radfahrens, hätte sich gern ein Lastenrad angeschafft – aber für ihn beginnt das Problem schon damit, dass er nicht weiß, wo er dieses sicher abstellen soll. Hätte es hier Angebote gegeben, dann wäre seine Entscheidung gegen das Auto leichter gefallen. »Mir sind schon drei Räder geklaut worden. Bei einem Rad, was dann mehrere tausend Euro kosten würde, schaue ich natürlich schon hin, dass das nicht wegkommt.«

Auch das Carsharing ist ihm zu wenig ausgebaut – am liebsten hätte er eine Lösung, die nach Strecke und nicht nach Zeit bezahlt wird. Dann könnte er Fahrten zu den Großeltern oder

Tagesausflüge mit diesen Sharingautos abbilden. Er hat beides ausprobiert, aber es war zu teuer, um das öfter in Anspruch nehmen zu können. Regional- und Fernzüge haben für ihn zudem zu wenig Angebote für Familien.

Während des Jahres, das er in Rotterdam verbracht hat, war Lukas mit recht simplen Lösungen für alternative Mobilität, sicheren Abstellanlagen, die er auch für sein Lastenrad nutzen könnte, ausgestattet. »Und ja: Dafür wurden auch mal sechs Autoparkplätze abgeschafft.« Lukas gibt aber auch zu: »Diese Probleme sehe ich erst jetzt als Vater. Vorher habe ich das nicht wahrgenommen, weil ich mich anders bewegt habe.« In Sachen Reisen würde er sich enorm über einen deutlichen Ausbau des europäischen Nachtzugverkehrs freuen. Über Nacht gefahren zu werden, entspannt anzukommen, das Kind beschäftigen zu können. »Im Zug kann ich mein Baby auch mal krabbeln lassen. Im Maxi Cosi im Auto soll es eigentlich nur anderthalb Stunden am Stück sitzen.«

Er lobt Kiel im Vergleich zu Osnabrück, wo er auch schon

mal gelebt hat. In Kiel hat er das Gefühl, dass sich viel bewegt, die Ungerechtigkeit in Sachen Sicherheit von Radfahrer:innen zu senken. Er würde sogar noch radikaler agieren und Fahrradstraßen wirklich nur für Radfahrende gestalten. In Utrecht heißt das: Radfahrende dürfen nicht überholt werden. Clever oder? Denn das sortiert die ungeduldigen Autofahrer:innen automatisch auf andere Straßen. Als führerscheinloser Mitfahrer hat Lukas einen sehr besonderen Blick auf unseren täglichen Verkehr. Sei es das Warnen vor Blitzern, die bis heute nicht durchgesetzte Pflicht für Abbiegeassistenten in allen Lkw, der kollektiv begangene Regelverstoß von Autofahrenden und die massive Einschränkung aller anderen Verkehrsformen zugunsten des Autos.

Sein Fazit: »Solange es keine getrennten Radwege gibt, werde auch ich mein Kind nicht völlig entspannt Rad fahren lassen können.« Und das ärgert ihn, der er sich gegen ein Leben mit Führerschein entschieden hat, ganz besonders. Denn natürlich ist er Vater einer Generation, die, jetzt geboren, sehr deutlich erleben wird, was die Klimakrise aus unserem Planeten und seiner lebenswerten Umwelt machen wird.

»Immer wieder habe ich diese Zerrissenheit gespürt. Vom Gehweg aus in all diese Autos geschaut, sehen diese Menschen, mit denen ich sprechen durfte, aus wie Menschen, die gern Auto fahren. Zumindest, wenn mensch dies so sehen möchte. Aber in dem Moment, wo diese Menschen die Tür öffnen, aussteigen, sollten wir mit ihnen sprechen. Um zu erfahren, was hinter dieser scheinbar offensichtlichen Automobilität steckt.«

Die Interviews für dieses Buch zeigen es: Eine Gesellschaft, die Alternativen zum Auto hat, marodieren und schrumpfen lassen, die in Sachen Mobilität und Arbeit die Bedürfnisse eines Privatlebens als Eltern oder Pflegende missachtet, die Diversität nicht pflegt, sondern den Status quo geradezu störrisch bewahren will, drängt aktuell sehr viele, sehr unzufriedene und gestresste Menschen ins Auto. Denn wer keine Wahl hat, wer Auto fahren muss, bei dem ist diese Mobilität kein Genuss, sondern eine Bürde. Die sich nicht nach Freiheit anfühlt, sondern nach dem, was es ist: eine Fahrgastzelle auf vier Rädern.

Ich kann Lukas total verstehen. Als Vater ist ihm die Sicherheit seines Kindes wichtig. Und der aktuelle Zustand von Radwegen (so sie denn vorhanden sind) oder ausreichend breiten und intakten Gehwegen (auf denen sie bis zum vollendeten achten Lebensjahr mit dem Fahrrad fahren müssen; bis zum vollendeten zehnten Lebensjahr dürfen sie es) ermuntert nicht gerade dazu, völlig sorgenfrei die Kinder zu selbstbestimmter Mobilität zu erziehen. Was Elterntaxi und Co. wiederum mit den Kindern machen, davon hat mir Hans-Jörg erzählt.

Hans-Jörg arbeitet bei einem Bahnunternehmen und hat unzählige Ehrenämter inne, sei es in einer Partei, in lokalen Agenda-Gruppen, bei Pro Bahn oder der Initiative Bodensee-S-Bahn.

Ich habe mit ihm über ein ganz spezielles Ehrenamt bei der Bahnhofsmission gesprochen. »Wir haben dort Projekte mit Kindergärten und Grundschulen. Es ist für mich wirklich unbegreiflich, dass Kinder mit sieben bis acht Jahren noch nie einen Fuß in einen Bahnhof gesetzt haben, außer vielleicht mal zum Döner-Holen oder um eine Zeitung zu kaufen.«

Gerade außerhalb von großen Städten erleben Kinder seiner Schilderung nach Bahnhöfe nicht als Orte der Mobilität, sondern des Konsums. Sie gehen eigentlich nur in die Bahnhofshalle, um Dinge zu erwerben – waren noch nie an einem Bahnsteig, geschweige denn in einem Zug.

»Grundsätzlich ist da bei unseren gemeinsamen Ausflügen immer eine kindlich vorhandene Neugier. Aber, wie bei vielen anderen Dingen auch: Die elterliche Prägung spielt eine unglaublich große Rolle. Und wenn der Vater schon sagt, Züge sind doof, weil ich an der Schranke warten muss, dann ist das für das Kind die Wahrheit.«

Da werden also Kinder aus sicher auch nachvollziehbaren Gründen gefahren, weil sonst der Alltag nicht zu organisieren oder der Straßenraum zu unsicher ist. Das allein stärkt ja schon den Bezug zum Auto als sichere Mobilität. Wenn dann aber auch noch gemeinsam an einer Bahnschranke gewartet werden muss und über den Zug geschimpft wird, dann tritt während einer Fahrt ein doppelt negativer Bezug zum Zugfahren auf.

»Wir gehen ein bisschen auf die Technik ein, das begeistert die Kinder. Wir klären auch auf: Da oben sind 50000 Volt drauf. Da dürft ihr nie hinlangen, weil dann lebt ihr nicht mehr. Auch das gehört dazu. Wie verhält man sich am Bahnsteig. Dass man 1,50 Meter Abstand von der Bahnsteigkante hält. Aber dann fahren wir auch eine kleine Strecke.

Ich bin ein Eisenbahnerkind – wohne auf der Inselstadt Lindau. Da haben wir eine schöne Strecke. Mit den Kindern fahren wir mal schnell ins Allgäu hoch. Eine Stunde hoch und wieder runter auf einer der schönsten Bahnstrecken überhaupt, nach Memmingen, nach Friedrichshafen am See entlang. Und die Kinder erleben, wie es ist, wenn man in Ruhe sitzt und vor allem Zeit mit den Eltern verbringen kann.

Wie schlimm ist das, dass manche ihr Kind 700 km auf dem Rücksitz einsperren? Im Zug können sie rausschauen und sich bewegen – auch ohne Tonnen an Utensilien, die es im Auto zur Ablenkung braucht. Da gebe ich gerne weiter: Sagt es euren Eltern, dass es euch gefallen hat und sie nicht alles mit dem Auto machen müssen.«

Ich unterhalte mich mit ihm über den Eindruck, dass die Bahn oftmals auch einfach zu teuer ist für Familien. Was sicher auch in vielen Fällen stimmt, weil wir ein falsch subventioniertes System haben. Dennoch: Laut ADAC kostet ein Mittelklassewagen 350 Euro im Monat. Plus die Zeit im Stau und bei der Parkplatzsuche. Hier sieht Hans-Jörg durchaus Familien, die umsteigen könnten oder zumindest einzelne Wege anders als mit dem Auto zurücklegen könnten. »Manchmal verstehe ich die Leute auch nicht. Sie verbringen Stunden damit, den billigsten Flug rauszusuchen. Aber die Zeit, nach dem billigsten Bahntarif zu suchen, die nehmen sie sich nicht.

Also generell ist es so, dass ein Kind bis zum Alter von sechs Jahren zu 100 Prozent von seinen Eltern abhängig ist und keine Wahlfreiheit hat. Schlichtweg, weil es nicht geschäftsfähig ist. Damit ist es auch von seinen Eltern abhängig, welche Mobilität sie dem Kind bieten. Sobald es sich Kaugummis am Kiosk kaufen kann, kann es auch eine Fahrkarte kaufen. Bevor der Führerschein da ist, organisieren sie sich die Mobilität ja auch anders. Und es funktioniert. Und dann auf einmal kippt es ins Auto. Aber es gibt ja auch welche, die bewusst verzichten. Nur wie werden die mehr?«

## MENSCHEN IM LÄNDLICHEN RAUM

Linda **ist 40 Jahre alt und hat zwei erwachsene Kinder. Sie ist ausgebildete Ernährungsberaterin und baut sich gerade eine Selbständigkeit auf.**

»Ich hab seit zwei Jahren kein Auto mehr, weil ich meinen Führerschein verloren habe. Ich komme aus der Provinz mit kleinen Dörfern und schlechter Anbindung. Das alltägliche Leben bekommt man auch ohne Auto gestemmt.

Aber alles, was irgendwie etwas Besonderes ist, ist schwierig. Ich arbeite auf Festivals und habe dort Stände und hab dafür ein Auto gebraucht.

Zudem habe ich eine Lebensmittelintoleranz und bin psychisch erkrankt, was dazu führt, dass ich nicht viele Ressourcen habe und die gut einteilen muss. Es ist schwierig, etwas zu finden, was ich essen kann. Das geht nur in der nächsten Großstadt. Mit dem Bus kostet die Fahrt 13 Euro, das kann ich mir finanziell nicht oft leisten.

Wenn ich zu meiner Therapeutin fahr, habe ich 90 Minuten Busfahrzeit. Der Bus kommt nur alle zwei Stunden, da habe ich superlange Wartezeiten und bin einen halben Tag für 45 Minuten Therapie unterwegs. Ich merke den Kontrast stark, weil ich vorher ein Auto hatte. Alles, was mit Privilegien zu tun hat, wie mal eben Freunde besuchen und Sachen unternehmen. Meine Mutter wohnt in einem Dorf, wo fast kein Bus hinfährt. Wenn bei ihr ein Problem ist, wo sie Hilfe braucht, kann ich sie nicht so einfach erreichen.

Es ist normal, dass die Leute Autos haben. Es wird damit gerechnet, auch wenn man sich bewirbt. Es ist schwierig, Arbeit zu finden, wenn man kein Auto hat, bzw. man ist in der Auswahl sehr eingeschränkt. Um den Führerschein wiederzubekommen, muss ich die Prüfungen ablegen. Das kann ich mir im Moment finanziell nicht leisten. Auch ein Auto kann ich mir nicht leisten.

Schön wären Dinge wie Mitfahrgelegenheiten. Die haben hier blaue Bänke aufgestellt. Der Plan ist, dass man sich setzt und wartet, bis jemand einen mitnimmt. Aber das funktioniert nicht so richtig. In den Dörfern wird das kritisch beäugt. Letztens gab es auf Twitter eine Diskussion zu Ruftaxis – das wäre praktisch! Oder Carsharing im ländlichen Raum.«

Anne **ist Biologin und wohnt mit ihrer Familie auf dem Land.** »Wir haben ein Haus gebaut und mussten laut Bebauungsplan zwei Stellplätze mit mindestens drei Meter Abstand zur Straße bauen, wobei die Stellplätze nicht hintereinander liegen durften. Obwohl wir nur ein Auto besitzen, haben wir folglich eine riesige gepflasterte Einfahrt und hätten unser Grundstück eigentlich viel besser ausnutzen können.

Hier vor Ort wird die Autobahn in naher Zukunft dreispurig ausgebaut. Auf den zweigleisigen Ausbau der quasi parallel verlaufenden Bahnstrecke wird schon seit Bau der eingleisigen Bahnstrecke vor zig Jahrzehnten gewartet. Bei den Planungen für den Bundesverkehrswegeplan 2030 habe ich vor Jahren per

Mail u. a. daraufhin gewiesen, dass der Bahnausbau viel mehr Menschen eine Teilhabe am öffentlichen Leben ermöglichen würde als der Ausbau der Autobahn. Ich bin unter 40 und einige Frauen in meinem Bekanntenkreis meiden die Autobahn schon jetzt, ganz abgesehen von unseren Müttern mit Anfang 60. Ich frage mich oft, ob den Planern und der Politik nicht bewusst ist, dass der Straßenausbau häufig nur für eine Minderheit erfolgt und der große Rest unsichtbar bleibt, der von anderen Verkehrsmöglichkeiten viel mehr profitieren würde. Es enttäuscht mich zunehmend, wie wenig im Verkehrssektor für Nachhaltigkeit und Teilhabe von allen Personengruppen gemacht wird.«

Ansgar lebt mit seiner Partnerin und zwei kleinen Kindern in Buchholz. Alles Alltägliche erledigen sie mit dem Lastenfahrrad und dem E-Bike. Auch die Kinder fahren Rad. Trotzdem haben sie zwei Autos. Ein Familienauto, um die Großeltern in der Nähe von Lüneburg erreichen zu können – was mit dem Nahverkehr drei Stunden in Anspruch nehmen würde. Sie überlegen, ein Elektroauto anzuschaffen, um die familieneigene Mobilität etwas klimafreundlicher zu gestalten. »Mir gefällt es überhaupt nicht, dass wir ein Auto als Familie nutzen. Ein flexibles Angebot bei Bedarf anfordern zu können fehlt mir. Die Mobilitätsdienstleister von Switchh[10] wären super, doch existiert das Angebot nicht im gesamten Verkehrsverbund Hamburg. Wir überlegen auch, nach Lüneburg zu ziehen, doch ist dies familiär und preislich derzeit nicht drin. Dann wäre der Weg meiner Frau zur Arbeit mit dem Rad möglich, und ich fahre eh Rad und ÖPNV zu meinem Arbeitgeber.«

Immer wieder aufs Neue ist mir im Gespräch mit Familien in der Stadt, aber auch vor allem im suburbanen und ländlichen Raum die Zeitknappheit begegnet, die ins Auto drängt. Die Tage von Familien sind enorm durchgetaktet, die Arbeitszeit geht von der Familienzeit ab, die dann umso kostbarer wird. Ohne es verurteilen zu wollen, aber es hat mich betroffen gemacht, dass manche Eltern innerdeutsch fliegen, um abends noch ihre Kinder ins Bett bringen zu können. Vielleicht Sinnbild dafür, wie komplex die Entscheidungen sind, die Mobilität gestalten. Dass ein Elternpaar damit die ökologische Zukunft seines Kindes schwächt, lässt mich ratlos zurück. Woher kommt diese anstrengende Familienmobilität?

Laut einer Studie des Bundesverkehrsministeriums haben nahezu alle Familien (98 %) einen Pkw (im Vergleich zu allen Haushalten mit 82 %), 60 % davon besitzen zwei oder mehr Pkw. Die Erwerbstätigkeit beider Eltern, die Aktivitäten der Jugendlichen, erwachsene Kinder mit eigenem Auto sowie ein höheres Einkommen bei gleichzeitig geringerer Verschuldung (zwei erwerbstätige Partner, abbezahltes Wohneigentum) sind Ursache dieser Zahlen. Alleinerziehende hingegen besitzen nur zu 75 Prozent ein Auto – vor allem aus ökonomischen Gründen.[11] Die Nutzung des Autos in Familien folgt also überwiegend rationalen Beweggründen, weniger einer Lust am Fahren oder einer emotionalen Fixierung.

Familien zeigen laut der zitierten Studie des Bundesverkehrsministeriums vor allem zwei kindzentrierte Interpretationsmuster der eigenen Mobilität. Der Schutzdiskurs ist Begründung dafür, dass die Sicherheit der Kinder im öffentlichen Raum allgemein und speziell im Verkehr nur mit dem Auto gewährleistet werden kann. Der Entfaltungsdiskurs priorisiert Qualität vor Nähe. Die Wahl der besten Schule, des besten Kinderarztes, des besten Freizeitangebots erzeugt einen ausgedehnten Aktionsraum. Die damit verbundene Mobilität lässt sich nur mit dem Auto bewältigen.[12]

Viele gesundheitliche und gesellschaftliche Probleme hängen mit Bewegungsmangel zusammen. Hol-/Bringdienste mit dem Auto lassen die motorischen Fähigkeiten und Kompetenzen der Kinder sowie ihre Selbständigkeit schrumpfen, was sich mittelfristig mindernd auf die Lebensqualität der Kinder auswirkt. Ihnen wird das Abenteuer Leben, Neugier und eigenständige Mobilität verwehrt. 1970 wurden sieben Prozent mit dem Auto zur Schule gebracht, 1990 waren es schon die Hälfte aller Kinder. Auch nicht unwichtig: Eigenständige Mobilität der Kinder entlastet die Eltern.[13]

Hilda **pflegt ihren Vater:** »Ich muss wider Willen ein Auto haben. Ich werde dafür von meinem erwachsenen Kind finanziell unterstützt, weil ich mir das gar nicht leisten kann. Ich fahre damit zu meinem 90-jährigen pflegebedürftigen Vater. Er wohnt dörflich, ohne ÖPNV. Mit dem Auto ist es für mich eine Stunde Fahrtzeit für 100 Kilometer. Zusätzlich: Für meinen Job muss ich für vier bis fünf Termine ca. 30 Kilometer fahren. Leider gibt es in unserer Stadt mit über 40 000 Einwohnern kein Carsharing. Ich hatte vorher mit anderem Job und ohne Pflege über zehn Jahre keinen Pkw.«

Luca **ist 40 Jahre alt, verheiratet und wohnt zwischen Wolfsburg und Helmstedt auf einem kleinen Dorf mit »mehr Kühen als Menschen«.**

»Im Prinzip kann man sagen: Wenn es VW nicht gäbe, gäbe es unsere Region nicht. Da baut alles darauf auf. Dementsprechend ist die Gegend gestaltet. Es ist alles sehr autofreundlich. Es wird dem Auto alles sehr leicht gemacht. Wenn man davon weg will: Selbst Radfahren in der Stadt zu VW-Stoßzeiten ist unmöglich.

Wir haben vorher in Fallersleben gewohnt. Da waren wir deutlich mehr zu Fuß unterwegs, mein Mann konnte viel mehr Rad fahren. Ich schaffe das körperlich nicht. Für ihn war es selbstverständlich. Er fährt nicht gerne Auto, nur wenn er muss. Wir haben selten große Einkäufe mit dem Auto, alltägliche Sachen zu Fuß gemacht.

Das hat sich definitiv verändert. Die nächste Möglichkeit zum Einkaufen ist zehn Kilometer entfernt. Um mit dem Rad zur Arbeit zu fahren ist es für meinen Mann zu weit. Er spart aber auf ein Pedelec, weil er nicht glücklich damit ist, mit dem Auto zu fahren. Öffentliche Verkehrsmittel gibt's hier nicht. Hier fährt zweimal am Tag ein Schulbus – das war's. Ein Rufbussystem wäre gut. Ich kenne das aus Kleinstädten, dass man für sich ein Taxi ruft.

Mein Gedanke vor dem Umzug war tatsächlich: Wie komme ich im Alter zum Arzt und Supermarkt?

Die, die sich ein Auto leisten können, haben hier auch eins und fahren auch 200 m irgendwo hin. Für die ist das normal. Die älteren immobilen Leute wünschen sich Alternativen. Die sind momentan abhängig von ihren Kindern und Enkelkindern, die sie fahren.

Beim Zugfahren ist oft der Preisaspekt die Frage. Von hier nach Berlin kann man super mit dem Zug fahren, ist aber deutlich teurer, als wenn ich mit dem Auto fahre.

Das ist eine Geldfrage, und das ist schade. Es darf nicht billiger sein, mit dem Auto zu fahren als mit Zug oder Bus.

Der Hausarzt hier nimmt keinen mehr auf. Es gibt hier eine Menge Tierärzte. Die Tiere sind gut versorgt. Die könnte man auch zu Fuß vorbeibringen. Mein Arzt ist 40 Minuten Autofahrt entfernt. Für mich ist Gesundheitsversorgung wichtig, weil ich auch chronisch krank bin.

Es wäre auch schön, wenn hier Lieferung möglich wäre. So einmal die Woche, dass man sich zusammentun kann, und die Läden kommen mit dem Einkauf zu uns. Auch gute Radwege aus dem Dorf raus wären wichtig. Da ist aktuell nur Autostraße. Das fährt niemand freiwillig mit dem Rad – zu unsicher.«

Nils wohnt am östlichen Stadtrand von Kiel – wie er sagt: da, wo andere Urlaub machen: am Strand. Seine Frau und er haben drei Kinder (4, 8, 11), mit denen sie seit etwa anderthalb Jahren die Mobilität unabhängig vom Auto entwickeln. So will auch der Vierjährige mittlerweile mit dem Rad zur

Kita fahren, weil er das bei seinen zwei Geschwistern so kennengelernt hat. Als der Älteste geboren wurde, war das Paar noch sehr autofokussiert, auch, weil Kiel durch »das Wasser« in zwei Teile geteilt ist und Wege lang sind. Doch je weniger Auto sie benutzten und je weniger sie in die Stadt gefahren sind, weil Hobbys der Kinder lokaler verankert wurden, desto mehr trat das Fahrrad in den Vordergrund.

Mit einem der Räder bin auch ich schon gefahren: Nils hat mich nach meiner Keynote auf der Digitalen Woche Kiel in sein Lastenrad gepackt und zum Hotel gebracht. Sehr komfortabel war das – und enthielt auch gleich eine Stadtführung zur Radsituation in Kiel.

Die Schule der Kinder unterstützt Fahrradmobilität, es gibt sehr viel weniger Autoverkehr am Morgen vor der Schule. Ab Klasse 1 wird in der Sporthalle Radfahren geübt, im geschützten Raum, wo sich vor allem die Kinder ausprobieren können, die familiär noch nicht viel Sicherheit auf dem Rad gewinnen konnten.

Dennoch ist Nils als Vater nicht zufrieden mit der Situation. Viele Kreuzungen sind nicht so angelegt, dass Kinder sie selbst einsehen können, weil Pkw dort parken und die Kinder hinter diesen durch ihre Größe »verschwinden«. Da hat Nils natürlich nicht das beste Gefühl, seine Kinder fahren zu lassen – erst recht nicht im Winter bei Dunkelheit. Zudem wurde der Schulparkplatz auf der weiterführenden Schule zu einer »Kiss-and-Go«-Zone eingerichtet, was dann doch wieder den Elterntaxibetrieb ansteigen lässt. Nils ist sich – vor allem durch seinen jüngsten Sohn – sehr sicher, dass Kinder selbst unterwegs sein wollen.

»Das mussten wir auch als Eltern lernen: Es ist ihnen wichtig, die Mobilität eigenständig zu gestalten. Dennoch mache ich mir in manchen Bereichen echt Sorgen, weil viele Autofahrende morgens sehr gestresst und unvorsichtig fahren.«

Spannendes Detail: Die Frau von Nils arbeitet in der Autowerkstatt ihres Vaters. Autos waren »immer da«, Nils ist jedoch nicht nachhaltig an diesen interessiert. Er arbeitet mittlerweile seit anderthalb Jahren im Homeoffice, seine Frau fährt mit dem Rad zur Arbeit – Einkäufe werden mit dem Auto gemacht. Seit der Pandemie wurde der Autobestand von zwei auf eins reduziert. Als dann auch noch ein E-Bike in die Familie kam, stellten sie fest: Das geht sehr gut, wir sind sogar noch schneller in der Kita als mit dem Auto und Parkplatzsuche. Seit März gibt es nun auch ein Lastenrad, so dass die gesamte Familie zusammen mit dem Rad unterwegs sein kann.

»Durch das Rad sind wir sehr viel flexibler geworden. Es ist immer ein Fahrzeug da, um zum Beispiel die Kinder abzuholen oder Einkäufe zu erledigen. Ich mache das mittlerweile sogar bei Scheißwetter – habe mich also kontinuierlich gesteigert, den Alltag immer mehr auf den Radverkehr verlegt. Meine Frau ist eher noch im Schönwetterstadium. Mit dem Lastenrad sind wir in fünf Monaten jetzt 2000 Kilometer gefahren, mit dem E-Bike in derselben Zeit 1000 Kilometer. Natürlich müssen wir uns anders absprechen, als wir das zuvor mit zwei Autos mussten. Aber ehrlich gesagt: Auch das ist Gewöhnungssache.«

Und genau darum geht es auch mir: langsam anfangen, das eigene Verhalten zu verändern, sich nicht überfordern, sondern Stück für Stück eine andere Mobilität aufbauen. Dann vielleicht sogar das zweite Auto abschaffen. Lokaler die Hobbys und Einkaufsmöglichkeiten nutzen. Schauen, welche Wege auch ohne Auto machbar sind. »Unsere Kinder fordern das tatsächlich auch ein: Können wir das Auto nicht stehenlassen und mit dem Lastenrad fahren?«

Nils geht auch davon aus, dass eine Lastenradprämie Sinn machen würde, weil manche Familien noch aus Kostengründen davor zurückschrecken, ein Auto gegen ein Lastenrad einzutauschen. Und es fehlt an sicheren Abstellmöglichkeiten.

Für Nils ist die Verkehrswende Teamwork, sowohl in der Familie als auch in der Gesellschaft. Daher kümmert er sich aktiv vor Ort darum, dass Situationen, die auf dem Schulweg für seine und andere Kinder gefährlich sein könnten, entschärft werden – und er hat eine Kidical Mass im ländlichen Raum organisiert. Ein Event, der eher in Städten immer wieder stattfindet. »Aber gerade auch außerhalb der Städte brauchen wir Veränderung der Mobilität. Das darf dann auch ruhig erst mal Eventcharakter haben. So lernt man ja auch die Menschen kennen, die etwas verändern wollen, und kann sich mit diesen vernetzen.«

Ein Mensch, der seine Familienmobilität vom Fahrrad wieder auf das Auto umstellen musste, ist Max. Seine Frau und er hatten mit dem ersten Kind gerade so richtig erfüllend alle Wege auf die Räder gebracht. »Dann kam unser zweites Kind mit Trisomie auf die Welt, und die Ärzte haben uns quasi verboten, mit ihm im Anhänger zu fahren, weil durch die schlechte Radinfrastruktur Gefahren entstehen können. Sein Muskeltonus ist in den ersten Lebensmonaten noch zu schwach, als dass er die Erschütterungen auffangen könnte. Das macht mich so wütend! Diese Behindertenfeindlichkeit, die Familien zwingt, wieder mit dem Auto zu fahren.«

Jan weiß da aus Belgien interessante Dinge zu berichten: Hier kommen zum Beispiele die Therapeut:innen von Kindern mit Einschränkungen an die Schulen. »Wir haben das Problem mit dem Elternshuttle eigentlich nur in den Ferien, da müssen wir das selbst organisieren. Ansonsten ist das innerhalb des Schulbetriebs gut abgedeckt.« Er kann daher auch die Familienmobilität mit Cambio Carsharing abbilden, einem Carsharing-Anbieter der ersten Stunde, der auch in Deutschland tätig ist. »An den Autos gefällt mir zudem, dass sie nicht einmal im Jahr ausgetauscht werden, so wie das beim Carsharing von Autokonzernen der Fall ist. Diese Autos lange zu fahren ist ein weiterer wichtiger Aspekt für uns in Sachen Nachhaltigkeit.«

## MENSCHEN IN ARMUT

Eine der sogenannten marginalisierten Gruppe von Menschen, die von Politiker:innen, Lobbyist:innen und Industrie benutzt wird, die Autoabhängigkeit zu manifestieren, sind Menschen in Armut. Anstatt mit diesen Menschen zu reden, sprechen Menschen in Machtpositionen über sie. Und bringen mich mit ihren rhetorischen Irrwegen dabei nicht selten in Verzweiflung. Zum Beispiel: »Der arme kleine Mann muss sich das Auto noch leisten können!« Wer würde sich selbst als »armer kleiner Mann« bezeichnen? Sollte nicht eher auf die Löhne geschaut werden und sie z. B. anlehnen an die in der Autoindustrie üblichen? Und will sich »der kleine Mann« überhaupt ein Auto leisten?[14] Sollen diese Menschen mit dem geringen Haushaltsbudget tatsächlich auch noch ein Auto bezahlen? Oder ist es Aufgabe einer solidarisch handelnden Gesellschaft, diese Menschen zu entlasten und ihnen bezahlbare und komfortable Alternativen zu bieten?

Vera Huwe promoviert seit Januar 2021 am Institut für Sozioökonomie der Universität Duisburg-Essen. In einem ihrer Forschungspapiere hat sie sich mit der Dekarbonisierung, deren es für die Abmilderung der Klimakrise unbedingt bedarf, und den ungleichen sozialen Auswirkungen von Verkehrspolitik auf verschiedene Gruppen beschäftigt.

»Die einen sagen, wir müssen Autos reduzieren, die anderen sagen, das ist nicht sozial gerecht, wir müssen Zugang zu Mobilität schaffen. Aus dieser Sackgasse müssen wir raus. Das funktioniert, wenn man soziale und ökologische Gerechtigkeit von vornherein integriert betrachtet und diese nicht mehr gegeneinander ausgespielt werden können.

Es beginnt mit der ungleichen Verteilung und ungleichen Bewertung von Arbeit entlang der Dimension von Geschlecht, aber auch von Race. Denn das übersetzt sich in Infrastruktur, weil in der Infrastrukturplanung gewisse Tätigkeiten gewertschätzt werden – und andere eben nicht – oder der Fokus darauf gelegt wird – oder eben nicht.

Bei der Dekarbonisierung müssen wir sowohl die $CO_2$-Intensität deeskalieren als auch die Verzerrungen, die das System bei Care-Arbeit aufweist, weil Care momentan extrem benachteiligt ist gegenüber den sogenannten ökonomischen Aktivitäten wie »zur Arbeit pendeln«. Wenn man z.B. an ein heterosexuelles Paar denkt, ist dort die Sorge-Arbeit immer noch enorm ungleich verteilt. Frauen übernehmen weit mehr und haben deshalb große Schwierigkeiten, Lohn- und Sorgearbeit unter einen Hut zu bringen. Wenn dann noch dazukommt, dass für sie das Verkehrssystem nicht so gut funktioniert, weil es auf Arbeitswege und nicht auf Sorgewege ausgerichtet ist, führt das zu großer Benachteiligung.

Ein Beispiel: Wenn der Kindergarten sehr weit entfernt ist und die Frau mit der Straßenbahn sehr lange Zeit benötigt, kann sie auch nicht den Anteil ihrer Lohnarbeit erhöhen, weil sie damit beschäftigt ist, den Weg dieser Care-Tätigkeiten zu absolvieren.

Gestern habe ich einen Artikel gelesen, wie Rassismus in den USA Mobilität prägt und einschränkt. Die Infrastruktur ist eine Sache. Autobahnen werden z. B. bewusst durch Communities von PoC gelegt, weil man da weniger politischen Widerstand erwartet.

Eine andere schwerwiegende Tatsache: Rassismus im Alltag. Dass Menschen vermehrt von der Polizei angehalten werden, schlechte Erfahrungen in Bus und Bahn machen, weil sie da diskriminiert oder beleidigt werden.

Die Folge: Sie ziehen sich zurück in ein vermeintlich sicheres Auto oder müssen ihre Mobilität beschränken.

Wir müssen das Transportsystem verändern, aber gleichzeitig diese gesellschaftlichen Machtstrukturen adressieren. Wenn sich die nicht verändern, wir den ÖPNV z. B. deutlich ausbauen, aber PoC in diesem nicht sicher sind, werden sie das Angebot nicht nutzen, sondern sind weiter benachteiligt und müssen mehr zahlen, wenn die Kosten für die Autonutzung weiter steigen.

Wenn wir von Autoabhängigkeit sprechen, kann man diese auf drei Ebenen feststellen:

- Auf einer individuellen: Da gibt es keine Wahlmöglichkeit. Das Individuum muss für jede Handlung Auto fahren.
- Das andere Extrem wäre die systemische Ebene.
- Die Ebene dazwischen, die ich besonders spannend finde, ist diese Ebene von Aktivitäten. Gewisse Aktivitäten sind sehr autoabhängig (zum Beispiel Einkaufen oder Care-Tätigkeiten). Die Menschen, die diese absolvieren aufgrund unserer sozialen Arbeitsteilung, sind in hohem Maße

autoabhängig. Oftmals sind das Frauen und rassifizierte Menschen.

Dieser technologische Optimismus, dieses Fokussieren auf weit entfernte Ziele, das wurde längst als Verzögerungsstrategie entlarvt. Verzögern ist das neue Verneinen. Es gibt kaum mehr Leute, die sagen, die Klimakrise ist nicht real. Aktuell sind die diskursiven Verzögerungsstrategien das eigentliche Problem. Wir müssen konkreter in Lösungen denken, das wiederum geht aber wirksam nur, wenn wir, wie erwähnt, soziale Gerechtigkeit, Ökologie und Transport zusammen denken. Das ist alles eine Verteilungsfrage.

Mein Forschungsansatz hat vier Ebenen, die hierarchisch aufeinander aufbauen. Da ist das Auto als Produkt auf unterster Ebene, dann geht es hoch über Aktivitäten bis zum Transportsystem. Da wird sofort klar, dass Veränderungen auf der unteren Ebene – wie die Autos effizienter machen – kaum ein Hebel zur Dekarbonisierung sind, weil das Produkt Auto in ein enorm unnachhaltiges System eingebunden ist. Ein großer Hebel ist der massive Infrastruktur-Umbau. Weg von den Priorisierungen des Autoverkehrs hin zur Priorisierung von Fuß- und Radverkehr und auch ÖPNV. Die Flächengerechtigkeit in der Stadt wiederherstellen.«

Mobilität umfasst die Möglichkeit und Fähigkeit, andere Orte zu erreichen. Sie ist damit Basis für soziale Teilhabe, schafft den Zugang zu Ressourcen und Dienstleistungen. Mobilität als Grundbedürfnis muss zu einem Grundrecht werden, das nicht mehr an das eigene Auto gebunden sein darf, damit Menschen am Leben sozial, ökonomisch, kulturell und politisch teilhaben können. Mobilitätsarmut engt diese Bewegungsfreiheit ein. Wenn es keinen guten Nahverkehr gibt, sind zum Beispiel von Armut betroffene Kinder und Jugendliche in ihrer Schulwahl massiv eingeschränkt. Wenn die verkehrsbedingte Anbindung von Arbeitsmarktangeboten, Ärzt:innen und Hilfsangeboten nicht gegeben ist, stehen mobilitätsbenachteiligte Bevölkerungsgruppen im Abseits. Mangelnde Alternativen zementieren bestehende Benachteiligungen.

Nicht nur in der Stadt, vor allem auch im ländlichen Raum.

So nutzen einkommensschwächere Haushalte häufiger Bus und Bahn (29 Prozent) als Haushalte mit höheren Einkommen (18 bis 24 Prozent). Menschen mit geringem Einkommen investieren entweder einen großen Anteil ihres Budgets in Mobilität. Oder sie sind weniger mobil. Auf dem Land können viele Ziele schwer ohne Auto erreicht werden. Der Mangel an alternativen Verkehrsmitteln kann dann zu einem »erzwungenen Autobesitz« führen. Damit nicht genug: Der Berliner Umweltgerechtigkeitsatlas bestätigt, dass einkommensarme Bevölkerungsschichten in Quartieren mit wenig Grünflächen überproportional von Luft- und Lärmemissionen betroffen sind. Denn bezahlbare Wohnungen oder Sozialwohnungen liegen häufiger entlang viel befahrener Magistralen. Bürgerliche Grundstücke und Eigentumswohnungen finden sich dagegen vor allem im Grünen.

Seit der Jahrtausendwende sind die Kosten für Anschaffung und Unterhalt eines Kfz um etwa 36 Prozent gestiegen, die ÖPNV-Preise hingegen um knapp 80 Prozent. Das verstärkt die Ungerechtigkeit zwischen den Verkehrsarten noch mehr und bestraft gerade die, die sich umweltfreundlich verhalten.

Einzelne Kommunen denken inzwischen anders. So beschloss die Kleinstadt Telgte bei Münster die Unterstützung einkommensschwächerer Familien. Mit einem Gehalt bis 37000 Euro werden zusätzlich 30 Prozent auf die Lastenradfördersumme (30 Prozent) geschlagen. In Stuttgart beträgt die Förderquote für Familien mit mindestens einem Kind bis zu 90 Prozent des Anschaffungspreises eines E-Cargobikes.[15]

Christoph Aberle ist Mobilitätsforscher am Institut für Verkehrsplanung und Logistik der Technischen Universität Hamburg. Er befasst sich mit der täglichen Mobilität von Menschen, die in Armut leben.[16]

»Im Projekt MobileInclusion erforschen wir, wie Menschen in ›Hartz IV‹ mobil sind, ob sie sich ausgegrenzt fühlen – und welche Maßnahmen es gibt, das zu ändern. Über den Mobilitätsalltag von Einkommensarmen wissen wir bislang wenig. Was wir wissen: Sie verlassen sich deutlich stärker auf den Öffentlichen Verkehr als andere. Menschen mit niedrigem ökonomischen Status haben deutlich häufiger ein Abo-Ticket und nutzen den ÖPNV öfter. Es überrascht nicht, dass sie im Gegenzug deutlich seltener über einen Pkw verfügen als Personen mit höherem Einkommen [1]. Der ›Hartz IV‹-Regelbedarf sieht zurzeit 40 Euro im Monat für den Verkehr vor, aber das ist zu wenig, gemessen an den mittleren Ausgaben der Einkommensarmen von etwa 77 Euro [2]. Erschwerend kommt hinzu, dass Fahrten im Nahverkehr in den letzten Jahrzehnten inflationsbereinigt teurer geworden sind. Ein Auto zu unterhalten ist dagegen fast preisstabil geblieben [3]. In Hamburg sollen die Fahrkartenpreise zum Jahreswechsel 2021/22 stärker steigen als die Inflation des Vorjahres, womit die Regierung gegen ihre Zusage handeln würde, die Preissteigerung zu deckeln. Hintergrund ist eine historisch niedrige Inflation im ersten Covid-Jahr 2020 [4]; die Steigerung ist bei Drucklegung dieses Buchs noch nicht beschlossen.

Um den Mobilitätsalltag armer Menschen zu untersuchen, hat mein Kollege Stephan Daubitz 20 Hamburger*innen befragt, die von ›Hartz IV‹ leben. Elf von ihnen nutzen ein HVV-Abo. Es gibt anteilig deutlich weniger Abos als in der Vergleichsgruppe in Berlin, denn in Hamburg ist das Sozialticket vergleichsweise teuer. Während das Sozialticket für den Tarifbereich Berlin AB für 27,50 Euro erhältlich ist, sind für eine Vollzeitkarte Hamburg AB über 70 Euro im Monat fällig. Alternativ können sich die Fahrgäste auf ein Abo beschränken, das für nur einige Zonen gilt oder mit dem sie nur außerhalb der Hauptverkehrszeit fahren dürfen. Das schafft zweifellos ein Mindestmaß an Mobilität. Für die Betroffenen heißt es allerdings: Sie müssen entweder viel Geld aufbringen oder sich in einem komplizierten Tarifsystem zurechtfinden. Im Zweifel, so berichten viele, stückeln sie ihre Fahrten lieber mit dem Bartarif zusammen – kaufen also Fahrkarten, die bis zu einen Tag lang gelten [4].

Da der Bartarif so wichtig ist, habe ich die Erreichbarkeit wichtiger Alltagsziele mit Tarifstufen der Einzelkarten modelliert. Das Ergebnis: 83 Prozent der ›Hartz IV‹-Empfänger*innen können alle Ziele des täglichen Bedarfs mit der Kurzstrecke zu 1,80 Euro pro Fahrt erreichen. Im Umkehrschluss heißt das, 17 Prozent können nicht alle alltäglichen Erledigungen mit der Kurzstrecke abwickeln. Bemerkenswert ist die Tarif-Erreichbarkeit der ›Hamburger Tafel‹, einer Lebensmittelausgabe: Ein Fünftel der Hartz IV-Beziehenden erreichen die nächstgelegene Tafel nicht einmal mit dem nächstteureren Nahbereichstarif. Sie müssen also eine 9-Uhr-Tageskarte für 6,90 Euro lösen, was beim ›Hartz IV‹-Budget eine hohe Hürde darstellt.

Ein erster Ansatzpunkt für ihre Teilhabe wäre also, den HVV für Menschen in Armut günstiger zu machen, etwa mit einem günstigeren Sozialticket für das Tarifgebiet AB. Mit seinen 27,50 im Monat geht der VBB in Berlin beispielhaft voran. Die Verfügbarkeit von Bus und Bahn ist für die Betroffenen dabei nicht so problematisch wie der Tarif. Die Befragten berichten davon, dass die Haltestellen gut erreichbar sind. In Gebieten mit niedriger Kaufkraft gibt es tatsächlich sogar mehr Nahverkehrs-Abfahrten als in Gebieten mit höherem Einkommen. Allerdings wohnen hier auch sehr viele Menschen, oft in großen Häuserkomplexen. Es müssen sich also viele Personen die Abfahrten ›teilen‹. Das bemängeln unsere Befragten, wenn sie von vollen Bussen und Bahnen berichten [5]. Diese und viele weitere Forschungsergebnisse sind übrigens auf www.stadtarmmobil.de abrufbar.

Die Bedeutsamkeit von Mobilität wird noch deutlicher, wenn wir sie als Voraussetzung betrachten, andere Güter und Dienstleistungen in Anspruch zu nehmen. Beispielsweise wissen wir seit langem, dass Menschen in Armut einen schlechteren Zugang zu Gesundheitsversorgung haben. Teure Nahverkehrstarife können dazu führen, dass Immobilität, Armut und Krankheit sich gegenseitig verstärken. Wenn beispielsweise Arzttermine mangels Geld für die Fahrkarte nicht wahrgenommen werden können, wirkt sich das auf die körperliche Verfassung aus und verringert die Möglichkeiten, einen Job anzunehmen und die Armut zu überwinden [6, 7]. Dieses Phänomen beforschen wir unter dem Begriff Mobilitätsbezogene Soziale Exklusion.

Hinzu kommt, dass Einkommensarme häufiger an vielbefahrenen Straßenabschnitten leben. Von diesen Straßen haben sie zurzeit wenig Nutzen (weil sie weniger Autos besitzen), sind aber den negativen Effekten wie Feinstaub, Lärm und Stickoxiden stärker ausgesetzt [8]. Eine sozial-ökologische Verkehrswende – hin zu emissionsfreien Verkehrsmitteln, die sich auch Menschen in Armut leisten können – würde also zuallererst den finanziell Schwachen nützen. Grundlage dafür wäre eine Politik, die nicht die Verkehrsleistung Einiger zum Maß der Dinge macht, sondern das Wohlbefinden aller Menschen.«[17]

**Vor mir auf meinem Laptopschirm ist** Daniela**, die auf Twitter sehr munter, sehr mutig und sehr deutlich Aktivistin für Menschen in Armut ist.**

»Ich bin Mutter von vier Kindern und seit 20 Jahren mit meinem Mann zusammen. Die ersten Jahre ist alles gutgegangen, es ging uns finanziell nicht schlecht. Mein Mann war

selbständig. Ich war meist prekär beschäftigt, auch wegen den Kindern, habe mir auch lange nichts dabei gedacht. Bis dann 2008 unsere jüngste Tochter zur Welt gekommen ist, schwerstkrank. Da bin ich komplett raus aus dem Arbeitsleben für ein paar Jahre, und mein Mann hat einen Burn-out bekommen. Durch die Kombination aus unsicheren Arbeitsverhältnissen und Krankheit ist es uns passiert, dass wir weder Sozialhilfe und Mindestsicherung gekriegt haben und in die Armut abgerutscht sind.«

Ich habe nicht erst durch Corona und die Pandemie von vielen Schicksalen erfahren, die dem von Daniela gleichen. Sei es, dass Menschen so krasse Nachwirkungen von einer Covid-Erkrankung haben, dass sie arbeitsunfähig wurden, sei es, dass ihre Arbeitgeber:innen Insolvenz anmelden und Arbeitsverhältnisse kündigen mussten, sei es, dass der Erwachsene in der Familie (zu oft die Frau) mit der größten Belastung von Arbeit, Homeschooling und Lockdown Stunden kürzen und damit weniger Einkommen in Kauf nehmen musste. Daniela gestaltet ihr

Leben mit Automobilität. »Ich bin schon immer eine Autohasserin. Wirklich. Ich hasse nichts mehr, als mich hinters Steuer setzen zu müssen. Mit vier Kindern und auf dem Land geht's aber nicht anders. Wir haben früher in der Stadt gewohnt. Da haben wir die Straßenbahn vor der Haustüre gehabt. Das Auto war nur dafür da, wenn wir in den Urlaub gefahren sind oder größere Dinge gekauft haben. Wegen der hohen Mietpreise sind wir dann von der Stadt aufs Land gezogen.«

Durch solche Lebensveränderungen setzt dann in Fällen wie dem von Daniela eine Abhängigkeit vom Auto ein, die so weder gewollt noch geplant war. Es gibt keinen Schulbus, die Kinder müssen also geholt und gebracht werden, weil die Entfernungen in die Stadt hinein zu weit für andere Mobilitätsmöglichkeiten sind. Und weil die Infrastruktur dafür fehlt. Und das belastet Daniela nicht nur zeitlich, sondern auch finanziell. Denn diese Wege sind Pflicht. An manchen Tagen Ende eines Monats hat sie die letzten fünf Euro für das Tanken verwendet, damit die Kinder zur Schule kommen.

»Meine Jobs sind meistens in der Gastronomie. Arbeitszeiten von 8–11 und dann wieder von 17 bis 23 Uhr. Auf dem Land. Ohne Auto unmöglich. Es ist eine paradoxe Situation. Auf der einen Seite bekommst du ständig Ratschläge, dass du das Auto hergeben sollst, weil es kostenintensiv ist. Auf der anderen Seite giltst du als unflexibel, wenn du kein Auto hast. Du bist da ständig im Rechtfertigungsmodus.

Es waren durch unsere Armut bedingt immer alte gebrauchte Autos, die maximal 600 Euro gekostet haben. Wo man wieder Reparaturkosten hat und vorgeworfen bekommt: ›Kauf dir gleich etwas Gescheites, dann sparst du dir die Reparaturkosten.‹ Nur hast du finanziell eben nicht die Möglichkeit dazu. Im Umfeld, da wo wir wohnen im typischen Vorort, da ist das Auto Normalität und Statussymbol. Auch als es uns noch finanziell bessergegangen ist, war das Auto für uns nur Gebrauchsgegenstand. Damit waren wir bei den Nachbarn sofort unten durch. Das finde ich lustig, weil wir uns ein besseres Auto hätten leisten können – aber nicht wollten. Aber: Eine normale Familie hat ein schönes neues Auto. Das ist der Standard in unserem Umfeld. Und das wird auch nicht hinterfragt. Da wird mit dem SUV 300 Meter zum nächsten Kaufhaus gefahren.«

In Sachen Kindermobilität, betont Daniela, wie belastend es ist, dass bei Hobbys und Freizeit der Kinder immer vorausgesetzt wird, dass alle Eltern ein Auto haben. So kommt es zu Fußballtrainings in 17 Kilometer Entfernung, weil dort auch die Freund:innen trainieren. Auch zur Schule werden die Kinder einzeln gebracht. Fahrgemeinschaften wie früher sind eine totale Ausnahme. Ihre Tochter geht in der Stadt zur Schule, die Autos, mit denen dort die Kinder gebracht werden, haben alle ein Stadtkennzeichen.

»Als Kind war es für mich normal, dass viele Familien kein Auto hatten, weil es auch nicht leistbar war. Wir sind in einem Hochhaus aufgewachsen. Da waren 32 Parteien im Haus. Als ich in der Volkschule war, waren vielleicht 10 Familien im Besitz eines Autos. Dennoch hat man alles ums Eck eingekauft. Wenn die Kinder zum Sport sind, hat man sich zusammengetan und der, der ein Auto hatte, hat alle mitgenommen. Das ist heute anders.«

In unserem Gespräch hatten wir beide so unsere »Aha-Momente«, Dinge aus einem anderen Winkel zu betrachten und festzustellen, wie kaputt das System eigentlich ist. Denn natürlich können sich Menschen, die in Armut leben, keine Neuwagen leisten. Das monatliche Durchschnittsgehalt Vollzeitbeschäftigter lag 2020 im Median bei etwa 3600 Euro brutto. Ein Golf Variant 1.5 TSI Life kostet laut ADAC trotz aller Subventionen, die wir in Autos solidarisch hineingeben, 628 Euro im Monat, die netto von diesem Verdienst abgehen.

Als wir uns unterhielten, berichtete Daniela von einem starken Gewitter am Vorabend. Sie war mit dem Auto unterwegs und fuhr über einen großen Ast, der durch den Sturm von einem Baum gebrochen wurde. »Ich habe jetzt schon Angst, unter das Auto zu schauen und festzustellen, dass größere Schäden entstanden und Reparaturen nötig sind. Denn die sind nicht eingeplant in unseren Finanzplan als Familie. Mir wäre jedes Öffi-Ticket leistbarer als das Auto. Vor allem hast du eine Kontinuität. Du weißt, was du zahlst. Beim Auto weißt du nie, was da kommt.«

Hinzu kommt, dass sie ein schlechtes Gewissen hat, diese alten Autos zu fahren, aber es sind die einzigen, die sie sich leisten können. Durchaus käme es für Daniela in Frage, elektrisch zu fahren. Aber wie soll das finanziert werden? »E-Auto ist für mich absolut unleistbar. Und das finde ich so traurig. Wir machen Solarzellen auf unser Haus und planen da, wo der Parkplatz hinkommt, dass wir mal ein E-Auto anstecken können. Aber wann und ob das je so weit kommt – keine Ahnung.«

Richtig gut fänd Daniela günstige öffentliche Verkehrsmittel und Förderung für Lastenräder. Oder Carsharing auf dem Land – am liebsten mit Elektroautos.

## MENSCHEN MIT EINSCHRÄNKUNGEN

Die bisher geschilderten Situationen bezogen sich allesamt auf Menschen der Mehrheitsgesellschaft – die Norm, an der auch unsere Mobilität seit Jahrzehnten ausgerichtet wird, hat keine gesundheitlichen Einschränkungen. Alle Menschen, die Einschränkungen und damit besondere Bedürfnisse an öffentliche Räume, Verkehrsmittel und Mobilität stellen, sind »die anderen«. Anstatt sie von Beginn an aktiv einzubeziehen, wird ihr Bedarf als Mehraufwand deklariert. Das ist merkwürdig, da das Achten von Bedürfnissen sogenannter Minderheiten meiner Kenntnis nach noch nie der Mehrheitsgesellschaft geschadet hat. Im Gegenteil. Dinge, die Menschen im Rollstuhl das Leben erleichtern, helfen auch alten Menschen, Menschen mit Kinderwagen oder Rollator, Schwangeren. Barrierefreiheit und eine gewisse Entschleunigung des öffentlichen Raumes, damit alle ohne Auto ihre Wege sicher und komfortabel zurücklegen können, sollte Basis von Stadt- und Raumplanung sein.

Hier ein paar Zahlen aus der Studie »Mobilität in Deutschland«:[18]

13 Prozent der Gesamtbevölkerung sind von gesundheitlichen Einschränkungen betroffen. Bei über 50 Prozent dieser Gruppe (sieben Prozent) führt dies zu einer Beeinträchtigung der Mobilität. Ab 50 Jahren nehmen gesundheitsbedingte Mobilitätseinschränkungen stark zu. In Deutschland leben rund elf Millionen Menschen in einem Haushalt ohne Auto. 15 Prozent der Personen geben gesundheitliche Gründe für den Nichtbesitz eines Pkw an. Dies sind 1,6 Millionen Menschen. Unter 60 Jahren besitzen nur drei Prozent der Personen aus gesundheitlichen Gründen keinen Pkw, bei den ab 80-Jährigen sind es über 50 Prozent. Senior:innen mit Mobilitätseinschränkungen legen deutlich weniger Kilometer pro Tag zurück als der Durchschnitt aller Senior:innen.

Fangen wir mit dem Menschen an, von dem ich am meisten gelernt habe, was es heißt, bestimmte Einschränkungen gesundheitlich und damit auch in der eigenen Mobilität zu haben. Raul Krauthausen ist eigentlich nur ein Typ mit der Glasknochenkrankheit,[19] er sitzt im Rollstuhl und wohnt mit seiner Freundin in Berlin. Aber er »muss« so etwas sein wie ein Aktivist, weil unsere Gesellschaft, so wie wir Mobilität aktuell planen und anbieten, ihn als »den anderen« definiert. Weil er nicht eigenständig laufen kann, weil seine Krankheit ihn empfindlich gegenüber Erschütterungen macht.

Im Gespräch macht er deutlich, dass die gesunde Mehrheitsgesellschaft sich manchmal so verhält, als seien Menschen mit Einschränkungen nur mobil, um zu Ärzt:innen und zur Physiotherapie zu kommen. Was aber ist, wenn Menschen wie Raul sich mal spontan mit Freund:innen auf ein abendliches Getränk treffen wollen?

»Bisher musstest du den Fahrdienst eine Woche vorher buchen. Was natürlich alles andere als spontan ist. Politisch versuchen wir in Berlin darauf hinzuwirken, dass Mobilität aus einer Hand kommen sollte und nicht aus drei verschiedenen Behörden. Wenn das zukünftig aus einer Hand käme, könnte man darüber nachdenken, ob man den Sonderfahrdienst mit dem Berlkönig der BVG zusammenlegt und die Fahrzeuge, die es gibt, ganzheitlich denkt und nicht in einer Insellösung, die dann keinem hilft.

Wenn ich nachts irgendwo hinfahren will, muss ich auf die öffentlichen Verkehrsmittel zurückgreifen. Ist auch ein Problem vom Sonderfahrdienst, dass der auch an Öffnungszeiten gebunden ist. Die fahren dann bis 21 Uhr oder so. Aber wenn du ins Berghain willst, ist ja um 21 Uhr nichts los in dem Laden.

Was ich anstrengend finde in der aktuellen Debatte: den Versuch (meistens von Autofahrenden oder Männern oder Nichtbetroffenen), Radfahrer:innen gegen Fußgänger:innen gegen Rollstuhlfahrer:innen auszuspielen. Ich denke: Alles, was für Radfahrer:innen und Fußgänger:innen gut ist, ist auch für Rollstuhlfahrer:innen gut. Abgesenkte Bordsteine, barrierefreier ÖPNV, kurze Fuß- oder Fahrwege. Natürlich kann ich mir die Karl-Marx-Allee anschauen in Berlin, wo alle Bordsteine abgesenkt sind. Aber wenn du einen Kilometer laufen musst, um zum nächsten Supermarkt zu kommen, weil das so eine riesige Allee für Autos ist, dann kann ich noch so viele Bäume pflanzen. Das macht es nicht zugänglicher. Wir müssen auch über Wegelängen reden. Dinge müssen dezentraler funktionieren. Es darf nicht alles in der Innenstadt oder Stadt sein. Von kurzen Fußwegen würden auch Menschen mit Behinderung stark profitieren. Dann ist es egal, ob du elektrisch mit dem Rollstuhl fährst oder auf dem Scooter, dem Fahrrad oder ob du zu Fuß läufst.«

**Gefragt nach Städten, in denen das alles schon besser funktioniert, fällt Raul Kopenhagen ein:**

»Die haben eine unglaublich moderne U-Bahn, nur zwei Waggons, fahrerlos, fährt aber im Minutentakt und rund um die Uhr. Das ist cool im Sinne der Barrierefreiheit. Ich weiß nicht, wie cool das ist im Sinne der Sicherheit. Wenn du trans oder PoC bist oder Frau nachts.

Toronto ist unglaublich barrierefrei, mit einer Technologie, die 30 Jahre alt ist. Die hatten schon in den 1990ern so strenge Gesetze, was Barrierefreiheit anging, dass man damals die Aufzüge und Rampen eingebaut hat. Die Selbstverständlichkeit, behinderte Menschen im ÖPNV zu sehen, ist eine ganz andere, als ich das in Berlin erlebe.

Sehr fasziniert hat mich auch Tokio. Da habe ich zum ersten Mal in meinem Leben eine Rolltreppe gesehen, die sich auf Knopfdruck in einen Aufzug verwandeln kann. In einem Bahnhof, der so alt war, dass man da keinen Aufzug hinbauen konnte. Da haben sie dann eine Rolltreppe genommen, die eine Plattform bilden konnte. Dafür brauchst du Personal, aber das ist in Tokio selbstverständlich. Die U-Bahn ist superleise, weil die Leute darin so viel pendeln, dass sie schlafen wollen. In den Reiseführern steht drin, dass es üblich ist, dass der Kopf des Nachbarn auf der Schulter liegt, weil sie teilweise 3 Stunden mit der U-Bahn fahren und die Person dann müde ist. In Berlin und Hamburg rumpelt alles. In Tokio ist das wie ein IC.«

Kay **ist 46, aus Kiel, Familienvater, mit Rollstuhl unterwegs und beruflich in Europa verortet.**

**Damit führt ihn sein Job sehr oft in Bahnen, Busse und da-**

mit mittenrein in die Probleme, die Menschen im Rollstuhl gemacht werden. Denn eigentlich: »Ich bin mit einem Rollstuhl unterwegs, und der ist verlässlich. Vor allem auch, weil ich einen zweiten habe, falls mich der eine im Stich lässt. Heute habe ich das Auto genommen. Ich versuche alles mit Muskelkraft zu machen. Ich hab ein Fahrrad, Adaptiv-Bike, das ich an meinen Rollstuhl andocke, dann habe ich ein Fahrrad und kann mit meinen Kindern mitfahren.«

Er findet schon zu Beginn unseres Austauschs klare Worte: »Schau dir die Entscheidungsräume an: Die sind alle nicht divers. Wir leben in so einer krass männlich gestalteten Umwelt, was mir als Rollstuhlfahrer auf den Keks geht, weil ich mit meinen Bedürfnissen einfach nicht mitgedacht werde. Was mich aufregt ist, dass 50 % der Bevölkerung verinnerlicht hat, dass das alles so männlich und monoperspektivisch ist. Daher zitiere ich: Von Anfang an für alle! Wenn das nicht passiert, dann wird auch niemals irgendwas inklusiv sein und inklusiv werden.«

Konkret heißt das für ihn in Sachen Bahn: »Die Bahn bekommt es bis heute nicht gebacken, im Fernverkehr einen ebenerdigen Zugang zu machen. Weil irgendwelche männlichen Technik-Menschen sich nicht vorstellen können, dass es eine verdammte Prio ist, ebenerdig in einen Zug reinzukommen. Gleichzeitig hat man es hinbekommen, ein System zu bauen mit bis zu fünf unterschiedlichen Bahnsteighöhen.«

Die Wut über die Tatsache, dass die nicht behinderte Gesellschaft Menschen wie ihn schon immer vergisst, kippte irgendwann auch in unser Gespräch – und ich musste »aushalten«, dass er diese berechtigte Wut auch an mich adressierte. Und das ist ok, weil ich natürlich Teil dieser behindertenfeindlichen Gesellschaft bin, weil ich optisch gelesen nicht behindert bin. Alle nicht behinderten Menschen haben auch meiner Meinung nach das Privileg und die Pflicht, unser Verkehrssystem barrierefrei zu gestalten. Uns passt das Leben. Kay sitzt seit 20 Jahren im Rollstuhl und vergisst das manchmal sogar, weil es einfach zu ihm und seiner Identität gehört. Aber jedes Mal, wenn er in öffentlichen Verkehrsmitteln unterwegs sein möchte, rückt seine Behinderung in den Vordergrund – weil wir ihn behindern. Dabei ist der Rollstuhl nur ein Teil seines Lebens, nicht der wichtigste. Wir zwingen durch unsere Arroganz und Ignoranz Kay aber dazu, diesen Teil seines Lebens viel wichtiger nehmen zu müssen, als er selbst es will.

»Ihr macht uns das Leben unfassbar schwer. Das ist eine Form von Mikroaggression, ein entlehnter Begriff aus dem Rassismus und aus dem Sexismus, die uns im Ableismus jeden Tag massiv entgegenwirken. Es ist völlig egal, wohin ich gehe. Mein Augenmerk ist Infrastruktur. Die Leute denken: Ist doch alles besser als vor 15 oder 20 Jahren. Und ich entgegne: Nein, es ist noch nicht mal im Ansatz gut.«

Kay wird konkret:

»Es gibt nur ein barrierefreies Klo pro Zug. Wenn das kaputt ist, werden Menschen im Rollstuhl nicht mitgenommen. Die alten Züge hatten noch zwei Toiletten – und mehrere Plätze für Rollstuhlfahrer:innen. Jetzt sind es oft nur ein oder zwei Plätze pro Zug. Jetzt bauen sie bei dem neuesten ICE wieder mit Stufen. Dann haben sie extra eine Tür eingebaut für Behinderte, wo sie einen Hub-Lift schon in die Tür eingebaut haben. Die Tür geht auf und der Hub-Lift fährt aus, also Segregation. Ich geh nicht wie jeder andere, ich muss über diese bescheuerte Tür gehen. Und es ist wieder nur eine, und die kann auch mal wieder kaputt sein.

Ich glaube, nur dann, wenn Leute im Rollstuhl in den Entscheidungsräumen ganz oben sitzen, passiert irgendwas. Sonst ist alles auf der Kann-Schiene. Nix muss, alles kann. Ab 2022 ist barrierefreier ÖPNV europaweit. Haha. Erst laufen sie alle vor dieser Regelung davon, jetzt stehen wir davor, dass der gesamte ÖPNV in Deutschland barrierefrei sein soll. Er wird es nie sein, und es gibt auch keine Sanktionen. Ich kann mein Recht auf barrierefreie Mobilität nicht einklagen.

Die EU-Verordnung für barrierefreies Fliegen, da steht: Damit ich irgendwie auf Toilette komme, im Flieger, wo ich nicht meinen eigenen Rollstuhl nutzen kann: Eigentlich geht's nur mit einem Kabinenrollstuhl. Und im Umkehrschluss heißt es: Wir haben uns bemüht, wir haben ja auch Hilfe angeboten. Sollen wir dich zum Klo tragen? Damit war ich vor dem Hamburger Gericht, und die Richterin meinte: Das sind doch nur zwei Stunden Flug, trinken Sie doch weniger oder legen Sie sich einen Katheter. Das ist Ableismus.

Jetzt bauen wir in die Höhe Doppelstockwagen, weil mehr Publikumsverkehr, aber immer noch die gleiche Länge an Schiene. Das heißt nach unten in die Regionalbahnen hineingehen. Diese Neigungswinkel sind so stark, dass das mit dem Rollator nicht ordentlich und unfallfrei zu begehen ist. Alles, was nicht niveaugleich ist, birgt die Gefahr von Unfällen. Ist auch eine Frage mit Verdrängungsmechanismus. Wie stark ist dieser, dass wir uns nicht mit der Mobilität im Alter auseinandersetzen, in das wir alle kommen werden? So viel Leute hätten was von einer Barrierefreiheit. Meine Hoffnung ist ja, dass wir über verschiedene Aspekte von Vielfalt zu einem inklusiveren Raum kommen.«

Katrin Langensiepen **vertritt seit 2019 Niedersachsen und Bremen im Europaparlament. Als Sozialpolitische Sprecherin für Greens/EFA und einzige weibliche Europaabgeordnete mit sichtbarer Behinderung nutzt sie ihre Stimme,** »um für ein grünes, soziales und inklusives Europa zu kämpfen«.

»Mobilität im ländlichen Raum ist ... Hier ist nichts barrierefrei. Somit wirst du als Mensch mit Behinderung ins Auto gedrängt.«

Katrin hatte sich angeboten, mir einige Hintergründe zu erläutern, über die zähen Vorbereitungen, die eine Bahnfahrt

mit dem Rollstuhl bedarf – und auch, warum deswegen nicht wenige Menschen mit Behinderung im Auto sitzen, obwohl das gegen ihren eigenen Wunsch nach einem klimaneutraleren Leben steht.

»Wenn du mobilitätseingeschränkt bist und mit dem Rollstuhl von A nach B willst, musst du organisieren, dass die Bahn einen Hubwagen bereitstellt. Du meldest dich bei der DB-Assistenz an. Das ist schon das Erste: Ich kann nicht spontan reisen, ich muss mich anmelden. Mir würde die BahnCard100 gar nicht die Flexibilität bieten, die sie dir gibt, weil ich schon Tage vorher wissen muss, wann ich wohin fahren möchte. Denn meine Bedürfnisse wurden weder bei der Infrastruktur noch bei den Zügen mitgedacht. Wenn ich spontan verreisen könnte, wäre die Basis dafür Personal, was etwas kostet, und das wollen sie nicht. Es gibt daher Leute, die sagen, ich fahr lieber Auto und hab diesen Stress nicht. Musst du dir finanziell erst mal leisten können. Ich sag immer: Menschen mit Behinderung sind Kund:innen. Die sehen uns aber nicht als zahlende Kund:innen.

Wie wird Barrierefreiheit definiert? Die meisten denken, das ist rollstuhlgerecht. Aber es geht viel weiter. Wenn ich blind bin, brauche ich Leitsysteme, akustische Zugankündigungen. Im ländlichen Raum oft Fehlanzeige. Da hört man dann nur, dass ein Zug einfährt. Es gibt auch keine taktile Kennzeichnung wie in Japan oder China, wo man weiß, dass sich dort die Tür öffnet. »Aber es gibt Menschen, die dir helfen können!«, ist immer das Argument. Nein! Die Bahn ist nicht auf Menschen mit Behinderung eingestellt, will sie auch nicht. Wenn man sich schon anhört: *Aufgrund zweier Rollstühle haben wir eine Verspätung von …* Es sind Personen, die sind hinzugestiegen, es sind Gäste, die haben dafür gezahlt. Ich möchte nicht als Rollstuhl bezeichnet werden, der hinzugefügt wurde. Zudem: Jeder sieht dich als Ursache der Verspätung, schönen Dank auch.

Auch dass Menschen in Werkstätten mit Behindertentransportern abgeholt werden, anstatt dass es auf diesen Verbindungen einen guten Nahverkehr gibt, den diese Menschen selbstbestimmt nutzen könnten. Das ist immer ein Kampf in vielen Kommunen. Sieht man nicht als notwendig an, es gibt doch den Transport. Warum sollen die denn dann Bus fahren?«

**Eine Idee, die Katrin grad zusammen mit anderen Politiker:innen vorantreibt, ist die sogenannte EU-Disability-Card. Diese soll als EU-Behindertenausweis eingeführt werden, damit Menschen mit Behinderungen die ihnen zustehenden Leistungen in allen europäischen Ländern in Anspruch nehmen können.**

»Ich zahle für meine Wertmarke einen Jahresbeitrag von 80 € im Jahr. Dann hab ich eine Karte und muss mir nie über Ticketpreise Gedanken machen und auch nicht über Automaten, die auch nicht barrierefrei sind. Wenn du blind bist oder keine Arme hast, dann sind die Automaten totaler Mist. Dann kann ich in Frankreich oder Deutschland mit meiner Begleitperson fahren. Die Karte ist überall gültig. Bahnverkehr in Europa ist in Sachen Standardisierung ein Flickenteppich. Bei der Bahn entscheiden sie sich da oft für die günstigen Waggons, die dann nicht barrierefrei sind. Weil Barrierefreiheit immer teurer ist als die Norm, die sich an gesunden Menschen orientiert. Das ist in Frankreich nicht so, da hast du Platz und da ist kein Gekämpfe. Im Flieger haben auch alle einen eigenen Sitzplatz und kein Mensch steht. Wenn man die Bahnen genauso behandeln würde wie Flughäfen! Da ist es immer sauber, da ist Security, du kannst immer jemanden fragen, du hast auf jeden Fall deinen Platz, du meldest unkompliziert deine Hilfsmittel an. Da ist der Kunde König. Bei der Bahn bist du als behinderte Person die Letzte, an die gedacht wird – wenn überhaupt.

Mir wäre einfach wichtig, dass ich einen Sitzplatz sicher habe, dass die Mitarbeiter:innen Englisch können, und warum nicht auch Gebärdensprache. Gebärdensprache finde ich sowieso im Tourismus- und Mobilitätsbereich mangelhaft verbreitet. Ich wünsche mir mehr Beleuchtung, mehr Sauberkeit. Man muss in Bahnhöfe investieren. Wo Personal ist, fühle ich mich sicher. Also wieder das Prinzip des Flughafens mit Sicherheit, Sauberkeit, Licht, unkompliziert das Ticket buchen, eine Ansprechperson und kein stundenlanges Schlangestehen. Dass da wieder ein Restaurant ist, in dem ich essen und warten kann und nicht nachts um 12 irgendwo im strömenden Regen stehe. DB-Häuschen im ländlichen Raum zum Ticketkauf. Das höre ich von einigen: Meine Mutter fährt nicht selbständig Bahn, weil sie das überfordert. Wo bekomme ich das Ticket her, wo muss ich umsteigen? Eigentlich läuft viel auf Kommunikation und mehr Personal raus.«

Alexander **hat Publizistik- und Kommunikationswissenschaften studiert, ist in Staaken – dem heutigen Berlin Spandau – geboren, hat hauptamtlich im VCD bei der Mobilitätsberatung**

gearbeitet und ist seit fünf Jahren für eine Selbstvertretungsorganisation tätig, die das Thema Behinderung aus menschenrechtlicher Perspektive betrachtet, und teilt sich mit einer Kollegin die Geschäftsführung für den Bundesverband.

»Wir haben zwei Autos. Das hat leider noch bestimmte Hintergründe mit meiner Behinderung.«

Und deswegen habe ich mich mit Alex ausgetauscht. Und erneut viel lernen dürfen, welche behindertenfeindlichen Details unserer Mobilität ihn ins Auto treiben – mehr, als er es sich wünscht.

»Ich bin Rollstuhlfahrer und nutze bis aufs Schlafengehen rund um die Uhr meinen Rollstuhl. Ich habe die Glasknochenkrankheit und muss immer schauen, wie die Umwelt auf mich einwirkt. Das Problem ist, wenn ich in einem Bus voller Menschen stehe und bei einer scharfen Bremsung in die Ecke gedrückt werde, dass es für mich krasse Konsequenzen hat. Ich kann zur Not aus dem Rollstuhl aussteigen und auch so eine Treppe runterrutschen. Daher bin ich noch relativ flexibel.

Trotzdem fahre ich täglich mit dem Auto, bringe meinen Sohn zur Schule. Unsere Schule ist sieben Autominuten entfernt. Mein Sohn sitzt ebenfalls ab und zu im Rollstuhl und benötigt daher eine barrierefreie Schule. Selbst in Berlin haben wir keine barrierefreie Schule bei uns im Einzugsgebiet. Die Schule, die 600 m von uns entfernt ist, ist nicht barrierefrei.«

Von einem inklusiven Schulsystem entsprechend der UN-Behindertenrechtkonvention ist Deutschland derzeit noch weit entfernt: Nur 15 % der Schüler:innen mit sonderpädagogischem Förderbedarf werden in den weiterführenden Schulen bundesweit inklusiv unterrichtet. Die höchste Inklusionsquote hat Schleswig-Holstein mit 41,9 %, während Niedersachen nur einen Inklusionsanteil von 6,6 % erreicht.[20]

Bauliche Anforderungen an die barrierefreie Gestaltung von inklusiven Schulen beziehen sich auf Gebäude, Außenanlagen, Sanitäranlagen, Türen, Schallschutz und vieles mehr. Für Details siehe Fußnote.[21] »Durch die Corona-Krise werden vor allem Schüler mit Behinderung benachteiligt. Die Hälfte der befragten Lehrkräfte gab an, die Schüler mit Förderbedarf im Südwesten seien während der Schulschließungen vergessen worden.«[22]

»Wenn Menschen ohne Einschränkungen, die selbstverständlich in Bus und Bahn steigen, schnell nach Hamburg fahren und unangemeldet unterwegs sind, die Barrieren von uns erleben würden, dann würden die Leute keinen ÖPV nutzen.

Ein griesgrämiger Busfahrer, der mich wie einen Bittsteller fühlen lässt. Mit der aktuellen S-Bahn steige ich niveaugleich ein und steige ungleich wieder aus und komme dann nicht mehr raus bei 5 cm Unterschied. Das kennt man als uneingeschränkter Tourist zum Beispiel nicht. Und es kommt hinzu: Gehen die Aufzüge oder gehen sie nicht? Viele Rollstuhlfahrer fahren daher eher Bus in Berlin, weil sie wissen, dass sie dann nicht noch auf die Aufzüge achten müssen.

Man hat sich für Klapprampen entschieden, weil die angeblich nicht kaputtgehen. Aber: In Paris gab es einen Rollstuhlknopf, den ich gedrückt habe. Dann blinkte und piepte es, und es kam automatisch eine Rampe herausgefahren, und das war cool, da der Busfahrer nicht aussteigen musste, ich nicht das Gefühl hatte, Bittsteller zu sein. In Frankfurt am Main in der Straßenbahn ist das genauso. Das empfand ich sehr angenehm. Wenn ich autonom etwas bedienen kann, find ich das sehr schön, da ich nicht auf fremde Hilfe angewiesen bin. Zugänglichkeit ohne Abhängigkeit!«

Vielleicht sollten wir alle mal einen halben Tag unsere Mobilität so gestalten, dass wir drauf achten: Was schränkt hier grad wohl andere ein? Was fehlt? Was könnte besser gemacht werden? Einfach mal die Perspektive wechseln, das bereichert – ich verspreche Ihnen das!

Gefragt nach Ländern, in denen er besser unterwegs sein könnte:

»Im Fernverkehr fand ich die Schweiz sehr beeindruckend. Die mussten sich von Anfang an damit auseinandersetzen, da sie den Grenzverkehr haben, und der in der Schweiz sehr wichtig ist. Daher haben die Züge mit verschiedenen Einstiegshöhen, wo man 55er und 76er Einstiegshöhe hat. Das bedeutet, dass egal, wo ich halte, ich immer niveaugleich aussteigen kann. Ebenso bei der ÖBB. Sowohl in der 1. als auch in der 2. Klasse gibt es barrierefreie Angebote.«

Sein bitteres Fazit:

»Uns geht es um Gleichberechtigung und Chancengleichheit – mehr nicht. Wir wollen keine besonderen Rechte bekommen. Das Auto ist bisher die einzige gleichberechtigte Form, wie ich in diesem Verkehrssystem unterwegs sein kann. In allen anderen Verkehrsformen werde ich benachteiligt. Das System ist sehr leistungsorientiert. Alle mit Sozialhilfe oder Hartz IV bekommen keine Unterstützung und werden zu Hause abgefertigt und müssen mit der Peripherie um sich herum klarkommen. Du kannst zwar unter bestimmten Bedingungen kostenlos den ÖPNV nutzen – Grad der Behinderung ist das Zauberwort.

Wir müssten technisch so weit sein, dass wir niveaugleich einsteigen, auf Grund der ganzen Verkehrsmasse, die wir bewältigen wollen, keine Koffer mehr Stufen hochzerren müssen. Wir wollen doch die Fahrgastzahlen verdoppeln! Die mobilitätseingeschränkte Fahrgastgruppe wird immer vergessen. So sieht die aktuelle Mitbestimmung und Beteiligung in Deutschland aus. Wir sind überall Bittsteller und müssen uns überall reinzwängen.

Es herrscht eine Art Konkurrenz.

In Innenstädten werden richtigerweise die Parkplätze weniger. So haben aber einige Angst, dass sie ihrer Mobilität beraubt werden, wie sie jetzt geführt wird. Das wird gerne von Parteien genutzt, die nicht so nett denken.

Das Krasse ist z. B. auch, dass es Leute mit Einschränkung gibt, die ein E-Auto beantragt haben und das abgelehnt wurde. Man wurde auf die herkömmlichen Antriebe verwiesen mit der Begründung ›falls sie mal liegenbleiben, ist das zu unsicher‹. Auch das Thema Barrierefreiheit wird bei stromtankenden Fahrzeugen missbraucht. Andreas Scheuer fing plötzlich an mit barrierefreiem Stromtanken. Er meinte das Grenzenlose, dass du in Frankreich genauso tanken kannst wie in Deutschland. Und so wird Barrierefreiheit missbraucht.

Ich kann mir auch nicht vorstellen, wann ich auf E-Auto umsatteln sollte. Wie soll ich denn parken? Die Ladesäulen stehen auf Gehwegen, versperren also den Weg. Dann müsste ich mit dem Kabel vom Bordstein runter, um das Auto herum, um das irgendwo anzustecken. Zudem: Mit dem E-Auto lösen wir keine Probleme. Ich habe selbst als Autofahrer immer Angst, dass ich jemanden übersehe. Und ich würde lügen, wenn ich sage, dass ich jeden sehe. Es gibt so viele Kreuzungen und Ampeln, wo ich selbst Panik bekomme. Wichtig ist uns, gleichberechtigt am Leben und damit auch der öffentlichen Mobilität teilnehmen zu können.«

**Stefan Baur ist 44 Jahre alt und Geschäftsführer einer kleinen IT-Firma in Ulm. Er hat ein sogenanntes Flimmerskotom, eine Augenmigräne.**

»In meinem persönlichen Alltag, so wie ich ihn mir arrangiert habe, habe ich keine Nachteile – wenn das Geblitze losgeht, weiß ich, dass ich mir die nächsten 30 Minuten ein ruhiges Plätzchen zum Hinsetzen suchen sollte und danach so eine Stunde Migräne-Kopfschmerz haben werde.

Der einzige wirkliche Nachteil ist, dass ich damit keinen

Führerschein bekomme – ich habe es auch gar nicht erst versucht. Dabei wäre das durchaus eine Möglichkeit gewesen. Ich verschweige es bei der Untersuchung, habe bei der Prüfung ›Glück‹, dass grad keine Migräneaura einsetzt, und bekomme einen unbeschränkten Führerschein, fahre dann aber irgendwann jemand anderen (oder mich selbst) aufgrund dieser Einschränkung tot, weil ich ein Hindernis oder einen anderen Verkehrsteilnehmer nicht rechtzeitig sehe.

Das sehende Auge hat bei dem Anfall einen blinden Fleck, trotzdem sieht man keinen schwarzen Punkt in der Bildmitte. Man findet den blinden Fleck nur, wenn man aktiv nach ihm sucht. Dieser Mechanismus spiegelt einem manchmal Trugbilder statt schwarze Flecken vor, wenn die Migräneaura einsetzt.«

**Heißt im Klartext: Es bedarf der Ehrlichkeit dieser Menschen, auf einen Führerschein zu verzichten. Ob das jeder Mensch machen kann, weil gute Alternativen bestehen?**

»Richtig schmerzhaft ist meine Einschränkung als Nichtautofahrer hier im Viertel. Äußerste Stadtrandlage, ÖPNV-Anbindung stark verbesserungswürdig und keine Läden in der Nähe. Die ganzen ›Tante-Emma-Läden‹ hier sind vor über 30 Jahren den Bach runtergegangen, weil ja jeder ein Auto hat, um zur Arbeit zu fahren, also fährt man auch zum Discounter, wo alles 1 Cent günstiger ist.

Es ist leider gerade zu erkennen, dass das Angebot wieder ausgedünnt wird. Obwohl die Bevölkerung hier im Viertel ›vergreist‹.

Die Argumentation basiert auf Fahrgastzählungen, das Angebot rechnet sich für die paar Leute nicht. Ja, natürlich bleiben Fahrgäste aus, wenn das Angebot nicht attraktiv ist und an den Tagesrandzeiten immer weiter eingekürzt wird. Warum soll sich jemand eine Jahreskarte für Bus und Bahn zulegen, um ›mal‹ das Auto stehen zu lassen, wenn er eben doch eines braucht, weil die frühe Fahrt gestrichen wird und er so nicht mehr pünktlich zu seiner Frühschicht kommt? Oder weil er anders seine Wocheneinkäufe nicht gewuppt bekommt?

Vor ein paar Jahren hatten wir hier noch das car2go-System, was hier sogar entwickelt wurde. Wurde eingestampft, weil Ulm zu klein dafür sei. Das war für Führerscheinbesitzer genial. Kurzzeitmiete und Start und Ende auf jedem Parkplatz im Gebiet, keine Rückkehr zu einer Verleihstation notwendig.«

Denise **ist 41 Jahre alt, verheiratet und hat zwei Kinder. Sie wohnt zwischen Köln und Düsseldorf und bekam mit 28 Jahren die Diagnose Multiple Sklerose. Sie war danach zunächst lang beschwerdefrei, aber nach der Geburt ihrer ersten Tochter kam der nächste Schub. Seitdem sitzt sie im Rollstuhl. Da ihre Kinder gerade ihre Mobilität entdecken und sehr schnell**

auf ihren Rädern unterwegs sind, war es ihr wichtig, mit ihnen mitfahren zu können. Da Gleichgewicht und Radfahren aufgrund der Erkrankung nicht mehr funktionierten, schaffte Denise sich ein Trike mit Kindersitz an. Mittlerweile fahren ihre Kinder selbst und ihr Trike hat jetzt einen Motor, da durch weitere Schübe die Muskelkraft von Denise nachließ – sie aber weiterhin mit ihren Kindern unterwegs sein will.

»Schon früh wollten meine Kinder selbst Rad fahren – mit drei konnten sie es dann auch schon. Das war für uns dann auch die Möglichkeit, uns richtig frei zu bewegen und nicht nur zum Spielplatz und zurück. Es ist ein Unterschied, ob man den Kindern hinterherfährt oder mit ihnen fährt.«

Denise hat damit einen für sie und ihre Familie guten Weg gefunden, die Familienmobilität zu gestalten. Sie berichtet aber auch davon, dass das nicht alle behinderten Menschen so frei entscheiden können. »Der ÖPNV funktioniert in der Hinsicht nicht gut, ganz klar. Die, die ich kenne, kommen im Gegensatz zu mir gar nicht selbständig aus dem Rollstuhl raus und haben die größeren Rollstühle, die dann auch schwer sind. Die nehmen den mobilen Rollstuhlfahrservice, der zwar günstiger ist als ein Taxi, aber nur für vier Fahrten im Monat genutzt werden darf. Wenn ich mir vorstelle, dass ich auf diesen Service zurückgreifen müsste, dann würde ich fast mehr zahlen als beim Taxi, weil das Spezialfahrzeuge sind – besonders, wenn ich auch mit meinen Kindern unterwegs sein wollen würde. Ich habe eben keinen 08/15-Klapp-Rollstuhl, sondern einen Aktiv-Rollstuhl. In London, das weiß ich, müssen zum Beispiel alle Taxen barrierefrei und für Rollstuhlfahrer:innen unkompliziert zugänglich sein.«

Ich merke es im Gespräch: Denise ist eine Frau, die selbstbewusst mit ihren Bedürfnissen umgeht und damit einen Vorteil mitbringt: Sie nimmt sich ihren Raum in einer Gesellschaft, die für Menschen mit Behinderungen zu wenig Räume eröffnet. Vor allem als Mutter ist es ihr wichtig, ihren Kindern zu zeigen, dass das Leben allen Optionen bietet, oder mensch diese eben einfordern muss.

»Ich verstecke mich nicht. Durch die Kinder kann ich das auch nicht. Ich nehme mir meinen Platz. Ich erlebe es sehr häufig, dass ein Bordstein zugeparkt ist, dann nehme ich mir den Platz. Mittig drauf. Dann müsst ihr halt hinter mir fahren. Das ist mir egal. Oft ist es dann so, dass ein Radfahrer auf dieser Straße an mir vorbeifährt und sagt: ›Ey, da ist ein Fahrradweg.‹ Die Sprüche kennt man ja. Die sehen doch dann hoffentlich auch, dass da auf dem Weg kein Durchkommen für mich ist?«

Maggi sitzt im Rollstuhl. Sie kann nicht mehr laufen, auch stehen kann sie nur für ein paar Sekunden. Sie benötigt sehr viel Hilfe im Alltag durch ihren Pflegedienst. Ihre Atmung ist sehr erschwert.

»Ich nutze mit meinem Rollstuhl die Straßenbahn und den Zug, was aber nicht unproblematisch ist. Eine der schlimms-

ten Situationen beim Zugfahren war, dass ein Schaffner mir ins Gesicht sagte, ich müsse nur abnehmen, dann bräuchte ich fette Frau auch keinen Rollstuhl mehr und wäre auch nicht mehr auf seine Hilfe angewiesen.

Am Zugfahren ist auch schlimm, dass ich, selbst wenn ich mich angemeldet habe, manchmal trotzdem nicht mitgenommen werde, weil die Rampe fehlt oder der Zug zu spät ankommt und dadurch weniger als 15 min Umsteigezeit bleibt. Das schaffe ich nicht. Da saß ich schon mal über eine Stunde unfreiwillig in einer Stadt. Aus all diesen Gründen fühle ich mich extrem schlecht, wenn ich zum Bahnhof muss.

Ich würde mich über Alternativen total freuen. Es gibt zum Beispiel Roller, die eine Rampe haben, wo man mit dem Rolli drauffahren und dann mit dem auch weitere Strecken ohne Probleme fahren kann oder auch sogenannte 3-Rad-Roller für Menschen mit Behinderungen. Da wäre ich komplett unabhängig und selbstbestimmt unterwegs.

Leider ist mir das finanziell nicht möglich, mir so einen Roller oder Ähnliches zu kaufen. Die kosten locker 5000 Euro.«

Ich lasse das einfach mal so stehen und erinnere daran, dass gutsituierte Menschen sich aktuell bis zu 9000 Euro Förderung für ihr (teil)elektrisches Auto holen können.

Abschließend zu diesen Gesprächen möchte ich noch ein Zitat von Alex hervorheben:

»Das Auto ist der einzige Mobilitätsbereich, in dem ich mich gleichberechtigt fühle, es kann nicht sein, dass Gleichberechtigung nur diese Lösung kennt!«

Ich finde, dass dieses Zitat alles aussagt, was es zur Mobilität von Menschen mit Einschränkungen zu sagen gibt, die aktuell Auto fahren: Sie sollte hinterfragt werden. Fährt dieser Mensch Auto aus Lust am Fahren oder weil wir ihm:ihr keine Alternativen bieten? Ich glaube nach all diesen Gesprächen, dass es eine behindertenfeindliche Gesellschaft ist, die

so viele Menschen in das Auto treibt. Sei es, dass sie dort vor behindertenfeindlichen Äußerungen und Überfällen geschützt sind, sei es, dass andere Mobilität zu viele Barrieren aufweist und unzuverlässig ist, sei es, dass sie nur in diesem Moment, wo sie selbständig mobil sein wollen, ihre Behinderung spüren, die sonst in ihrem Alltag komplett integriert ist.

Nicht diese Menschen sind behindert, unsere Gesellschaft behindert sie daran, selbst zu entscheiden, ob sie mit dem Auto, dem Nahverkehr oder per Carsharing unterwegs sein wollen.

## BIPoC UND TRANSPERSONEN

Damit kommen wir im letzten Abschnitt meiner Gespräche mit Menschen zu weiteren »Klassifizierungen von anders«. Also weiteren gesellschaftlichen Gruppen, die nicht weiß, cis, heterosexuell, männlich und wohlhabend sind. Denn das ist die Norm – auch wenn sie nicht die Mehrheit ist. Manche von diesen als »anders« deklarierten Menschen tragen gleich mehrere Marginalisierungen in sich. Was sie umso verletzlicher im öffentlichen Raum macht, zu dem auch Haltestellen und Busse gehören.

Die Initiative »Klischeefreie Zone« hat folgende Daten zusammengetragen: »Über 80 Prozent der in einer europäischen Studie befragten Frauen* gaben an, vor ihrem 17. Lebensjahr in der Öffentlichkeit sexuell belästigt worden zu sein, 13 Prozent bereits vor ihrem 10. Lebensjahr. Frauen* und Mädchen* erfahren also sehr früh, dass sie im öffentlichen Raum jederzeit angemacht oder beleidigt werden können, dass sie in jedem Fall mit Belästigungen rechnen müssen. Ein Großteil der Frauen* und Mädchen* wählen auf Grund der Belästigung andere Wege als zuvor. Dies macht sichtbar, dass Belästigungen tatsächliche Auswirkungen auf die Nutzung des öffentlichen Raums durch Frauen* und Mädchen* haben.«[23]

Das deutsche Strafrecht bietet wenig bis gar keinen Schutz gegen sexuelle Belästigung im öffentlichen Raum.[24] Wagen die Frauen dennoch den Gang an das Gericht oder an die Öffentlichkeit, erwarten sie weitere Demütigungen und Zweifel an ihren Geschichten. Die Konsequenzen sind bedenklich: Viele Betroffene begleitet das Erlebte ein Leben lang, während nur ein Bruchteil aller Täter angezeigt wird. Die Verurteilungsquote liegt bei drei Prozent. Sexuelle Gewalt ist somit ein beinahe straffreies Delikt. Unterstützung fehlt von allen Seiten: den Behörden, der Gesellschaft, der Justiz. Als Folge haben Frauen gelernt, die Grenzüberschreitungen zu akzeptieren.[25]

Ein Satz manifestiert die Angst der Marginalisierten: »Text me when you get home.« Schreib mir, wenn du zu Hause bist. Weil da immer Gefahr ist. Weil die Person, die auf dem Weg ist, die andere Person beruhigen soll, dass sie gut am Ziel angekommen ist.

Joelina lernte ich bei Twitter als eine selbstbewusste Stimme der Transcommunity kennen, die selbst unfassbar viel Hass und Hetze, aber auch strukturelle Benachteiligung und Bedrohung durch Menschen in öffentlichen Ämtern durchstehen muss. Die Mutter eines Kindes lebt mit ihrer Partnerin in Köln. Das Spannende bei unserem Austausch bei Twitter, aber auch im persönlichen Gespräch war – wie übrigens bei vielen anderen Gespräch auch –, dass es erst mit der durch mich gestellten Frage »Willlst oder musst du Auto fahren?« zu einem Innehalten und Überlegen kommt. Viele Menschen empfinden geradezu eine Erleichterung, dass sie ihr Leben mit dem Auto noch meistern können – was ohne Auto undenk-

bar scheint. Aber mit meiner Frage gehen sie einen Schritt weiter: Was bedeutet das für mich? Habe ich da eine Abhängigkeit, die ich gar nicht will, aber eingehen muss? Und vor allem: Was bedeutet das für Menschen, die vielleicht ein ähnliches Leben führen wie ich, aber keinen Führerschein haben?

Joelina sagt dazu:

»Ich selbst bin in der privilegierten Position, das Auto nutzen und finanzieren zu können. Ich habe reflektiert, dass mein Auto mein Safespace ist. Ich entziehe mich der Öffentlichkeit und der Transfeindlichkeit, indem ich es bei jeder Kleinigkeit nutze. Ich habe die Frage auch mal bei Twitter an meine Community gestellt und schaue jetzt ziemlich bedrückt auf das Thema, da es ja auch Menschen gibt, die sich kein Auto leisten können. Also das Thema Armut in Kombination mit Transfeindlichkeit, eine doppelte Marginalisierung. Was machen die? Die bleiben sehr oft zu Hause. Das ist schlimm. Sie können die öffentlichen Verkehrsmittel nur nutzen, wenn es wirklich notwendig ist. Weil sie die Blicke und Anfeindungen in den Bussen nicht ertragen.

Es gab aber auch eine Transfrau, die gesagt hat: Ich nutze die öffentlichen Verkehrsmittel sehr gerne. Aber mein ›Passing‹[26] ist dafür auch geeignet. Da spielt auch die Tageszeit eine Rolle. Abends würde sie die öffentlichen Verkehrsmittel eher meiden. Wenn wir nachts unterwegs wären, sind da auch cis[27]-gewalttätige Männer unterwegs. Die würden mich erst mal als Frau wahrnehmen und ihren Sexismus an mich richten. Sobald ich mich verbal wehren würde – meine Stimme ist nun mal tief, da ich noch keine Stimmtherapie hatte –, würde das schlagartig in transfeindliche Gewalt umschlagen. Weil die sich dann verarscht fühlen, was alles direkt in körperliche Gewalt münden würde. Alles schon so erlebt. Ich würde sehr gerne mehr öffentliche Verkehrsmittel nutzen – aber ich habe keine Lust mehr auf Gewalt.

Im Endeffekt sind diese Nicht-safespaces und Saferäume für uns Transfrauen nichts anderes als für cis-Frauen. Weil wir der männlichen Gewalt entfliehen wollen. Als du die Frage gestellt hast, habe ich mir erst die Gedanken gemacht: Stimmt! Warum nutze ich denn bei jeder Gelegenheit das Auto? Wenn öffentliche Verkehrsmittel sicherer wären, würde ich das auch nutzen. Ich bin viel in Deutschland unterwegs und das überwiegend im Auto.

Wenn wir mit der Familie in der Öffentlichkeit unterwegs sind, schminke ich mich nicht, sondern binde einfach nur einen Zopf. Dann strahle ich nicht so die Weiblichkeit aus. Die Medien tun ihren Teil dazu in den letzten Monaten mit transfeindlichen Berichten. Die Blicke werden mehr. ›Guck mal – das ist doch eine. Über euch habe ich doch was gelesen.‹ Da muss ich mehr auf mich achten auf der Straße. Ich bin da ständig unter Strom.«

Mein Gespräch mit Joelina, aber auch all die anderen haben mich nachdenklich gemacht. Es wurde mit jedem Austausch deutlicher: Menschen, die im Auto sitzen, tun das oft nicht aus freien Stücken, sondern weil sie damit nicht nur das Bedürfnis nach Mobilität, sondern auch das nach Sicherheit befriedigen.

»Laut Bundesinnenministerium wurden 2020 204 Straftaten dem zum 1. Januar 2020 neu eingerichteten Themenfeld ›Geschlecht/Sexuelle Identität‹ zugeordnet. Damit sind transphob motivierte Taten gemeint.« Sie lesen richtig: Bis 2019 existierte in diesem Bereich von öffentlicher Gewalt eine Datenlücke, zuvor wurden die Straftaten nicht explizit dokumentiert.

»Insgesamt wurden 782 Straftaten von Hasskriminalität gegen LSBTI registriert, darunter 154 Gewalttaten (144 Körperverletzungen). Das ist ein Anstieg von 36 % gegenüber 2019.«[28] Und weiter: »Nur 13 Prozent der Befragten sind zur Polizei gegangen, um einen physischen Angriff oder sexualisierte Gewalt anzuzeigen. 23 Prozent haben in den letzten fünf Jahren nach einer Gewalttat eine Anzeige vermieden aus Angst vor homo-/transphober Reaktion der Polizei.« 22 Prozent hatten nach einem Erlebnis mit Hasskriminalität Angst, vor die Tür zu gehen oder bestimmte Orte aufzusuchen. Wie viele Übergriffe es tatsächlich gab, ist ungewiss. »Das Dunkelfeld ist weiter hoch«, sagte Bastian Finke. 80 bis 90 Prozent der Fälle seien nicht bekannt.[29]

Sichere Räume zu schaffen, indem man sie nur für Frauen öffnet oder vorhält, funktioniert nur für diejenigen, die in die Binärkategorie Frau oder Mann fallen. Was passiert dann mit all jenen, die sich im öffentlichen Raum dazwischen und jenseits der Binarität befinden?

Smita Vanniyar aus Bombay erzählt: »Seit ich begonnen habe, mich aktiv als nichtbinär zu identifizieren und nichtbinär aufzutreten, hat sich mein Verhältnis zu öffentlichen Räumen drastisch verändert, auch und manchmal besonders in den Räumen, die als sicher für Frauen gelten. In den letzten zwei Jahren wurde ich immer wieder aufgefordert, auf die Männertoilette zu gehen, die Sicherheitskontrollen für Männer an Flughäfen, in Einkaufszentren und Theatern zu passieren und die Männerumkleidekabine aufzusuchen. Normalerweise ignoriere ich die Anweisungen oder korrigiere sie, falls nötig, und begebe mich zur Damentoilette (denn wo sollte ich sonst hingehen?).«[30]

Diese Person, der bei Geburt das männliche Geschlecht zugewiesen wurde, hat »sich gefunden« und weiß, wie sie ihr Leben führen möchte. Und sich damit gegen ein Leben in Anonymität entschieden, weil sie immer wieder dazu gezwungen wird, sich zu outen. Weil die öffentlichen Räume, die sie nutzen möchte, sie zwingen, sich für eine der binären Kategorien zu entscheiden. Warum eigentlich? Letztlich hätten wir alle etwas davon, wenn z.B. Toiletten nach Pissoir, Sitz- und barrierefreien Kabinen unterschieden würden.

Smita erzählt weiter: »Letztes Jahr im Juli wurde ich angegriffen, als ich nachts in Bombay mit einem gebuchten Uber-ähnlichen Auto zurückfuhr. Ich reichte eine Beschwerde gegen den Fahrer ein. Als das Unternehmen den Vorwurf untersuchte, war eine der Fragen, die sie intern diskutierten, auch die, ob sie sicher seien, dass ich eine Frau sei, nachdem sie einige Fotos von mir online gesehen hatten. Als ob es für einen Mann in Ordnung wäre, angegriffen zu werden. Als ob das Geschlecht hier überhaupt eine Rolle spielen würde. Wir haben den öffentlichen Raum im Namen der Sicherheit so sehr vergeschlechtlicht, dass er für eine ganze Gruppe von Menschen unsicher geworden ist, und das sind die Menschen, die nicht als männlich oder weiblich ›durchgehen‹, die in der Gesellschaft als ›Sonderlinge‹ angesehen werden.«[31]

Die Idee von Joelina zur Verbesserung ist eigentlich ganz einfach: Personal – in Bahnen, Bussen und Bahnhöfen. Ähnlich wie bei der Bahn, wo Personal zur Ticketkontrolle mitfährt, wünscht sich Joelina das auch für den ÖPNV und große Haltestellen.

»Das wäre es eigentlich. Das würde zwei Schritte vorwärts gehen. Auch in Bussen machbar. Der:die Busfahrer:in muss ja fahren. Aber wenn hinten noch eine Person sitzt, vielleicht auch nur zu bestimmten Uhrzeiten. Mal abgesehen davon, dass Busfahrer:innen ja auch angegriffen werden. Die Servicemenschen können alten Menschen helfen, die nicht einsteigen können, Auskunft geben. Nur so kommen wir mit der Mobilität weiter. Wenn das angeboten werden würde, ließe ich mein Auto stehen. Ich mag es tatsächlich nicht, Auto zu fahren. Es überanstrengt mich. Wenn man am Ziel angekommen ist, ist man müde, weil man ständig konzentriert sein muss. Wenn man mit dem Zug hinfährt, dann kann man schlafen.«

Jasmina Kuhnke ist als ›Quattromilf‹ bei Twitter und Instagram gegen Rassismus und viele weitere -ismen aktiv. Die Autorin hat eigentlich Besseres zu tun, muss aber als BIPoC täglich

Mikroaggressionen unserer weißen Mehrheitsgesellschaft ertragen. Dass diese auch Makroaggressionen bis zu lebensbedrohlichen Situationen enthalten, zeigt ihr Umzug aufgrund von rechter Bedrohung, innerhalb deren die Adresse ihrer Familie ins Internet gestellt wurde – mit der Aufforderung, Jasmina etwas anzutun.

Sie hat zur Thematik BIPoC und Automobilität mal einen Post geschrieben:

»let's talk about privilege: man könnte jetzt sagen, die quattro, die ist so priviligiert, dass sie meist ausschließlich mit dem auto verreist bzw. zu jobs fährt. obenauf ist sie eine umweltsau, weil sie nicht mit den öffentlichen verkehrsmitteln fährt.

das alles könnte man sagen und mir vorwerfen. die traurige wahrheit ist aber, dass ich mit dem auto fahre, weil es sicherer für mich ist. ich habe viele rassistische übergriffe in den öffis erleben müssen. selbst bei physischen angriffen durch rassistische personen verhielten sich mitfahrende gäste nicht couragiert, so dass ich, sobald ich den führerschein besaß, beschloss, mich dem nicht mehr auszusetzen. öffentliche verkehrmittel frei von der angst, angegriffen zu werden, nutzen zu können ist ein privileg. die entscheidung treffen zu können, den umweltschutz dem eigenen schutzbedürfnis vorziehen zu können ist ein privileg. mein privileg ist es, mit dem auto fahren zu können und lediglich erst dann wieder reflektieren zu müssen, weshalb ich mich so sicherer fühle, wenn ich am rastplatz halten will und feststellen muss, dass ich nicht aussteigen kann, weil ich frühzeitig entdeckt habe, dass zufällig ein paar faschos am selben platz pause machen.

klingt alles übertrieben? fragt mal andere bipoc's oder auch queere personen aus eurem umfeld, wie sehr das ihre lebensrealität spiegelt, und dann fragt euch selbst: bin ich mir dieses privilegs bewusst?«

## MENSCHEN, DIE ALT ODER KRANK SIND

Die älteren Menschen, mit denen ich zum Thema Automobilität gesprochen habe, waren zu Beginn unserer Gespräche stets zurückhaltend und vorsichtig. Ihr Leben funktioniert mit dem Auto. Aber je länger das Gespräch sich fortentwickelte, desto offener wurde der Austausch. »Ich hasse es, Auto zu fahren«, sagte zum Beispiel die 76 Jahre alte Sieglinde. Ihr Mann macht das aus Vernunft nicht mehr, weil er Erkrankungen hat und Medikamente nimmt, auf deren Beipackzettel steht, dass Autofahren zu unterlassen sei, wenn sie eingenommen werden. Sieglinde hat zuvor die Familienmobilität mit dem Fahrrad bewerkstelligt. Ihr Mann nahm das einzige Auto der Familie zur Arbeit und zurück, Einkauf und Kinder, das war problemlos ohne Auto zu bewältigen, da alles in Fuß- oder später auch Radweite zu erreichen war. Jetzt, da ihr Mann nicht mehr fahren kann, ist sie gezwungen, das Auto täglich zu nutzen. Es geht nicht anders. Und es belastet Sieglinde. Aber anders sind die Erledigungen, Einkäufe, Ärzt:innenbesuche nicht zu schaffen – obwohl die beiden in einer Stadt mit über 60 000 Menschen leben.

Dieses Argument begegnet mir häufig: »Sie können den Alten nicht das Auto verbieten, das ist Basis der sozialen Teilhabe!« Highlight dieser meiner Meinung nach sehr kurzsichtigen und paternalistischen Argumentation war ein Herr in leitender Funktion beim ADAC, der zu mir sagte:

»Die 80 Jahre alte Dame muss doch zum Grab ihres Mannes kommen.«

In solchen Momenten bin ich sprach- und fassungslos, obwohl ich sonst nicht um Worte verlegen bin. Ich habe mit älteren Menschen gesprochen, die Auto fahren, weil ihnen keine Alternativen geboten werden. Solange sie gesund, belastbar, berufstätig waren, konnten sie alles gut organisieren. Wenn aber Alter und Krankheit in das Leben treten, wird Autofahren oft zur Belastung. Weil das Auto keine Lust, sondern ein Muss ist, auf das gern verzichtet würde. Ältere Menschen »haben ein fundamentales Interesse daran, mit sich und der Welt zu Rande zu kommen und ihre Lebensführung zu stabilisieren. Mobilität und Verkehrsmittel können in dieser Lage Versprechen, Herausforderung und Drohung zugleich sein.«[32]

Schon ab 66 Jahren gelten zehn Prozent der Menschen als gebrechlich. »Frauen sind häufiger von Gebrechlichkeit betroffen als Männer. (…) Frauen mit sozio-kulturell geringeren Ressourcen tragen sicher ein erhöhtes Risiko, gebrechlich zu werden, aber die Frailty [Gebrechlichkeit, Anm. d. Autorin] hat ihr Auftreten vor allem in der Mitte der Gesellschaft.«[33]

Das finde ich einen sehr interessanten Hinweis, da die Gebrechlichkeit jene am ehesten trifft, die sich aktuell aufgrund ihres gesellschaftlichen Status am meisten auf das Auto verlassen. Ich verneine nicht, dass es aktuell viele ältere Menschen in den Pkw treibt, aber ich warne davor, dies als echten Wunsch misszudeuten. In meinen Gesprächen wurde vielmehr deutlich, dass es als Übel wahrgenommen wird. Aber auch als nicht veränderbar, da keine Wahl besteht.

Viele Bereiche, so auch das Alter, setzen ehrenamtliches Engagement voraus. Ich habe mich mit Ärzt:innen ausgetauscht, ältere Menschen werden oft von jüngeren Frauen in die Praxen gefahren. Marc Hanefeld ist Allgemeinmediziner, seit 2020 in Bremervörde mit eigener Praxis angesiedelt.

»Mir fällt eine Geschichte ein. Eine Patientin war 85 Jahre alt und alleinlebend im ländlichen Bereich. Die hatte eine Herzerkrankung mit schweren Rhythmusstörungen. Ihr habe ich gesagt, dass sie kein Auto mehr fahren darf. Das gab einen richtigen Streit. Ich hab gesagt: Wenn ich das mitbekomme, zeige ich Sie an. Stellen Sie sich vor, Sie fahren eine Mutter mit Kinderwagen tot. Da sagte sie mir, sie würde nur zum Aldi fahren. Sie hat es nicht eingesehen. Eines Tages habe ich dann eine Nachricht gelesen, dass sie auf dem Aldiparkplatz tot zusammengebrochen ist. Ich denke, viele ältere Leute, vor allem die, die Orientierungsstörungen haben, sollten nicht mehr Auto fahren. Das sehen wir viel zu oft aus Meldungen im Straßenverkehr, was das teilweise für gefährdendes Fahrverhalten begünstigt.«

Ältere Menschen mit Herzerkrankungen und mit kognitiven Einschränkungen sind oft gut behandelt. Aber ob sie hinter das Steuer gehören, ist fraglich. Dennoch urteile ich hier nicht, sondern ich frage mich: Hätte die Dame andere Lösungen gehabt? Was hielt sie am Auto fest?

Ähnlich wirken sich auch manche Medikamente so aus, dass sie fahruntüchtig machen. »Zum Beispiel bestimmte Psychopharmaka und einige Schmerzmittel. Wenn frei erwerbliche Medikament nicht mehr ausreichen, braucht man Opiate. Und die machen müde und z.T. verwirrt. Oder auch Medikamente gegen chronischen Schmerz. Das waren ehemals Mittel gegen Epilepsie. Das sind alles Medikamente, bei denen ich im Aufklärungsbogen auch meinen Patienten mitgebe: Nicht Auto fahren.«

Hier muss sich Marc Hanefeld auf seine Patient:innen und ihre Vernunft verlassen. Hat dabei aber kein gutes Gefühl.

»Ich bin privat Pilot und muss alle zwei Jahre, demnächst jedes Jahr, zum Fliegerarzt. Man sollte das beim Autofahren auch daran knüpfen. Das Problem ist, dass ich als Hausarzt nicht dazu qualifiziert bin für die Verkehrsbehörde, zu beurteilen, wer fahren kann und wer nicht. Selbst die mit verkehrsmedizinischer Expertise können das nicht. Das gibt es auch als Qualifikation gar nicht. Das aufzubauen wäre schwierig. Trotzdem wäre es sinnvoll, da etwas zu erheben. Gerade auf dem Land. Ich bin selbst aus der Großstadt. Da ist es einfach, da brauchst du kein Auto. Aber auf dem Land müssen die Menschen Auto fahren. Da gibt's kein Konzept. Hier gibt's einen Bus, der einige Orte miteinander verbindet. Der fährt dann zwei- bis dreimal am Tag. So kommt es dann auch, dass Enkelinnen und Töchter ihre Angehörigen zu mir fahren. Teilweise 15 Kilometer und mehr.«

Ähnliches findet sich auch in der Literatur zum Thema Mobilität und Alter. »Verkehrsunfälle geschehen nicht einfach, sie werden von Menschen verursacht!«[34] Ab etwa 75 Jahren nimmt die Unfallgefahr deutlich zu, sowohl als verursachende als auch als betroffene Person. Denn neben der Gefährdung, die für andere durch Menschen als Fahrzeugführer:in entsteht, sind ältere Menschen auch als Fußgänger:in und Radfahrende höherer Verletzungsgefahr ausgesetzt, weil ihr Körper sensibler auf Stürze etc. reagiert. Hier muss Aufklärung betrieben werden, um das entsprechende Problembewusstsein zu schaffen. Bereits der normale Alterungsprozess sorgt für kognitive Einschränkungen. Bei einer sogenannten Mehrfachtätigkeit wie dem Autofahren ist so eine Einschränkung gefährlich. So werden Verkehrszeichen nicht mehr richtig erkannt, schwächere Konzentration sorgt für riskanteres Fahrverhalten. Vor allem auch die Wechselwirkungen, die bestimmte Medikamente auf die Fahrtüchtigkeit haben, bleiben oft unberücksichtigt. Mit zunehmenden Alter werden Menschen zugleich häufiger Hauptverursacher:in eines Unfalls als auch als Fußgänger:innen und Radfahrer:innen gefährdeter. »Die Hinweise verdichten sich, dass für eine beträchtliche Zahl ›rätselhafter‹ Verkehrsunfälle akute Versagenszustände durch fahreignungsrelevante Erkrankungen ursächlich sind.«[35]

Die Fahrpraxis von älteren Menschen sinkt nach dem Ende der beruflichen Tätigkeit und wird zunehmend zur Gefahr für Unfälle, die durch Unsicherheiten und Überforderung entstehen. Der Effekt wird »low mile-age bias« genannt. Diese bedeutet, dass je weniger Kilometer im Alltag gefahren werden, desto größer ist die Wirkung von Unfällen auf die persönliche Wegedistanzstatistik. »Bezieht man die regelmäßig niedrigere Fahrleistung im Alter ein, so liegt die Anzahl der getöteten und verletzten Fahrer … mit zunehmendem Alter deutlicher über denjenigen der günstigsten Altersgruppe. Damit ergibt sich zwangsläufig bei gleicher physischer Unfallenergie eine höhere Unfallschwere für Ältere im Vergleich zu Jüngeren, ohne dass das Risiko zu verunfallen per se davon betroffen ist.«[36]

Umso wichtiger in einer Gesellschaft, die bald zu einem Drittel aus Personen von über 65 Jahren besteht und immer älter werden wird. Noch nie war der Anteil der älteren Menschen an der Gesamtbevölkerung so hoch. Noch nie zuvor blieben die körperlichen und geistigen Fähigkeiten bis ins hohe Alter so hoch. Die Geschwindigkeit dieser Veränderungen ist bemerkenswert, und unsere gesellschaftlichen Strukturen, Einstellungen und politischen Maßnahmen haben Mühe, die Auswirkungen dieser Veränderungen zu bewältigen.

Die Verlängerung der letzten Lebensphase, die Krankheit und Behinderung enthalten kann, wirkt sich auf die Verantwortung von uns aus, für diese Menschen ein Grundrecht auf Mobilität zu wahren, das ohne eigenes Auto funktionieren muss. Auch, um Angehörige von einigen dieser Wege zu entlasten. In einer Studie[37] gaben nur vier Prozent der befragten Autofahrer:innen an, von Ärzt:innen auf ihre Fahrtüchtigkeit angesprochen worden zu sein. Und »nur jeder 10. ältere Autofahrer spricht seinen Arzt auf das Thema ›Gesundheit am Steuer‹ an, 67 % allerdings würden den Führerschein abgeben, wenn der Arzt dies raten würde – ein Hinweis auf die ›Autorität‹, deren Urteil man in der Regel respektiert und akzeptiert.«[38]

Natürlich ist die Selbstreflexion schwer, dass wir gefährdendes Fahrverhalten für andere aufweisen – vor allem, wenn wir nur mit dem Auto unseren Alltag organisieren können. Es ist aktuell ein immens schwerer Schritt für ältere Menschen, anzuerkennen: »Ich sollte nicht mehr fahren.« Weil es kein System gibt, das diesen Schritt proaktiv hinterfragen und testen lässt. In fast allen europäischen Ländern wird der Führerschein nicht wie bei uns »auf Lebenszeit« ausgestellt, sondern ab einem bestimmten Lebensalter muss in Tests die Fahrtüchtigkeit nachgewiesen werden. In Gesprächen haben mir mehrere Menschen davon berichtet, dass sie versucht haben, ihren Großeltern oder Eltern »den Führerschein wegzunehmen« – ohne Erfolg. Was an einer falschen Selbsteinschätzung der älteren Menschen liegen mag, aber auch daran, dass es nicht systematisiert ist, die Fahrkompetenz zu überprüfen.

Es ist unerlässlich, dass Ärzt:innen und Pflegepersonal in die Lage versetzt werden, proaktiv auf ältere Menschen zuzugehen und eine mögliche Gefährdung anzusprechen. Ihnen gegenüber gibt es ein professionelles und fachlich vertrauenswürdiges Verhältnis. Von Verwandten werden solche Hinweise eher abgewiesen und als übergriffig empfunden.[39]

Für ältere Menschen ist die Zersiedelung des ländlichen Raumes irgendwann eine Belastung. Vielerorts zieht es daher Senior:innen in die Innenstädte. Hier haben sie dann wieder kurze Wegen zu Läden und Ärzt:innen. 80 Prozent der Generation 50+, die über einen Umzug im Alter nachdenken, möchten in der Großstadt leben.[40] Dabei ist ein Umzug ja kein leichter Schritt. Das Gewohnte wird zurückgelassen, eine Nachbar:innenschaft, ein Haus oder eine Wohnung. Dass dieser Schritt dennoch von vielen Älteren erwogen wird, zeigt, dass die Mobilität als schlecht empfunden wird. Der Effekt verstärkt sich bei den Senior:innen, die verwitwen. Als Einzelpersonenhaushalt, das habe ich im Kapitel Raum bereits erläutert, nimmt die Mobilität meist noch mehr ab, wenn das Umfeld nicht fußläufig zu erreichen ist. Mehrpersonenhaushalte wirken sich positiv auf Mobilität und Verkehrsteilnahme aus. Ein Fakt, der für Mehrgenerationenwohnen spricht.

Die Studie *Mobilität in Deutschland* (2017) zeigte, dass ab einem Lebensalter von 60 Jahren der Anteil mobiler Menschen an der Gesamtbevölkerung sinkt. Ab einem Alter von 74 reduziert sich die tägliche Unterwegszeit deutlich. 13 Prozent der Befragten waren von einer Seh-, Geh- oder weiteren Einschränkungen betroffen, für 58 Prozent wirkte sich das negativ auf ihre Mobilität aus. Ich kann mir das nicht anders erklären, als dass hier Alternativen zum Auto fehlen. Denn: »Trotz der hohen Bedeutung des Pkw über alle Altersgruppen nahm die Inanspruchnahme als Selbstfahrer bei 60-jährigen und älteren Personen ab. Dennoch blieb der Pkw auch im höheren Alter das am häufigsten genutzte Verkehrsmittel.«[41]

Die am meisten vernachlässigte Infrastruktur, die Basis einer gesunden Mobilität ist, sind gut ausgebaute Gehwege. Auch wegen der erhöhten Sturzgefahr im Alter kommen barrierefreie Wege allen zugute, vor allem aber auch den älteren Menschen, denen Hindernisse im wahrsten Sinne des Wortes aus dem Weg geräumt werden sollten, damit sie selbständig und ohne Gefahren ihre Wege gehen können. Schlechte Gehwege bringen ältere Menschen in eine Abwärtsspirale der Mobilität, da sich Ängste aufbauen, die zur Reduzierung der körperlichen Aktivität führen. Sie verlassen weniger ihre Wohnräume aus Sorge vor Stürzen. Dadurch verändern sich dann wieder die körperlichen Fähigkeiten zur selbstbestimmten Mobilität. »Personen mit Gebrechlichkeit könnten im urbanen Raum durchaus profitieren – und zwar sowohl von der immer noch von nachbarschaftlicher Nähe geprägten Stadt der kurzen Wege als auch von der Stadt mit entlastender Infrastruktur.«[42]

Ich sehe schon das Stirnrunzeln bei Ihnen: Wie soll das im ländlichen Raum funktionieren? Denn ja: Auch ich bin dafür, dass nicht alle älteren Menschen in die Städte ziehen müssen, um gut unterwegs zu sein. Sondern dass der ländliche Raum sich so verändert, dass er ihnen im wahrsten Sinne des Wortes wieder »entgegenkommt«. Die Zersiedelung im ländlichen Raum, die großen Entfernungen vor allem auch zu Ärzt:innen (das sind ja manchmal über 15 Kilometer) zwingen Menschen ins Auto, die vielleicht selbst am besten wissen, dass sie nicht mehr Auto fahren sollten. Nur, dann bricht ihr Alltag zusammen.

Der Nahverkehr wird häufiger von älteren Frauen als älteren Männern genutzt und gewinnt in beiden Gruppen mit steigendem Alter an Bedeutung. Besonders ältere Frauen haben dabei auch immer noch eine deutliche geringere Führerscheinquote als die Männer und auch weniger Pkw-Besitz aufzuweisen.

Die Entscheidung, wie ältere Menschen mobil sind, ist dabei nicht nur durch gesundheitliche Restriktionen beeinflusst, sondern auch durch die Zunahme der Altersarmut. Diese prägt die Mobilitätsbiographien älterer Menschen zunehmend mehr als die Pkw-Verfügbarkeit.[43]

Wollen Sie nicht auch im Alter noch selbst bestimmen, wohin und wie sie unterwegs sein wollen? Nichts verdrängen wir besser als die möglichen Krankheiten, die uns ereilen können, die Behinderungen, die diese bedeuten. Umso besser wäre es, dass wir jetzt für andere sorgen, die schon in dieser Lebensphase angekommen sind. Denn dann haben wir, wenn wir in dieselbe Lebenssituation kommen, schon ein System aufgebaut, das uns auffängt. Es gilt, altersfreundliche Infrastrukturen, Mobilität und Räume zu schaffen. Von diesen haben alle etwas, nicht nur unsere gegenwärtig älteren Menschen.

Dieser Eindruck hat sich nach meinen über 60 Interviews noch verstärkt: Letztlich sind die Bedürfnisse, die aktuell nur durch das Auto befriedigt werden – oder auch die gesellschaftliche Struktur, die Menschen ohne Auto ausschließt –, sehr ähnlich, obwohl die Menschen sehr unterschiedlich sind. Sie wünschen sich alle dasselbe: Bezahlbare, sichere, inklusive, komfortable Alternativen zum Auto.

H
B

We drive mobility

# So geht Mobilität für alle!

»Ein entwickeltes Land ist kein Ort, an dem die Armen Autos haben. Es ist der Ort, an dem die Reichen die öffentlichen Verkehrsmittel nutzen.«

*Enrique Peñalosa, Bürgermeister von Bogotá*

»Tja, Frau Diehl …« – wenn die Sätze so beginnen, weiß ich schon: Das geht nicht positiv weiter.

Sehr oft beginnen Gespräche über meine Arbeit aber genau so. Und dann geht es weiter mit dem Hinweis auf scheinbare Unmöglichkeiten meiner gewünschten #Autokorrektur zugunsten einer menschenzentrierten Mobilität:

- Dass da der ländliche Raum sei, wo mensch auf das Auto angewiesen sei.
    - Hier habe ich in den vorherigen Kapiteln ausgeführt, dass wir den ländlichen Raum erst so abhängig gestaltet haben, weil wir ihn auf Automobilität ausgerichtet, Alternativen vernichtet und Nahversorgung von gesunden Zentren auf die grüne Wiese verlagert haben. Ich werde meine Ideen erläutern, wie wir das wieder gesund gestalten könnten.
- Dass etliche Menschen – z. B. Pflegekräfte, Feuerwehrleute und Menschen, die in der Produktion tätig sind – nicht zu Hause arbeiten könnten und auf das Auto angewiesen seien, um zur Arbeit zu kommen.
    - Ich habe mit diesen Menschen gesprochen und die meisten würden gerne Alternativen nutzen, die sie aktuell aber nicht haben. Auch hier liegen also viele Chancen zum Ausstieg aus der Automobilität, wenn wir uns als Gesellschaft verständigen, dass es ein Grundrecht auf selbstbestimmte und wahlfreie Mobilität geben soll.

- Jährlich steigende Zulassungszahlen und eine immer größere Zahl an Führerscheinen beweisen, dass die Menschen Auto fahren wollten.
  - Zum einen fahren die meisten weniger Auto, als dass sie es parken. Zum anderen haben die vorherigen Kapitel viele Gründe aufgezeigt, warum Menschen im Auto sitzen, obwohl sie das gar nicht wollen. Eine echte Verkehrswende bedarf neuer Ansätze vor allem auch der Raumgestaltung in Stadt und Land, aber auch des Bekenntnisses, dass der Faktor Mensch etwas ist, was sich nicht immer technisch beeinflussen lässt.

Die ehrliche Antwort auf die Frage »Musst du oder willst du Auto fahren?« ist dabei genauso wichtig wie die Frage »Warum willst du diesen Weg mit dem Auto zurücklegen? Gibt es wirklich keine Alternative?«.

Ich spreche eine Einladung aus, die natürlich auch ausgeschlagen werden darf. Denn ich bin mir bewusst, dass die Veränderung einer Routine, wie sie die Mobilität darstellt, alles andere als leicht ist. Haben Sie schon einmal darüber nachgedacht, was Ihre Mobilität für andere bedeutet? Sind Sie sich bewusst, dass die für Sie so angenehme Automobilität etwas ist, was anderen vorenthalten oder aber auch aufgezwungen wird? Sind Sie bereit, die Bedürfnisse der Menschen, die Sie im Buch exemplarisch für bestimmte Gruppen in unserer Gesellschaft kennengelernt haben, miteinzubeziehen in Ihre Entscheidungen?

Oder andersherum gefragt: Wohin fahren Sie in den Urlaub? Vielleicht irgendwohin, wo Sie direkt vor der Haustür in einer schönen Umgebung sind, in der Sie sich gerne aufhalten und verweilen? Und warum sollten wir nicht versuchen, es genau vor unseren eigenen Haustüren so aussehen zu lassen?

Wenn Sie Kinder haben: Wie kompliziert ist Ihr Leben, weil viele Ziele der gemeinsamen Mobilität nicht zu Fuß erreichbar sind? Würden Sie Ihre Kinder ab einem gewissen Alter unbegleitet Rad fahren oder zu Fuß gehen lassen? Haben Ihre Kinder öffentliche Mobilität, die ihnen erlaubt, eigenständig mit Bus oder Bahn Freund:innen zu besuchen?

Wünschen Sie sich – letztlich auch zur Entlastung Ihres eigenen Kalenders –, dass Ihre Kinder selbständig mobil sein können?

Dann fordern Sie es! Denn Politik ändert nichts ohne den Druck der Gesellschaft, ohne den lauten Ruf nach Veränderung.

Und schauen Sie genauer hin, wenn Argumente pro Auto platziert werden. Zum Beispiel die Behauptung, dass »der Handel« stirbt, wenn Autoabstellflächen an den Autostraßen von Städten abgebaut werden. Es wird behauptet, dass ohne die Möglichkeit einer vor der Ladentheke verorteten Autofläche Kund:innen ausbleiben und Umsätze einbrechen. Dabei gibt es viele Gegenbeispiele von Mailand über Venedig (komplett autofrei übrigens) und Barcelona, die beweisen, dass das Gegenteil der Fall ist. Genauer eingehen möchte ich auf London. Londons Gewerbegebiete sind für Fußgänger:innen und Radfahrer:innen konzipiert.[1] Ein Segen (!) für den Einzelhandel, was mich ehrlich gesagt aufgrund der zuvor geschilderten Zwangsmobilität im Auto nicht verwundert. Muskelbetrieben mobile Menschen können spontan entscheiden, ob sie anhalten, weil sie im Schaufenster eines Geschäftes etwas Schönes gesehen haben oder sie bei Ansicht eines Cafés spontan der Wunsch nach einem Stück Möhrenkuchen überwältigt. Menschen im Auto nehmen zum einen diese Details nicht wahr, weil der Autoverkehr ihre Konzentration bindet, sie könnten aber auch nicht einfach anhalten, ohne eine Massenkarambolage auszulösen. Na ja, und sie sind wohl auch grad im Auto sitzend gar nicht so willens, solche Gelüste überhaupt aufkommen zu lassen, weil sie sehr fokussiert auf dem Weg zu einem Ziel sind. Die Muskelmobilität hingegen lässt positive Irritationen und damit spontanen Konsum zu.

Und das bedeutet im Falle von London: Wer Verbesserungen für das Gehen und Radfahren schafft, erhöht die Zeit, die in den Einkaufsstraßen verbracht wird, um 216 Prozent. Durch Einkaufen, den Besuch von Cafés und das Sitzen auf Straßenbänken. Auch hier wieder ein Detail, das wir schon streiften: Pausen sind möglich, auch Menschen, die vielleicht sonst nicht zu Fuß gehen, weil sie Angst haben müssen, unterwegs nicht Rast machen zu können, machen sich wieder auf dem Weg. Ihnen wird ermöglicht, aktiver Teil ihrer Nachbar:innenschaft zu sein, obwohl sie Einschränkungen haben. Wenn auf diese Rücksicht genommen wird, haben auch alle anderen etwas davon. So sind die Bedürfnisse von Hochschwangeren sicher ähnlich von jenen, die nicht weit laufen können. Die Anzahl der stehenden, wartenden und sitzenden Menschen hat sich in London fast verdoppelt, und die Zahl der Menschen, die auf der Straße gehen, ist um 93 Prozent gestiegen.

Fühlt sich nach einer Umgebung an, die mensch gerne betritt. Das Bild, das hier in meinem Kopf entsteht, hat etwas von umherschweifenden Passant:innen, sich unterhaltenden Menschen – allesamt mit einem gleichberechtigten Geschwindigkeits- und Platzanspruch. Der Leerstand von Einzelhandelsflächen ging um 17 Prozent zurück. Die Untersuchung hat zudem ergeben, dass Menschen, die zu Fuß gehen, mit dem Fahrrad fahren oder öffentliche Verkehrsmittel benutzen, in örtlichen Geschäften am meisten ausgeben, 40 Prozent mehr pro Monat als Autofahrer:innen. Win-win würde ich sagen.

Und auch in Berlin zeigt sich: 93 Prozent der Kund:innen kommen zu Fuß, mit dem Fahrrad oder mit dem ÖPNV zu den Geschäften und verantworten 91 Prozent der gesamten Umsätze. Die übrigen sieben Prozent der autofahrenden Kund:innen tätigten lediglich neun Prozent der Umsätze. Die Forscher:innen der Studie[2] vermuten, dass das wegen des eigenen Mobilitätsverhaltens der Händler:innen von diesen oft falsch eingeschätzt wird. 29 Prozent fahren mit dem Pkw zu ihren Geschäften und nur zehn bis 19 Prozent mit anderen Verkehrsmitteln. Zudem schätzen sie die Anreise ihrer Kund:innen falsch ein: 51 Prozent der Kundschaft wohnt weniger als einen Kilometer entfernt, die Schätzungen der Händler:innen gingen von 13 Prozent Anteil dieser Laufkundschaft aus.

Da ich zuvor von der Stadt, dem suburbanen Raum und dem Land gesprochen habe, möchte ich diese drei Raumformen im Folgenden so beschreiben, wie sie für mich ideal wären. Mit wahlfreier, klima- und sozialgerechter, inklusiver und bezahlbarer Mobilität ohne den Zwang zum privat gekauften Pkw.

## Die 15-Minuten-Stadt

Die Bürgermeisterin von Paris, Anne Hidalgo, setzt konsequent seit ihrer Wiederwahl ein Konzept um, das die Hauptstadt zu einer Stadt der 15 Minuten machen wird, »la ville des proximités«. Die Idee: Stadtteile, in denen alle wesentlichen Ziele des täglichen Bedarfs der Bewohner:innen ohne eigenes Auto innerhalb von 15 Minuten erreichbar sind.

Die Minimes-Kaserne in Paris wurde 1925 gebaut und zu einem öffentlichen Garten umgewidmet. Aus den umliegenden Gebäuden wurden 70 attraktive Sozialwohnungen. In dem Komplex befinden sich Büros, eine Kindertagesstätte, Handwerksbetriebe, eine Klinik und ein Café, in dem Menschen mit Autismus arbeiten.

Der grüne, gemischte und gemeinschaftsfreundliche Ansatz erstreckt sich auch auf die angrenzenden Straßen. Der Place de la Bastille und viele andere große Plätze in Paris sind nicht länger tosende Verkehrsinseln, sondern grüne Oasen mitten in der Stadt. Mit Fokus auf Fußgänger:innen an den Plätzen zieht sich ein Schwarm von Radfahrenden an diesen entlang. Die »Fahrradautobahnen« entstanden im Zuge der Pandemie, um das Radfahren im Großraum Paris zu erleichtern. Die Stadtverwaltung hat inzwischen angekündigt, dass die Radwege dauerhaft eingerichtet werden sollen.

»Die 15-Minuten-Stadt stellt die Möglichkeit einer dezentralisierten Stadt dar«, sagt Carlos Moreno, wissenschaftlicher Direktor und Professor für komplexe Systeme und Innovation an der Universität Paris 1. Er stellt sich unsere Städte nicht mehr als getrennte Wohn-, Arbeits- und Vergnügungszonen vor, sondern als ein Mosaik von Vierteln, in denen fast alle Bedürfnisse der Einwohner innerhalb von 15 Minuten zu Fuß, mit dem Fahrrad oder mit öffentlichen Verkehrsmitteln erfüllt werden können. Moreno ist mittlerweile der Sonderbeauftragte der Bürgermeisterin für die Transformation der Stadt zur neuen »Stadt der Nähe«. Sein 15-Minuten-Konzept wurde entwickelt, um die $CO_2$-Emissionen zu reduzieren. Hidalgo hatte bereits in ihrer ersten Amtszeit viel politische Vorarbeit für Morenos Konzept geleistet; nun kann sie temporär errichtete Radwege und die Sperrung von Autospuren mit einer Vision verbinden, die die Lebendigkeit und den Komfort einer Großstadt mit der Leichtigkeit und dem Grün eines Dorfes vereint. Da Arbeitsplätze, Geschäfte und Wohnungen näher beieinanderliegen, wird Straßenraum frei, der zuvor exklusiv dem Auto vorbehalten war. Die Umweltbelastung sinkt, und es entsteht Platz für Gärten, Fahrradwege, Sport- und Freizeiteinrichtungen. All dies ermöglicht es den Bewohner:innen, ihre täglichen Aktivitäten aus ihren (in Paris meist kleinen) Wohnungen in einladende, sichere Straßen und Plätze zu verlegen.

50 Schulhöfe wurden bisher als grüne und bepflanzte Oasen für alle gestaltet. Nach Schulschluss können die mit Bäumen

bepflanzten und mit weichen, regenabsorbierenden Oberflächen ausgestatteten Höfe als Erholungsraum und Sportstätte genutzt werden. Es gibt Schulstraßen, auf denen Autos verboten oder stark eingeschränkt sind und wo Bäume und Bänke aufgestellt wurden.

Melbourne ist seit 2017 ebenso bestrebt, 20-Minuten-Viertel zu schaffen. Vor allem in den Vororten, die von Einfamilienhäusern geprägt sind, wurden die Verkehrs- und Arbeitsmöglichkeiten verbessert. Neue gemischte Gewerbe- und Wohngebiete wurden gefördert, die Straßen umgestaltet, um mehr Platz für Radfahrer:innen zu schaffen und die Begehbarkeit zu verbessern. Um echte 20-Minuten-Viertel zu schaffen und miteinander zu verbinden, sind Investitionen in den öffentlichen Nahverkehr der Schlüssel. Beim 20-Minuten-Viertel geht es um aktive Verkehrsmittel und die Verbesserung der Erreichbarkeit eines Gebiets. Wenn sie zu Fuß gehen, haben gesunde Menschen einen Radius bis zu zwei Kilometern in diesem Konzept, mit dem Fahrrad können es bis zu sieben Kilometer sein. Der ÖPNV erweitert diesen Radius auf 15 Kilometer.

## Die Superblocks von Barcelona

Auch Barcelona geht mit gutem – und gelingendem! – Beispiel voran: Straßen wurden und werden in fußgänger:innenfreundliche öffentliche Räume verwandelt, in denen sich die Bürger:innen treffen, sogenannte »Superblocks«: vier bis neun benachbarte, durch Autofreiheit verbundene Wohnquartiere. Jede:r Bewohner:in hat Zugang zu seinem eigenen Superblock und kann die Stadt durchqueren, um andere zu besuchen, ohne ein Auto zu benötigen.

Der Plan von Barcelona enthält dabei nicht nur 500 Superblocks, sondern auch umfassende Programme für Grünflächen, Fahrrad- und Busnetze. Er wird Autos in der Stadt nicht eliminieren, aber ihre Dominanz radikal reduzieren. Wenn der Plan vollständig umgesetzt ist, könnte er Barcelona zur ersten Post-Autometropole der Welt machen – einem Ort, an dem die Straßen nicht den Autos vorbehalten sind und die meisten Menschen kein Auto besitzen.

Jüngste Berichte des Weltklimarats IPCC haben dem Kampf gegen die Klimakrise neue Dringlichkeit verliehen. Städte werden besonders zu kämpfen haben mit Stürmen und steigendem Meeresspiegel, aber auch mit Hitzewellen und Wasserknappheit. Die globale Erwärmung bringt für Städte zwei zentrale Herausforderungen mit sich: Sie müssen ihre $CO_2$-Emissionen reduzieren und gleichzeitig widerstandsfähiger werden, um den extremen klimatischen Bedingungen besser gewachsen zu sein. Beiden Herausforderungen lässt sich nur mit einer konsequenten Reduzierung des Autoverkehrs begegnen.

Barcelonas Einwohner:innenzahl liegt seit einem Jahrzehnt konstant bei 1,6 Millionen. Die Autodichte steigt, weil die Metropolregion um Kataloniens Hauptstadt wächst, von 4,3 Millionen Menschen 2000 auf derzeit 5,5 Millionen. Immer mehr Pendler:innen kommen in die Stadt und stressen die Einheimischen.

Auf jede:n Einwohner:in von Barcelona kommen nur 2,7 Quadratmeter Grünfläche; die Weltgesundheitsorganisation empfiehlt neun. Deshalb leidet die Stadt unter einem besonders starken Wärmeinsel-Effekt. Barcelona ist meist drei Grad wärmer als das Umland, manchmal sogar acht.

Nach einigen Untersuchungen ist Barcelona die lauteste Stadt Europas und eine der lautesten der Welt. 44 Prozent der Einwohner:innen sind einer höheren als der empfohlenen Luftverschmutzung ausgesetzt, 46 Prozent mehr als dem empfohlenen Lärmpegel. Obwohl Lärm weniger Beachtung findet als Luftverschmutzung, sind die gesundheitlichen Auswirkungen vergleichbar.

70 Prozent des Stadtraumes würden gemischt genutzt werden, wenn die 500 Superblocks umgesetzt sind. Das würde eine Verschiebung des städtischen Gefüges bedeuten, die so kraftvoll ist wie jene, die einst das Auto ins Zentrum stellte. Es würde all die verlorengegangenen Stadtfunktionen in den Blocks zurückbringen, von der Erholung über die Geselligkeit bis hin zur Organisation des städtischen Lebens.

Der erste Superblock sperrte 1993 den Durchgangsverkehr aus dem Quartier Born aus. Born war damals heruntergekommen und kriminell, nach der Sperrung und damit Aufwertung des Viertels gentrifizierte es sich schnell und wurde von Boutiquen und luxuriösen Hotels kolonisiert. Der öffentliche Raum wird meist von Tourist:innen dominiert. Das zeigt auch die Gefahr der Superblocks: Sie müssen ganzheitlich gestaltet werden. Zum Beispiel durch sozialen Wohnungsbau.

Die Superblocks zwei und drei wurden erst 2003 umgesetzt. Das Gebiet war besonders gut für das neue Konzept geeignet, weil es ursprünglich ein eigenes Dorf war. Eine Studie vor und nach der Einführung der Superblocks ergab, dass der Fußgänger:innenverkehr um zehn und der Radverkehr um 30 Prozent zunahm, während der Autoverkehr um 26 Prozent zurückging. Unterdessen wurden Tausende von Quadratmetern neuer gemeinsamer öffentlicher Räume für die Bewohner:innen eröffnet, die sie schnell in Anspruch nahmen. Durch die Erleichterung der Fortbewegung zu Fuß und mit öffentlichen Verkehrsmitteln geht die Entwicklung weg vom Auto. Superblocks helfen, das Gehen zu fördern, ebenso wie die geplanten »grünen Korridore«, die von Pflanzen und Bäumen gesäumt sind, die die Superblocks miteinander verbinden. Barcelona baut zudem intensiv die Fahrradinfrastruktur aus, durch vom Autoverkehr getrennte Fahrradwege, die um Superblocks herum geformt sind.

Niemand hat, meiner Recherche zufolge, vorgeschlagen, den Durchgangsverkehr wieder hineinzulassen.

Es zeigt sich, dass mit ein wenig Mut der Prozess der Transformation des urbanen Raums beschleunigt werden kann. Es kann nach Aussage von handelnden Personen vor allem auch funktionieren, die Bewohner:innen nicht zu ihrer Meinung über potenzielle Veränderungen zu befragen, sondern sie stattdessen mit vollendeten Tatsachen zu konfrontieren und ihnen dann zu ermöglichen, das Neue zu gestalten.

Die Zeit arbeitet für die Superblocks, weil die Bewohner:innen Barcelonas ähnlich wie die von Paris live dabei sind, wie ihre Stadt sich zum Besseren transformiert.

Wenn man eine Stadt grüner macht, wird sie, wenn nicht eingegriffen wird, in der Folge in den meisten Fällen weniger bezahlbar sein. Sozialwohnungsbau muss damit Teil des Konzeptes sein – also die Bereitstellung von Wohnungen, die bestimmten Gruppen von Geringverdiener:innen vorbehalten sind oder einer Mietenkontrolle unterliegen. In Wien leben zum Beispiel 30 Prozent im sozialen Wohnungsbau und 62 Prozent in Wohnungen mit einer Form von Mietregelung. Barcelona liegt derzeit bei 1,5 Prozent Sozialwohnungen. Zudem könnte jeder Superblock ein gemeinsames Distributionszentrum für Waren und Pakete etablieren, so dass Lieferwagen nicht hineinfahren müssen; gemeinschaftliche Gärten und Kliniken könnten entstehen, damit alltäglichere Krankheiten von einem vertrauten Arzt behandelt werden können und ältere Menschen oder Menschen mit Einschränkungen in ihrem Viertel Pflege finden.

### Von Barcelona nach Hamburg-Eimsbüttel – Superbüttel!

Ich bin sehr privilegiert – fast vor meiner Haustür hat sich eine Initiative gegründet, die einen Teil des Stadtteils von Eimsbüttel zum »Superbüttel« gestalten will. Das Projekt entstand in Anlehnung an die Idee der »Superblocks«, in die nur noch

Anwohner:innen hineinfahren dürfen. Nur Fahrzeuge wie Rettungswagen, Versorgungsfahrzeuge und Taxen sind noch zugelassen. Eimsbüttel ist einer der am dichtesten besiedelten Stadtteile von Hamburg. Aktuell ist alles zugeparkt, da die Mieter:innen der Häuser direkt vor der Tür parken wollen. Sitzgelegenheiten fehlen. Aufenthalts- und Grünflächen sind rar. Superbüttel will das ändern und die Straßen für Menschen gestalten. Spielende Kinder, Fußgänger:innen und Radfahrende sollen bevorrechtigt werden; für Autos gilt Tempo 10. Am Rand des »Superbüttels« soll es Car-Sharing-Stationen, Bushaltestellen, Leihräder geben. Dort stehen dann auch die Quartiersgaragen für die Autobesitzer:innen. Die Parkzonen innerhalb des autoarmen Gebiets sind Behindertenparkplätze sowie Kurzzeit-Ein- und Ausladezonen.

Christine Stecker vom Projekt Superbüttel erläutert: »Im Bereich Mobilität sind wir Menschen Gewohnheitstiere – deswegen braucht es gute Anreize, um vom Auto wegzukommen. Für den ein oder anderen mag das verrückt klingen, was wir vorhaben. Verrückt ist für mich vielmehr, zu erwarten, dass sich die Dinge von selbst regulieren. Wir erlauben uns Visionen und wollen Begeisterung erzeugen.«[3]

In Freiburg gibt es ein ähnliches Projekt eines autoreduzierten, teilweise autofreien Stadtteils: das Quartier Vauban.[4]

## Siemensstadt in Berlin

Sehr nah an meinem Wunsch, durch menschenzentrierte Planung wieder lebenswerte Orte zu schaffen, ist auch der Siemensstadt Square. Sogar der Name des neuen Berliner Stadtviertels wurde durch Bürger:innen bestimmt. 1897 hieß der Stadtteil noch Siemensstadt und kombinierte werkseigene Wohnungen mit der Arbeitswelt, kulturellen und sozialen Einrichtungen wie Kirchen, Schulen, Freizeiteinrichtungen und Parks. Über

120 Jahre später soll genau diese Art der Gestaltung wieder aufgegriffen werden. Ein Stadtteil der kurzen Wege, der nachhaltige Mobilitätsformen in den Fokus stellt. Begonnen bei Fußwegen. Das 73 Hektar große Gelände wird zu einem offenen Stadtteil entwickelt, der durch ein Nebeneinander von Produktion, Forschung, urbaner Nutzungsmischung und Bildungsinfrastruktur entschleunigt und verbindet. Funktionen werden nicht mehr, wie in der autogerechten Stadt, voneinander getrennt, sondern wieder zusammengeführt.

Auf der Webseite über das Projekt steht zu lesen: »Die Siemensstadt Square soll als Beispiel für zeitgemäße, nachhaltige Stadtentwicklung im Bestand gelten. Seit Beginn des Projekts prägt deshalb der sorgsame Umgang mit Ressourcen die Planung und Entwicklung der neuen Siemensstadt. Dies beginnt bei der digitalen Planung und wird über einen besonders ressourcenschonenden Bau bis hin zum späteren $CO_2$-neutralen Betrieb reichen. Die Wiederbelebung der Siemensbahn hat begonnen. Die historische Strecke soll wieder in Betrieb genommen werden.«[5]

Die seit 1980 stillgelegte 4,5 Kilometer lange S-Bahn-Strecke kommt damit wieder in Betrieb, zugunsten der Bewohner:innen, aber auch für einen nachhaltigen Anschluss an andere Wohngebiete, das Berliner Zentrum und den Bahnhof.

Aktuell klärt die Deutsche Bahn zudem, ob die Strecke über das ursprüngliche Netz hinaus verlängert werden kann, um eine bessere Schieneninfrastruktur für die gesamte Hauptstadtregion zu schaffen.

Siemensstadt ist nicht Berlin – aber ich muss sagen, dass diese Planung noch die überzeugendste Herangehensweise in Deutschland ist. Im Bestand habe ich ähnliche Konzepte, wie sie in Paris und Barcelona umgesetzt werden, nicht finden können. Es gibt viele Versprechen auf sehr geduldigem Papier – mutig umgesetzt wird davon bisher noch nichts. Zumindest nicht so, dass ich es gesondert herausstellen möchte.

Warum ist das so?
Es liegt wohl zum einen an unseren verkümmerten Fähigkeiten zu visionieren und zu träumen, zum anderen aber auch an der zu überwindenden politischen Autoindustrieabhängigkeit. Es ist schlimm genug, dass Maßnahmen, die Städte wieder den Menschen zurückgeben, als »mutig« gelten – nehmen sie doch nur einem Verkehrsmittel von vielen die Privilegien und teilen diese mit allen anderen. Aber dieser eine erste Schritt scheint der schwerste zu sein: anzuerkennen, dass wir unsere Lebensräume reparieren und dafür dem Auto die Exklusivität nehmen müssen.

Bei aller Kritik muss ich auch zugestehen, dass es in diversen Städten Projekte gibt, die sich auf eine Verkehrswende zubewegen: Sei es in Form von sogenannten Quartierboxen (Paketstationen, die anbieterunabhängig genutzt werden können), On-Demand-Ridepooling, fahrerlosen und flexibel einsetzbaren Kleinbussen, ausgebauten Radnetzen oder einer Art Bahncard für das gesamte Nahverkehrsnetz.

## Ländlicher und suburbaner Raum

Ich denke, dass es bei vielen Ansätzen, die die Mobilität menschenzentrierter, sozial- und klimagerechter machen, gar nicht so sehr um die Räume geht, in der die Veränderung stattfinden soll. Ich habe versucht, die Ursache für unsere Mobilitätsprobleme herzuleiten, die schon jetzt Millionen von Menschen benachteiligt, weil unser Verkehrssystem ausschließlich auf das Besitzauto ausgerichtet ist. Im ländlichen Raum ist es da sicher nicht der Familienwagen, der als Erstes abgeschafft werden sollte. Aber vielleicht schauen Familien mal kritisch auf ihren gesamten Fuhrpark – und auf die Mängel, die dafür Sorge tragen, dass diese angeschafft wurden. Wenn sie dann laut werden, um nach Alternativen zu rufen, die ihnen helfen würden, ihre Mobilität gesünder und nachhaltiger zu gestalten, ist vielen geholfen, die ohne Auto oder Führerschein bereits jetzt unter der Alternativlosigkeit leiden. Sie wissen es jetzt: Die erste Regel der Verkehrswende ist es, Wege zu vermeiden. Gerade vom Land in die Stadt oder in die Vorstädte und Industriegebiete pendeln täglich viele Menschen. Nicht alle davon arbeiten in der Produktion, Krankenhäusern oder anderen Sektoren, die eine Anwesenheit am Arbeitsplatz unbedingt erforderlich machen. Wie groß ist Ihr Betrieb? Woher kommen Ihre Kolleg:innen? Gäbe es die Möglichkeit für Fahrgemeinschaft? Macht es Sinn, über mobiles Arbeiten nachzudenken? Wie sieht es mit den Arbeitszeiten aus? Erlauben diese, dass mit Bus und Bahn gefahren werden kann? Könnte ein Coworkingspace auf dem Land Sinn machen, der von mehreren Firmen genutzt und bezahlt wird?

Wo kommen wir her? Vollzeitarbeit bedeutet in Deutschland fast immer 40 Stunden, die an fünf Tagen in der Woche abzuleisten sind. Die Mehrheit der deutschen Angestellten arbeitet mit diesen oder ähnlichen Konditionen, nur die Stundenzahl variiert. Am wenigsten Flexibilität weisen Verträge auf, die feste Start- und Endzeiten festlegen und Überstunden als »mit dem Gehalt abgegolten« markieren. Die Struktur dieser Arbeit von »nine to five« stammt aus der Produktion mit sehr starren Arbeitsabläufen, die eine Anwesenheit unabdingbar machen. Diese Rahmenbedingungen gibt es heute auch noch, oftmals sind diese Jobs in Schichtsystemen organisiert. Einerseits kommt es Vorgesetzten entgegen, dass die Anwesenheit so planbar ist, andererseits haben Angestellte schnell Probleme, wenn das Privatleben andere Bedürfnisse von Anwesenheit zu Hause ergibt (durch kranke Kinder, zu pflegende Angehörige o. Ä.).

Etwas flexibler sind Jobs mit Gleitzeit, also ohne feste Anfangs- und Schlusszeiten. Für Arbeitnehmer:innen eröffnet sich hier z. B. die Chance, nicht im Stau des Berufsverkehrs oder in überfüllten Bahnen zu stehen, weil vor oder nach der Hauptverkehrszeit ins Büro gefahren wird.

Viele Jobs jedoch, die solche Arbeitsverträge für Angestellte aufweisen, sind während der Covid-Pandemie von zu Hause aus oder von anderen Orten jenseits des Büros ausgeübt worden – und haben damit Wege gespart und Zeit gewonnen.

Das sogenannte Telependeln erlaubt es Menschen, die Bürojobs haben und für die Verrichtung ihrer Arbeit eigentlich nur einen Rechner und einen entsprechenden Anschluss an bestimmte Betriebssysteme benötigen, Wege virtuell zurückzulegen. Also nicht zu fliegen oder Auto zu fahren, um Kolleg:innen oder Kund:innen zu treffen, sondern dies per Telefon oder Videokonferenz effizient abzubilden. Dies kann vom eigenen Zuhause aus passieren, hier wären Arbeitgeber:innen in der Pflicht, die Homeoffice-Arbeitsplätze auf ihre ergonomische und arbeitssicherheitsrelevante Tauglichkeit zu prüfen. Bei der mobilen Arbeit sind die Angestellten gänzlich ortungebunden. Statt eines fest eingerichteten Homeoffice kann in Coworking-Spaces, unterwegs in der Bahn oder in einem Café gearbeitet werden.

Das Bundesministerium für Familie, Senioren, Frauen und Jugend hat hier eine große Liste von Arbeitgeber:innen zusammengestellt, in der sich nachlesen lässt, wie groß die Vorteile solcher Arbeitsmodelle für Arbeitgeber:innen und Arbeitnehmer:innen sind:

»Familienbewusste Arbeitszeiten sind eine Win-win-Situation für beide Seiten. Wie die individuellen Lösungen im Berufsalltag funktionieren und wie sie intelligent kombiniert und umgesetzt werden können, zeigen die Kurzportraits unserer guten Beispiele aus Unternehmen unterschiedlicher Größe und Branchen. Sie alle profitieren bereits von einer familienfreundlichen Personalpolitik.«[6]

Und damit kommen wir zu den Räumen, die es im ländlichen und suburbanen Bereich benötigt, um diese mobilitätsarmen

Arbeitszeitmodelle umsetzbar zu machen. Denn eins ist klar: Immer von zu Hause aus arbeiten liegt nicht jeder Person. Weil sich die Lebenswelten von privat und beruflich mischen, weil schlicht der Platz dafür nicht da ist – oder aber auch weil das Gesellige eines Büros vermisst wird. Und damit meine ich nicht, dass jeder Tag fern des Büros gestaltet werden muss. Es geht einfach nur darum, Wegelängen zu reduzieren und damit Mensch und Natur zu entlasten. Hier kann es sinnvoll sein, dass Arbeitgeber:innen mit anderen Unternehmen einmal auf ihre Pendler:innenströme schauen – oder auch, dass Menschen in Wohngebieten sich austauschen, ob manche Wege gemeinsam »gespart« werden könnten, wenn es Räumlichkeiten zum Arbeiten gibt.[7]

Und damit wären wir bei dem nächsten von mir zuvor anskizzierten Problem, das die Autoabhängigkeit auf dem Land manifestiert hat: tote Ortskerne, Neubaugebiete ohne Anschluss zum historischen Kern, die Abwanderung von Nahversorgung, Dienstleistungen wie Post, Ärzt:innen, Freizeiteinrichtungen. Aber auch hier bin ich optimistisch, weil es schon sehr viele gute Ideen und Initiativen gibt, die es nachzuahmen lohnt.

Wenn wir die Mobilität verändern wollen, dann – das möchte ich mit meinem Buch verdeutlichen – müssen wir uns sehr vielen gesellschaftlich drängenden Fragen widmen. Rassismus, Sexismus, Behinderten- und Judenfeindlichkeit. Direkt hat das alles nicht mit Verkehr, mit Autos, zu tun. Indirekt aber umso mehr. Das haben die Geschichten von einigen Menschen, die Sie im Buch kennengelernt haben, gezeigt. Viele sitzen wegen gesellschaftlicher Probleme im Auto, nicht wegen der Lust am Fahren.

Unsere heutige Mobilität basiert auf einem System, das von weißen, gutsituierten cis-Männern erbaut – und damit dieser Gruppe von gesunden Menschen ideal angepasst wurde. Nicht aus bösem Willen, sondern aus einer Historie heraus, die diese Gruppe von Menschen mit viel Macht ausgestattet hat. Aber eines ist wichtig: Dieses System müssen wir hinter uns lassen, da es sonst keine Verkehrswende geben wird. Solange weiblich gelesene Personen immer noch sexistisch in Bussen belästigt werden, solange noch heteronormative Menschen auf der Straße angegangen werden, solange Menschen aufgrund ihres Glaubens oder ihrer Optik diskriminiert werden, solange Menschen mit Einschränkungen ihre Mobilitätsbedürfnisse nicht erfüllt sehen, nehmen sie weiterhin das Auto oder weniger am Leben teil. Beides will ich überwinden, Sie hoffentlich auch. Eine gesunde Mobilität spiegelt eine gesunde Gesellschaft. Aktuell ist unsere Gesellschaft nicht gesund, unsere Mobilität entsprechend auch nicht.

Deswegen sage ich auch, dass mein Wirken hochpolitisch ist. Weil es radikal ist. Weil es an die Wurzeln geht. Verkehrswende ist der ganz dünne Lack auf meiner Arbeit, unter ihm liegen alle Probleme, denen sich unsere Gesellschaft dringend stellen muss. Armut, Klassismus, Diskriminierung, Einschränkungen und Bedürfnisse jenseits der Norm.

#Autokorrektur schaut daher hinter die Windschutzscheibe.

#Autokorrektur spricht mit den Menschen.

Nicht über sie.

#Autokorrektur schaut auf Minderheiten, was letztendlich der Mehrheit dient.

LebensRaum durch
nachhaltig
gesund
gut versorgt
DOC+
DROGERIE
bildungsnah
A B C
kurze Wege
HOME
erlebbar

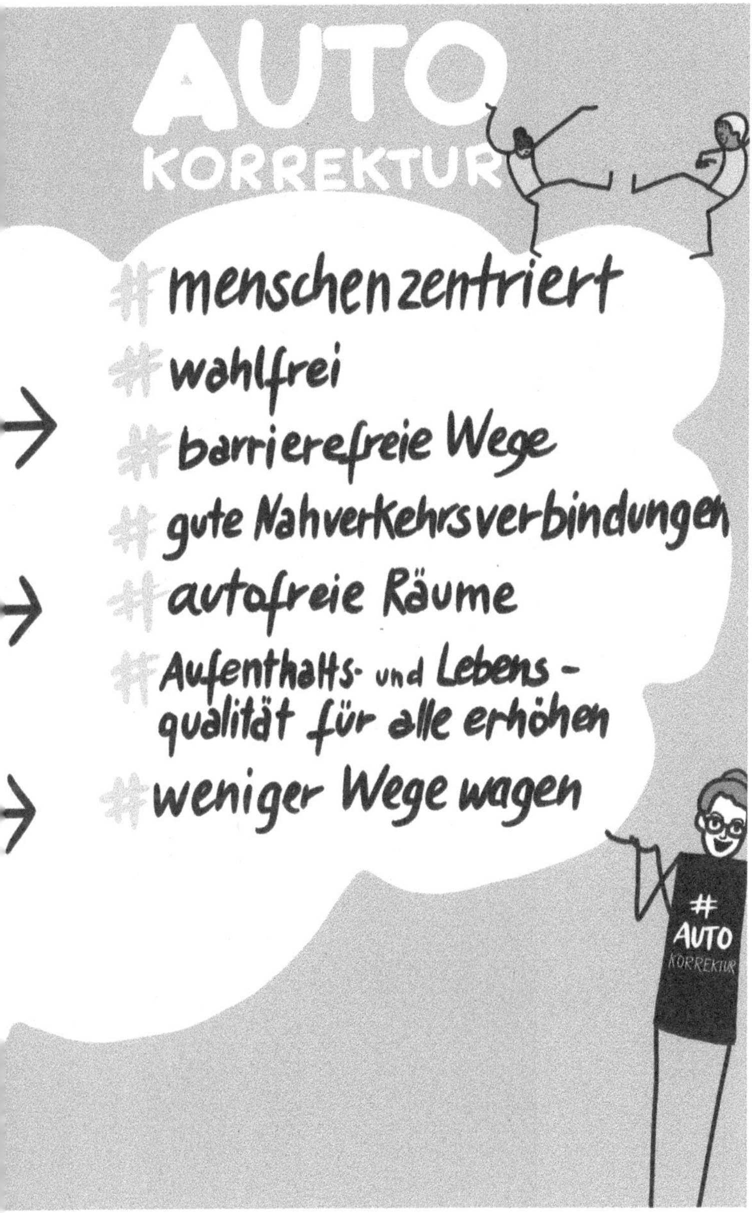
AUTO
KORREKTUR
#menschenzentriert
#wahlfrei
#barrierefreie Wege
#gute Nahverkehrsverbindungen
#autofreie Räume
#Aufenthalts- und Lebens-qualität für alle erhöhen
#weniger Wege wagen
# AUTO KORREKTUR

# Anmerkungen

## MOBILITÄT

1 »Auf einem verbesserten Gefährt startet Bertha Benz, die Frau des Automobilpioniers, zusammen mit ihren Söhnen Eugen (15) und Richard (14) an einem Augusttag 1888 ohne Wissen ihres Mannes zur ersten Fernfahrt der Automobilgeschichte. Die Tour führt von Mannheim mit einigen Umwegen nach Pforzheim, der Geburtsstadt von Bertha Benz. Sie hat mit dieser Fahrt von 180 Kilometern einschließlich Rückfahrt die Gebrauchstüchtigkeit des Motorwagens vor aller Welt demonstriert. Der Wagemut von Bertha Benz und ihren Söhnen ist einer der entscheidenden Impulse für den Aufstieg der Firma Benz & Cie. in Mannheim zur zeitweilig größten Automobilfabrik der Welt.« https://www.daimler.com/konzern/tradition/geschichte/1885-1886.html
2 https://de.wikipedia.org/wiki/Automobil
3 Tobias Tannenhauer: Wider das System Auto, Warum wir eine nachhaltige Mobilität brauchen, 2021, S. 9
4 Wider das System Auto, (s. o.) S. 9
5 Ulrich Brand, Markus Wissen: Imperiale Lebensweise. Zur Ausbeutung von Mensch und Natur im globalen Kapitalismus, 2017, S. 135
6 https://wald-statt-asphalt.net/
7 https://www.forbes.com/sites/jimgorzelany/2020/06/17/study-says-suvs-are-more-deadly-striking-pedestrians-than-cars/?sh=690c1e0931eb
8 https://www.sueddeutsche.de/wirtschaft/verkehr-keine-fussgaenger-und-radfahrer-2019-in-helsinki-umgekommen-dpa.urn-newsml-dpa-com-20090101-200217-99-952805
9 https://www.destatis.de/DE/Presse/Pressemitteilungen/2020/10/PD20_422_46241.html
10 www.bmvi.de/SharedDocs/DE/Artikel/G/Infrastruktur-statistik.html
11 http://www.mobilitaet-in-deutschland.de/
12 https://de.statista.com/statistik/daten/studie/172093/umfrage/anzahl-der-pkw-im-haushalt/
13 Definition laut Wikipedia: »Umweltverbund bezeichnet die Gruppe der ›umweltverträglichen‹ Verkehrsmittel: nicht motorisierte Verkehrsträger (Fußgänger und private oder öffentliche Fahrräder), öffentliche Verkehrsmittel (Bahn, Bus und Taxis) sowie Carsharing und Mitfahrzentralen. Ziel des Umweltverbunds ist es, Verkehrs-

teilnehmern zu ermöglichen, ihre Wege innerhalb des Umweltverbunds zurückzulegen und weniger auf das eigene Auto angewiesen zu sein.

14 https://www.vdv.de/vdv-positionen-lang-januar-2017-rz-klein.pdfx

15 https://www.faz.net/aktuell/wissen/physik-mehr/verkehrswendewie-es-gelingt-die-blechlawine-zu-stoppen-und-staedte-fuer-menschen-zu-gestalten-16967470.html

16 https://www.youtube.com/watch?v=ZMILqwshClU

17 Geringfügig gestiegen ist dagegen die täglich zurückgelegte Strecke. Sie liegt 2017 bei 39 Kilometern. 2008 betrug sie rund 38 und 2002 etwa 33 Kilometer. Damit einher geht ein leichter Anstieg der täglichen Unterwegszeit. Lag diese 2002 noch knapp unter der 80-Minuten-Grenze, beträgt sie nun 85.

18 https://www.zdf.de/nachrichten/panorama/stau-wo-am-meisten-deutschland-welt-100.html

19 https://www.nau.ch/news/wirtschaft/autobesitzer-unterschaetzen-gesamtkosten-des-eigenen-autos-massiv-65697467 Eine Hochrechnung der Forscher ergab laut RWI, dass eine höhere Transparenz über die wahren Kosten des Autobesitzes im Optimalfall den Pkw-Besitz in Deutschland um bis zu 37 Prozent senken könnte. »Auf diese Weise würden 17,6 Millionen Autos von den Straßen verschwinden. $CO_2$-Emissionen von 37 Millionen Tonnen pro Jahr könnten auf diesem Wege eingespart werden – das entspräche 4,3 Prozent der deutschen Gesamtemissionen oder 23 Prozent der Emissionen aus dem Transportsektor.«

20 https://www.destatis.de/DE/Presse/Pressemitteilungen/2021/07/PD21_N045_639.html

21 https://www.nature.com/articles/d41586-020-01118-w

22 https://www.allianz-pro-schiene.de/wp-content/uploads/2019/08/190826-infras-studie-externe-kosten-verkehr.pdf Mit 94,5 % (141 Mrd. €) verursacht der Straßenverkehr den größten Anteil daran. Der Schienenverkehr ist für 3,8 % (5,7 Mrd. €) der Gesamtkosten verantwortlich, der inländische Luftverkehr verursacht 0,9 % (1,3 Mrd.€) und die Binnengüterschifffahrt 0,8 % (1,1 Mrd. €). Betrachtet man die Anteile der verschiedenen Kostenbereiche, ergibt sich folgendes Bild: Den größten Anteil verursachen die Unfälle mit 41 % (61 Mrd. €), gefolgt von den Kosten der vor- und nachgelagerten Prozesse mit 21 % (31 Mrd. €), die Klimakosten 18 % (26,8 Mrd. €), Natur- und Landschaftskosten 8 % (12,8 Mrd. €), Luftschadstoffe 6 % (9,7 Mrd.€) und Lärm 5 % (8,1 Mrd. €).

23 https://www.faz.net/aktuell/wirtschaft/schneller-schlau/deutsche-pendler-sind-eine-woche-im-jahr-nur-unterwegs-16155976.html

24 Quelle: »Verkehr in Zahlen 2020/2021« im Auftrag des BMVI, S. 53
25 https://www.allianz-pro-schiene.de/themen/infrastruktur/investitionen/
26 https://www.tk.de/techniker/magazin/life-balance/balance-im-job/pendeln-kostet-zeit-und-nerven-2048874
27 https://www.bbsr.bund.de/BBSR/DE/startseite/topmeldungen/2021-pendeln.html
28 410 000 Menschen pendeln nach München, gefolgt von Frankfurt am Main (384 000), Hamburg (355 000) und Berlin (332 000). Vor zehn Jahren war der durchschnittliche Pendler:innenweg noch 14,9 Kilometer lang – also etwa 30 Kilometer am Tag. Er ist mittlerweile auf über 17 Kilometer angestiegen. Besonders Menschen in strukturschwachen Gebieten müssen lange Wege in Kauf nehmen, um zu einem für sie adäquaten Arbeitsplatz zu gelangen. In Mecklenburg-Vorpommern, Brandenburg und Sachsen-Anhalt sind es sogar oft mehr als 30 Kilometer und damit über 60 Kilometer am Tag. Die Gründe für die Entscheidung gegen einen Umzug sind sicher sehr individuell, Tatsache ist, dass viel Lebenszeit und Gesundheit in Kauf genommen werden, um das gewohnte Umfeld nicht aufgeben zu müssen.
29 »Den Begriff Groupthink entwickelte Janis in der Auseinandersetzung mit der Frage, wie es kommt, dass hochqualifizierte Gruppen, die zudem die besten Möglichkeiten haben, an alle wichtigen Informationen zu gelangen, nicht selten Entscheidungen treffen, die gänzlich missraten sind.« https://www.econstor.eu/bitstream/10419/60437/1/640682235.pdf
30 https://www.rnd.de/mobilitaet/frauen-und-mobilitaet-in-den-staedten-es-fehlt-die-weibliche-perspektive-BXDCIRTJ5VEFTIJT573GBFLFSI.html
31 https://katja-diehl.de/was-ich-mir-zum-weltfrauentag-wuensche-inklusive-mobilitaet/
32 Weitere wertvolle Hinweise geben ein Artikel von Lieke Ypma, Diana Pollack und Frieda Bellmann aus dem September desselben Jahres https://medium.com/female-mobility/was-ist-weibliche-mobilit%C3%A4t-2ab9620bb249 sowie ein Artikel, den ich 2021 gemeinsam mit Philipp Cern für die Böll-Stiftung geschrieben habe.
(Deutsche Übersetzung in meinem Blog: https://katja-diehl.de/frauen-in-bewegung-nachhaltige-mobilitaet-und-gender/)
Ebenfalls empfehlen möchte ich einen Artikel von Andrea Reidl zum Thema, die Ines Kawgan-Kagan, Geschäftsführerin des AEM Institute, interviewt hat.

https://www.riffreporter.de/de/gesellschaft/mobilitaet-interview-ines-kawgan-kagan-gender

33 https://heconomist.ch/2021/10/13/men-as-breadwinners-and-women-as-caregivers-the-gender-gap-in-unpaid-care-work/

34 https://www.transformative-mobility.org/news/awareness-week-2nd-to-8th-of-march-2020-notmymobility

35 https://www.fr.de/politik/gendern-crashtest-dummies-fegebankbild-strassenverkehr-konservative-unfall-gefahr-91058140.html

36 »Das Manko, durch die Dominanz ›viriler‹ ›Dummies beeinträchtigt zu werden, teilen Frauen mit allen kleinen Personen, kritisieren Unfallforscher – auch von der Unfallforschung der Versicherer (UDV). Demnach müssen viele Frauen und kleinere Menschen den Fahrersitz im Auto weit nach vorn schieben, um Gas-, Brems- und Kupplungspedal betätigen zu können. Denn die sind meist für größer gewachsene Männer ab einer Durchschnittsgröße von 175 cm positioniert. Die Sitzposition auf einem weit vorgerückten Autositz sei jedoch für Frauen – wie auch generell für kleinere Menschen – nicht nur unbequem, sondern auch gefährlich, warnt die UDV. Denn durch den geringen Abstand zur Instrumententafel drohen diesen Fahrern bei einem Unfall schwere Verletzungen an Füßen, Knien, Oberschenkeln und Becken.« https://www.goslar-institut.de/recherche-tipps/verkehrssicherheit/maennliche-crash-test-dummies-gefaehrden-weibliche-autofahrer/

37 https://ec.europa.eu/programmes/horizon2020/en/news/%E2%80%9Cgendered-innovations-how-gender-analysis-contributes-research%E2%80%9D

38 https://www.goslar-institut.de/recherche-tipps/verkehrssicherheit/maennliche-crash-test-dummies-gefaehrden-weibliche-autofahrer/

39 »Ich habe schon vor 20 Jahren gesagt, dass wir solche Modelle entwickeln müssen. Um die Finanzierung für EvaRID aufzustellen, habe ich zehn Jahre lang gebraucht. Wir haben das Modell für Heckaufprall-Unfälle gebaut. Neben den physischen Prototypen haben wir ein mathematisches Modell für die durchschnittliche Frau gebaut. Die Daten sind also da.« https://www.moment.at/story/weibliche-crash-test-dummies-frauen-sind-nicht-einfach-kleinere-maenner

40 https://www.genderportal.eu/resources/evarid-50th-percentilefemale-rear-impact-dummy-fe-model

41 Rebekka Endler: Das Patriarchat der Dinge – warum die Welt Frauen nicht passt, 2021.

42 https://www.theguardian.com/lifeandstyle/2019/mar/26/hannah-

dines-saddle-research-pain-swelling-female-cyclists »Der plastische Chirurg versuchte mir in der besonders liebenswerten Art der Chirurgen zu versichern, dass er schon chronische Entzündungen und Langzeittraumata der Vulva wie diese gesehen. Sie wissen schon …«, er machte eine Pause, »bei Patientinnen, die sich zwanghaft an den Bettpfosten reiben.« Schweigen. Ich entschied mich dagegen, ihm zu erklären, dass die Beziehung zu meinem Fahrradsattel es vielleicht nicht verdiente, in seinem kognitiven Ablagesystem unter den psychiatrischen Fällen aufgeführt zu werden. Aber er hatte nicht ganz Unrecht. Zwischen mir und dem notwendigen Übel, das mein Sattel ist, gibt es zwar keine verlorene Liebe, aber ich habe weiter trainiert, trotz großer Zerstörungen an meinem Körper, Schmerzen und Traumata.«

43 https://www.specialized.com/de/de/stories/power-saddle-mimic

44 https://www.tagesspiegel.de/berlin/nachruf-auf-cindy-bohnwagner-endlich-wieder-tanzen/27384788.html

45 https://wupperinst.org/fa/redaktion/downloads/projects/CO2-neutral_2035_Factsheet.pdf

46 Schöner Flyer von germanwatch zum Dienstwagenprivileg: https://germanwatch.org/sites/default/files/announcement/6388.pdf

47 https://www.heise.de/news/Studie-CO-aus-Neuwagen-stammt-zu-76-Prozent-aus-Firmenwagen-6047046.html?utm_source=pocket-newtab-global-de-DE

48 https://taz.de/Studie-zu-Dienstwagen/!5807910/

49 https://www.heise.de/news/Studie-CO-aus-Neuwagen-stammt-zu-76-Prozent-aus-Firmenwagen-6047046.html?utm_source=pocket-newtab-global-de-DE

50 https://www.compan-e.de/pdf/Dienstwagen_auf_Abwegen.pdf

51 https://www.vcd.org/fileadmin/user_upload/Redaktion/Themen/Verkehrssicherheit/Tempolimit_auf_Autobahnen/VCD_Tempolimit_finNEU.pdf

52 https://vimcar.de/boxenstopp/blog/infografik-geschwindigkeiten/

53 https://twitter.com/kkklawitter/status/1224410169674739713

54 Da in der Pandemie deutlich weniger Mobilität und damit auch deutlich weniger Automobilität stattfand, habe ich das Jahr vor der Pandemie ausgewählt, um realistische Zahlen betrachten zu können.

55 https://www.faz.net/aktuell/gesellschaft/ungluecke/autounfaelle-ein-mensch-stirbt-113-sind-betroffen-15046403p3.html

56 https://www.sueddeutsche.de/auto/verkehrssicherheit-verkehrsunfall-landstrasse-1.5374943

57 Wider das System Auto, (s. o.), S. 81

58 https://www.fairkehr-magazin.de/archiv/2010/fk-04-2010/2010-4-titel/mythos-arbeitsplaetze-in-der-autoindustrie/

59 https://www.claus-von-wagner.de/tv/anstalt/20170307-automobil industrie – https://www.claus-von-wagner.de/tv/anstalt/20190312-autoindustrie-grenzwerte – https://www.youtube.com/watch?v=hF5GYOt10Ik – https://www.zdf.de/comedy/zdf-magazin-royale/zdf-magazin-royale-vom-17-september-2021-100.html

60 https://www.rosalux.de/fileadmin/rls_uploads/pdfs/sonst_publika tionen/Autolobby-DE-WEB.pdf

61 Wider das System Auto, (s. o.), S. 26

62 »Nach Recherchen von *Report Mainz* hat die Mehrheit der über 200 Mitglieder des Expertengremiums ›Nationale Plattform Mobilität‹ direkte oder indirekte Verbindungen zur Industrie. Darunter sind hochrangige Manager von Automobilkonzernen, Zulieferer aus der Autobranche und Vertreter der Mineralölindustrie.« Fünf der sieben Mitglieder des sogenannten »Lenkungskreises« und der Arbeitsgruppenleitung haben langjährige Verbindungen zur Automobilindustrie. So wird die Arbeitsgruppe »Klima und Verkehr« von einem Ex-Daimler-Manager geleitet. Den Lenkungskreis steuert ein Ex-Aufsichtsrat von BMW. Die weiteren Mitglieder sind ein Vertreter des BMW-Vorstands, ein VW-Aufsichtsrat und der Chef eines Auto-Zulieferers, der unter anderem VW beliefert. Der »wissenschaftliche Berater« für die Themen »Klima und Verkehr« war ebenfalls viele Jahre bei Daimler tätig und leitet heute ein Institut, das sich selbst als »Partner der Automobilindustrie« bezeichnet.
https://www.swr.de/report/pressemitteilung-20-moeglicher-lobby-einfluss-auf-beratergremium-der-bundesregierung-kritik-an-natio naler-plattform-zukunft-der-mobilitaet/-/id=233454/did=25416686/nid=233454/42uk2u/index.html

63 Das bestätigt auch einer der wenigen Umweltverbandsvertreter, Ernst Christoph Stolper, BUND im SWR-Beitrag: »Das Interesse der deutschen Automobilindustrie ist natürlich nicht, weniger PKW zu verkaufen, sondern mehr Autos. Insofern ist Verkehrsvermeidung und auch Verkehrsverlagerung, beispielsweise auf die Schiene, nicht im Interesse der deutschen Automobilindustrie. Das hat mit Klimaschutz überhaupt nichts zu tun. Weil, Klimaschutz lebt von Verkehrsvermeidung.«

64 https://www.zdf.de/politik/frontal/dieselabgase-software-update-100.html

65 »Flottengrenzwert bedeutet, der Durchschnitt aller in der EU in einem Jahr zugelassenen Fahrzeuge soll diesen Wert nicht überschreiten. Nicht jedes einzelne neue Auto muss also diesen Flotten-

grenzwert einhalten ... In der *EU*-Verordnung mit den neuen Zielen für 2025 und 2030 wurde die *gewichtsbasierte* Regelung beibehalten.« https://www.bmu.de/fileadmin/Daten_BMU/Download_PDF/Luft/zusammenfassung_co2_flottengrenzwerte.pdf

66 Durch Protektionismus und einer bereits seit Jahren andauernden Förderung für Hersteller und Käufer von Elektroautos wurde dieses Segment großzügig gefördert, Zuschüsse von bis zu 8000 Euro waren ebenso üblich wie Begünstigungen im Straßenverkehr. Wozu das? Um eine Nachfrage im eigenen Land zu generieren und die eigenen Marken aufzubauen. Ergebnis: Bereits 2018 wurden 1,3 Millionen E-Autos in der Volksrepublik abgesetzt, das ist mehr als die Hälfte der weltweiten Produktion. Die Förderungen wurden ausgesetzt, weil das Etappenziel erreicht wurde: Die Etablierung der Elektromobilität sowie der ebenso notwendige Aufbau von Industrieketten und Infrastruktur. Ein deutliches Bekenntnis des Staates zu dieser Technologie brachte eine gesamte Branche auf »state of the art«-Niveau – und wird damit zur Konkurrenz der deutschen Hersteller.

67 https://www.faz.net/aktuell/wirtschaft/unternehmen/vw-chef-diess-warnt-deutsche-autoindustrie-vor-dem-abstieg-15840615.html

68 https://www.spiegel.de/wirtschaft/unternehmen/deutsche-autoindustrie-kaempft-verzweifelt-gegen-den-abstieg-a-1285459.html

69 Erinnern Sie sich noch an den ersten Autogipfel 2010 und seine Versprechen? Dort wurde die »Nationale Plattform Elektromobilität« gegründet. Schon damals hatte unsere Kanzlerin wohl das Gefühl, dass die oft als Schlüsselindustrie bezeichnete Autobranche ohne Hilfe nicht zum Teil einer klimagerechten Verkehrswende wird. Versprochen wurden damals eine Million Elektroautos bis 2020, erreicht wurde in diesem Jahrzehnt gerade einmal ein Viertel. Gleichzeitig stieg der Bestand an Autos insgesamt um acht Millionen auf heute knapp 49 Millionen PKW an. In einem Land mit 83 Millionen Einwohnerinnen und Einwohnern. https://www.deutschlandfunkkultur.de/autogipfel-in-berlin-die-verkehrswende-hat-noch-nicht-mal.1005.de.html?dram:article_id=494551

70 https://www.sueddeutsche.de/wirtschaft/tierversuche-vw-testete-diesel-abgase-an-affen-1.3842037

71 https://www.vda.de/de/presse/Pressemeldungen/Versch-rfung-der-EU-Klimaziele-verst-rkt-in-Corona-Krise-Druck-auf-die-Automobilindustrie.html

72 »Wir haben ausgerechnet, welchen Anteil wir als Konzern am globalen $CO_2$-Ausstoß haben«, sagt VW-Chefstratege Michael Jost der

Wirtschaftswoche. »Es sind ein Prozent bei den Pkws und ein Prozent bei den Lkws.« Die $CO_2$-Emissionen von VW sind damit vergleichbar mit den $CO_2$-Emissionen Deutschlands. https://ecomento.de/2019/04/15/volkswagen-anteil-globaler-co2-ausstoss/

73 BVerfG, Beschluss des Ersten Senats vom 24. März 2021 – 1 BvR 2656/18 –, Rn. 1–270
https://www.bundesverfassungsgericht.de/SharedDocs/Pressemitteilungen/DE/2021/bvg21-031.html

74 https://taz.de/Arbeitszeit-in-Schweden/!5459426/

75 Die Zahl der weltweiten Arbeitsplätze im Erneuerbaren-Sektor steigt kontinuierlich. China verzeichnet mit Abstand den größten Anteil, während in Deutschland seit Jahren Stellen verlorengehen. Wind, Solar, Biomasse sorgten 2019 global für 11,5 Millionen Arbeitsplätze. Das bedeutet gegenüber dem Vorjahr einen Zuwachs von 500 000 Stellen. https://www.neueenergie.net/wirtschaft/markt/oekoenergie-jobs-boomen-aber-nicht-in-deutschland

76 Mehrere Zehntausende Jobs (Schätzung bei Solarenergie allein 80 000) sind nicht mehr existent aufgrund neuer Ausschreibungsregularien und Auflagen wie dem Mindestabstand von Windrädern zu Wohnbebauung (diese Regelung kostete geschätzt 26 000 Arbeitsplätze). Doch weil ihre Lobby nicht so finanzstark und damit »laut« ist wie die der Fahrzeug-Hersteller, verlief dieser Stellenabbau fast stillschweigend. Schon hier beginnt also in der öffentlichen Wahrnehmung ein Ungleichgewicht in der Einordnung der Relevanz von Arbeitsplatzerhalt.
https://www.dw.com/de/was-behindert-energiewende-in-deutschland-fridays-for-future-kohle-windkraft-photovoltaik-cdu/a-52328687

77 https://www.energiezukunft.eu/erneuerbare-energien/solar/solardeckel-droht-18000-arbeitsplaetze-zu-vernichten/

78 Analyse der Böll-Stiftung zum Programm https://eu.boell.org/en/fit-for-55

79 https://www.auto-motor-und-sport.de/verkehr/eu-klimaziel-plan-fit-for-55-ist-der-verbrenner-ab-2035-tot/

80 https://land-der-ideen.de/wettbewerbe/deutscher-mobilitaetspreis/preistraeger/ideenwettbewerb-2020/intelligentshared-space

81 https://twitter.com/kkklawitter/status/1191706216193499136

82 Definition von On-Demand-Ridepooling bei Wikipedia: »Personenbeförderung, die Passagiere auf Anfrage flexibel zwischen Haltepunkten in einem Gebiet befördert. Aus Fahrgastsicht kann sie als eine Mischung zwischen Taxi und ÖPNV beschrieben werden: Die Fahrt findet unabhängig von einem Fahrplan oder einem Linienweg

statt (›wie ein Taxi‹), wobei unterwegs Fahrgäste ein- und aussteigen dürfen und das Fahrzeug nicht alleine genutzt wird (›wie ein Omnibus im ÖPNV‹). Ein Algorithmus plant und optimiert die Routen.«

## RAUM

1 https://www.youtube.com/watch?v=ZMILqwshClU
2 https://www.stadtgrenze.de/s/p3r/rgao/rgao.htm
3 https://digitalemobilitaet.blog.wzb.eu/2021/02/10/ohne-stellplatz-kein-auto-mobilitaet-neu-gedacht/
4 https://www.allianz-pro-schiene.de/presse/pressemitteilungen/schiene-spart-flaeche-und-laesst-natur-ihren-raum/
5 Nach einer Gesetzesänderung können die Bundesländer eigenständig die Gebührensätze festlegen – oder das an die Kommunen delegieren, wie es nun in Baden-Württemberg geregelt wird. Bei der neuen Verordnung sind keine Höchstsätze mehr festgesetzt. In Zukunft können die Kommunen also deutlich mehr als nur den Verwaltungsaufwand bei der Festlegung der Gebührenhöhe in den Blick nehmen. Die Verkehrsbehörden können unter Berücksichtigung der jeweiligen örtlichen Gegebenheiten den Preis in eigenen Gebührenordnungen festsetzen. Quelle: https://www.bkz.de/nachrichten/wird-anwohnerparken-bald-teurer-111852.html
Der Bundesrat hatte am 5. Juni 2020 dem zuvor vom Deutschen Bundestag am 14. Mai verabschiedeten Gesetz zur Änderung des Bundesfernstraßengesetzes und zur Änderung weiterer Vorschriften zugestimmt. Durch eine darin vorgesehene Änderung des Straßenverkehrsgesetzes (StVG) können die Länder seither den Gebührenrahmen für Bewohnerparkausweise anpassen. https://kommunal.de/anwohnerparken-parkenvignette-suv
6 https://www.fairkehr-magazin.de/archiv/2018/fk-05-2018/titel/flaechengerechtigkeit-in-der-stadt/
7 https://www.adac.de/der-adac/regionalclubs/nrw/nrw-kolumne-parken/
8 https://der-umrechner.de/flaechen/quadratmeter-in-fussballfeld/840000000/
9 https://www.umweltbundesamt.de/daten/private-haushalte-konsum/wohnen/wohnflaeche#entwicklung-von-bevolkerung-und-wohnungsbestand-in-bundeslandern-unterschiedlich
10 Die sogenannte Privilegienfeindlichkeit des Straßenverkehrs ist nicht

nur ein wesentlicher und viel zitierter Rechtsgrundsatz, sie ist auch besonders irreführend. Zwar verweist die allgemeine Definition darauf, dass alle Verkehrsteilnehmer bei erlaubter Verkehrsteilnahme grundsätzlich gleichrangig sind. Diese vermeintliche Gleichrangigkeit führt aber gerade nicht zu einer Gleichbehandlung aller Verkehrsteilnehmer. Denn das Straßenverkehrsgesetz und die Straßenverkehrsordnung orientieren sich bei der »erlaubten Verkehrsteilnahme« ganz wesentlich an den Bedürfnissen des motorisierten Individualverkehrs. Dies zeigt sich insbesondere daran, dass Beschränkungen des fließenden Verkehrs nur bei einer besonderen Gefahrenlage erfolgen dürfen (§ 45 Abs. 9 StVO) und das Parken von Pkw auf Fahrbahnen grundsätzlich überall dort erlaubt ist, wo es nicht ausdrücklich verboten wird.

11 https://www.agoraverkehrswende.de/fileadmin/Projekte/2018/OEffentlicher_Raum_ist_mehr_wert/Agora_Verkehrswende_Rechtsgutachten_oeffentlicher_Raum.pdf

12 Als breit genug gelten Straßen, die bei zwei Fahrspuren und einer Parkspur mehr als 6,50 Meter breit sind, mehr als zwei Fahrspuren pro Richtung haben, mit über zwei Meter breiten Parkstreifen in Summe für beide Richtungen ausgestattet sind oder über mehr als drei Meter breite Gehwege verfügen.

13 https://www.wochenblatt.com/landwirtschaft/nachrichten/flaechenfrass-jeden-tag-verschwinden-58-ha-11813643.html

14 https://www.bundesstiftung-baukultur.de/publikationen/baukulturbericht/2020-21

15 Leslie Kern: Feminist City, Wie Frauen die Stadt erleben, 2020, ab S. 109 ff

16 https://blogs.baruch.cuny.edu/ladiesmile/

17 Beispielhaft: Hannover https://www.haz.de/Hannover/Aus-der-Stadt/Uebersicht/Dokumentation-ueber-zweite-Zerstoerung-von-Hannover-nach-dem-Zweiten-Weltkrieg

18 https://www.bpb.de/politik/innenpolitik/stadt-und-gesellschaft/216897/stadterneuerung-geschichtspolitik-und-tourismus

19 https://www2.klett.de/sixcms/media.php/229/29260X-8602.pdf

20 »… doppelbahnige Schnellstraßen von 50 Metern Gesamtbreite, an deren Gelenken mächtige Verkehrskreisel wie Turbinenräder die Automobile in jede gewünschte Richtung wegschaufeln. Und im Westen und Süden der Stadt sind Baukolonnen mit Planierraupen und Betonierungsmaschinen schon an der Arbeit, die ersten aufgeständerten Hochstraßen Deutschlands zu errichten und mithin den Verkehr erstmals in die ›zweite Ebene‹ zu verlegen.«

https://www.spiegel.de/politik/das-wunder-von-hannover-a-b95ea3e9-0002-0001-0000-000042625552

21 https://www.kuwi.europa-uni.de/de/lehrstuhl/kg/denkmalkunde/_download/Festschrift_203_Rudolf_Hillebrecht2.pdf

22 Ebd.

23 Ebd.

24 Unter anderem ließ Hillebrecht das Friederikenschlösschen und die Tränenburg abreißen. 90 000 Quadratkilometer Privatbesitz wurden umgewidmet. Auch in Hamburg wird in einigen Vierteln ähnlich radikal und ohne Rücksicht auf historische Strukturen agiert: Rund um Altonas Hauptkirche St. Trinitatis wird in Hamburg Ende der 50er Jahre sogar ein ganzes Quartier abgerissen. »Neu-Altona als Modellprojekt für die neue, autogerechte Stadt. Grundstücke werden neu zugeschnitten, Hochhäuser neben Grünanlagen gestellt, breite Straßen gebaut. (…) Grundlage für das Bebauungskonzept ist eine strikte Trennung von Wohnen, Arbeiten, Einkaufen und Verkehr, dazu kommen großzügige Spiel- und Grünflächen.«

25 https://d-nb.info/1114191671/34

26 »Zu seinen praktischen Forderungen gehören die Trennung von Fußwegen und Autostraßen, ein kreuzungsfreies und knotenarmes Verkehrsnetz, die Vermeidung von Verkehrsschildern und Ampeln, Ruhe und Zurückgezogenheit als zentrale Wohnqualitäten. Muster und Ethik seines Denkens nehmen immer wieder Bezug auf Natur, Instinkt und Siedlungsformen der Vergangenheit – Fortschritt wird weitgehend als eine Form von Rückbesinnung begriffen.« http://www.anmerkungen-zum-index.de/bilder/Konturen_Text.pdf

27 »Alle drei weisen neben einigen Vorteilen eine ganze Reihe an humanen Defiziten auf. Diese ziehen teils beachtliche persönliche wie gesellschaftliche Konsequenzen nach sich und sind häufig ursächlich für weitere Phänomene, wie z. B. Zersiedlung oder der scheinbar unbeugsame Wunsch nach einem Einfamilienhaus, Ausbildung von sogenannten Speckgürteln rund um die großen Städte samt den damit verbundenen ökologischen und sozialen Problemen, soziale Separation und damit der Einsamkeit gerade dort, wo viele Menschen sind, sozialer Stress, mangelnder Erholungsfaktor …« Dossier: Stadt und Gesellschaft (erstellt am 18. 5. 2021), Bundeszentrale für politische Bildung.

28 Andreas Jüttemann (Hg.): Stadtpsychologie. Handbuch als Planungsgrundlage, 2018, S. 62

29 Stadtpsychologie, (s. o.), S. 64

30 Kam es deswegen zu Plattformen wie nebenan.de, um diesen Wunsch zumindest virtuell zu erfüllen?
31 Stadtpsychologie, (s. o.), S. 67f.
32 Stadtpsychologie, (s. o.), S. 74
33 Stadtpsychologie, (s. o.), S. 75
34 https://de.wikipedia.org/wiki/Defensive_Architektur
35 https://www.fluter.de/platzverbot
36 Feminist City, (s. o.), S. 116
37 https://www.tarshi.net/inplainspeak/where-do-i-go/
38 Hermann Knoflacher, Stehzeuge. Der Stau ist kein Verkehrsproblem, 2009, S. 37
39 Feminist City, (s. o.), S. 38
40 »Die großen Häuser, die vom öffentlichen Verkehr und anderen Dienstleistungen abgeschnitten waren, bedeuteten, dass eine Ehefrau und Mutter, die zu Hause blieb, die Rolle der Vollzeithaushälterin übernehmen, sprich sowohl das Haus als auch die Bedürfnisse des Brotverdieners und der Kinder im Blick haben musste.«
41 Feminist City, (s. o.), S. 42
42 https://oe1.orf.at/artikel/202766/Wohnen-im-Schlafdorf
43 https://www.deutschlandfunkkultur.de/rassismus-macht-den-koerper-krank-wie-tausende-kleine.976.de.html?dram:article_id=422167
44 Eine Frau, die nicht lächelt, ist eine Frau, die in ihren Gedanken ist, ihre eigenen Vorhaben hat, nicht da ist, um einfach nur Männern zu gefallen oder ein Objekt für deren Blick zu sein. Eine Frau oder nicht binäre Person oder gender-fluide Person, die keinen bestimmten Standards der Weiblichkeit folgt, ist nicht da, um heterosexuellen Männern zu gefallen oder sie zu beschwichtigen. Also stellen diese Personen eine Gefahr dar. Sie gehören nicht hierhin. Sie verhalten sich nicht wie Besitz. Feminist City, (s. o.), S. 109
45 https://de.wikipedia.org/wiki/Catcalling
46 https://de.wikipedia.org/wiki/Manspreading
47 Stadtpsychologie, (s. o.), S. 37
48 Stadtpsychologie, (s. o.), S. 39
49 »Da Kinder sich viel mehr als Erwachsene durch Bewegung äußern, sind sie durch Bewegungsmangel um einen Teil ihrer kreativen Möglichkeiten gebracht. Heutige Kinder beherrschen nur noch fünf bis sechs Spiele im Freien, während den Kindern in Deutschland vor 100 Jahren noch insgesamt 100 verschiedene Spiele draußen bekannt waren.« https//www.Kinderschutzbund-nrw.de/pdf/denk_Bewegungsmangel.pdf

»Untersuchungen zeigen, dass Kinder sich in den sechziger Jahren in einem Radius von mehreren Kilometern frei bewegen konnten, heute kommen sie allein kaum noch 500 Meter vom eigenen Zimmer weg.« https://www.zeit.de/2015/34/kinder-freiraum-freiheit-abenteuer

50 https://www.mpfs.de/fileadmin/files/Studien/KIM/2020/KIM-Studie2020_WEB_final.pdf

51 https://www.svz.de/20417487

52 Feminist City, (s. o.), S. 63

53 https://www.gesundheitsforschung-bmbf.de/de/aktive-gesundheitsforderung-im-alter-12477.php

54 Wolfgang von Renteln-Kruse, Ulrike Dapp et al.: Mobilität und Verkehrssicherheit im Alter, 2016, S. 35

55 Renate Degenhardt-Lüdtke: Mobilität im Alter, 2012, S. 64

56 Mobilität im Alter, (s. o.), S. 68

57 »Abschließend ist darauf hinzuweisen, dass Angst, sich aus dem häuslichen Umfeld zu entfernen, Verhaltensänderungen bedingen kann, wie die Reduktion der Ganggeschwindigkeit oder die Reduzierung körperlicher Aktivität, was negative Folgen für die Gesundheit der betroffenen älteren Menschen hat. Durch Reduktion körperlicher Aktivität verliert der Körper die dazu benötigten Fähigkeiten. Dies führt wiederum zur Verstärkung der Angst, und dadurch bewegt sich die Abwärts-Kaskade weiter (Teufelskreislauf), bis die funktionelle Fähigkeit verlorengeht und der Verlust von Selbstständigkeit droht.« Mobilität im Alter, (s. o.), S. 56

58 https://www.un.org/depts/german/menschenrechte/aemr.pdf

59 Frank Oswald, Thomas Klinger et al.: Das Recht auf Teilhabe am kulturellen und gesellschaftlichen Leben, 2021, S. 49

60 »Im ersten Halbjahr 2021 ist der Anteil von Sport Utility Vehicles (SUV) an allen Neuzulassungen laut Kraftfahrt-Bundesamt auf rund 24 Prozent gestiegen – das entspricht einem Plus von fast drei Prozentpunkten. In diesem Zeitraum wurden insgesamt 330659 Exemplare dieses Auto-Typs erstmals für den Straßenverkehr registriert. Bisheriges SUV-Rekordjahr ist 2019. Damals wurden 762490 Sport Utility Vehicles in Deutschland neu zugelassen. Im Corona-Jahr 2020 waren es – bei einem ähnlich hohen Marktanteil – rund 142000 Fahrzeuge weniger. Allerdings war das vergangene Jahr auch kein gutes Autojahr. Die Zahl der Neuzulassungen sank von 3,6 Millionen in 2019 auf 2,9 Millionen.« https://de.statista.com/infografik/19572/anzahl-der-neuzulassungen-von-suv-in-deutschland/ KBA-Zahl (Januar–September 2021): 494704 https://www.kba.de/DE/Statistik/Fahrzeuge/Neuzulassungen/MonatlicheNeuzulassun

gen/2021/202109_GImonatlich/202109_nzbarometer/202109_n_barometer.html;jsessionid=2159E21B6F87018B86F2D74B9CBC227B.live21303?nn=3504038&monthFilter=09_September&fromStatistic=3504038&yearFilter=2021&fromStatistic=3536106&yearFilter=2021&monthFilter=09_September

61 https://www.forbes.com/sites/jimgorzelany/2020/06/17/study-says-suvs-are-more-deadly-striking-pedestrians-than-cars/?sh=5c065fd231eb

## MENSCH

1 https://www.umsicht.fraunhofer.de/content/dam/umsicht/de/dokumente/publikationen/2018/kunststoffe-id-umwelt-konsortial studie-mikroplastik.pdf

2 https://www.ifo.de/personalleiterbefragung/202008-q2

3 https://www.manager-magazin.de/unternehmen/tech/sap-mitarbeiter-koennen-homeoffice-machen-wann-sie-wollen-a-1283fedc-dcdf-4dae-95ee-a8bc1704f101

4 »Als Unternehmen, in dem sich alles um Mobilität dreht, ist es uns besonders wichtig, dass unsere Talente auch von verschiedenen Mobilitätsangeboten profitieren. Egal ob sie ein Fahrrad, ein eigenes Auto, unsere Werksbusse oder Carsharing nutzen möchten – es gibt für jeden eine individuell passende Lösung. Auch die lästige Parkplatzsuche fällt durch die Nutzung unserer firmeneigenen Parkplätze weg. Wer doch lieber die öffentlichen Verkehrsmittel nutzt, kommt mit einem subventionierten Job-Ticket jederzeit schnell von A nach B.
Mit dem Mobilarbeitskonzept ermöglichen wir unseren Talenten ein flexibleres Arbeiten hinsichtlich Zeit und Ort. Morgens einen Termin beim Arzt wahrnehmen und anschließend ins Büro gehen. Oder nach dem Büro am Nachmittag Sport treiben, für die Familie da sein und am Abend daheim noch eine Telefonkonferenz mit Kollegen aus einer anderen Zeitzone abhalten: All das machen wir möglich!« https://www.bmwgroup.jobs/de/de/ueber-uns/was-wir-mitarbeitern-bieten.html

5 https://www.carbontrust.com/de/ressourcen/das-emissionseinspar potenzial-der-arbeit-im-homeoffice-in-europa

6 Nobis, C.; Herget, M.: »Mobilität in ländlichen Räumen. Betrachtungen aus Sicht der Verkehrswende und der Gleichwertigkeit von Lebensverhältnissen«, in: Internationales Verkehrswesen,

Heft 4/2020, S. 40–43, Trialog Publishers Verlagsgesellschaft, Baiersbronn-Buhlbach, 2020

7 https://www.heimatware.de/de/

8 Familienmobilität im Alltag. Projekt: Determinanten und Handlungsansätze der Familienmobilität https://www.bmvi.de/SharedDocs/DE/Publikationen/G/familienmobilitaet-im-alltag-schlussbericht.pdf?__blob=publicationFile

9 https://www.biosphaere-potsdam.de/

10 Switchh ist ein App-Angebot des Hamburger Verkehrverbundes – aktuell im Stadtgebiet Hamburg zu finden. Per App kann mensch nicht nur die üblichen Tickets kaufen, sondern auch digitale Anrufbusse und Carsharing. https://www.hvv-switch.de/de/

11 https://www.bmvi.de/SharedDocs/DE/Publikationen/G/familien mobilitaet-im-alltag-schlussbericht.html, S. 24

12 Ebd., S. 14

13 Ebd., S. 177

14 »Erwerbstätige in sogenannten atypischen Beschäftigungsverhältnissen waren in Deutschland überdurchschnittlich häufig von Armut bedroht. Dazu zählen etwa Arbeitnehmerinnen und Arbeitnehmer in befristeten Arbeitsverträgen – hier betrug der Anteil der von Armut Bedrohten 15,8 %. Bei Teilzeitbeschäftigten lag er mit 12,8 % ebenfalls deutlich über dem Gesamtdurchschnitt. … 15,4 % der Menschen ab 65 Jahren fielen trotz Erwerbsarbeit, mit der sie etwa ihre Rente aufbessern, unter die Armutsgefährdungsgrenze. Auch junge Erwerbstätige im Alter von 18 bis 24 Jahren, die häufig gerade erst dabei sind, beruflich Fuß zu fassen, waren mit 10,1 % überdurchschnittlich häufig betroffen. Darüber hinaus waren alleinlebende Erwerbstätige mit einem Anteil von 13,5 % vermehrt armutsgefährdet. Besonders hart traf es Alleinerziehende: Mehr als jede oder jeder fünfte erwerbstätige Alleinerziehende (22,3 %) war 2019 armutsgefährdet.« https://www.destatis.de/DE/Presse/Pressemitteilungen/2021/01/PD21_N008_634.html;jsessionid=512AEBE72C0D6C222102B5BC0A26BBE7.live722

15 https://www.veloplan.de/mobilitatswende-fuer-mehr-gerechtigkeit/

16 Literaturhinweise zu seiner Arbeit:

[1] Eigene Auswertung der Befragung »Mobilität in Deutschland 2017«.

[2] Rudzio, K. 1,67 Euro für einen Kühlschrank [online]. Seit 2021 beträgt der Anteil für Verkehr am »Hartz IV«-Regelbedarf 40,01 Euro; zum 1. Januar 2022 ist der gesamte Regelbedarf um 3 Euro gestiegen (ausgehend von einer alleinstehenden Person).

In: DIE ZEIT, 2020, https://www.zeit.de/2020/32/hartz-iv-satz-anpassung-grundsicherung-existenzminimum/komplettansicht.

[3] infas; *DLR*; *IVT* et al.: Mobilität in Deutschland – Zeitreihenbericht 2002 – 2008 – 2017 Ausgabe 2019.

[4] Hinkelmann, C.: HVV will Fahrpreise ab Januar erhöhen – und führt neues Homeoffice-Ticket ein, 2021, https://www.nahverkehrhamburg.de/hvv-will-fahrpreise-ab-januar-erhoehen-und-fuehrt-neues-homeoffice-ticket-ein-192515/ [Zugriff am: 21.10.2021].

[5] Daubitz, S.; Aberle, C.: Mobilität und Soziale Exklusion in Hamburg: Faktenblatt Ausgabe 2020.

[6] Clifton, K.; Lucas, K.: Examining the empirical evidence of transport inequality in the US and UK. In: Running on empty: transport, social exclusion and environmental justice (2004).

[7] Schwerdtfeger, S.: Fahren ohne (gültigen) Fahrschein – Motive, soziale Akzeptanz und alternative Finanzierungsinstrumente, Studien zur Mobilitäts- und Verkehrsforschung, 2019.

[8] Becker, T.: Sozialräumliche Verteilung von verkehrsbedingtem Lärm und Luftschadstoffen am Beispiel von Berlin. Dresden, Technische Universität Dresden, Dissertation, 2016.

17 DFG-Forschungsprojekt MobileInclusion: www.mobileinclusion.de – Christoph Aberle bei Twitter: @fluegelrad

18 http://www.mobilitaet-in-deutschland.de/pdf/MiD2017_Ergebnisbericht.pdf

19 Die Glasknochenerkrankung (Osteogenesis imperfecta) ist die häufigste angeborene (genetische) Erkrankung, die zu einer geringen Stabilität der Knochen im Kindesalter führt und damit verbunden zu häufigen Knochenbrüchen.

20 https://www.institut-bildung-coaching.de/wissen/lernen-hintergrundwissen/inklusion-umsetzung-deutschland.html

21 https://nullbarriere.de/inklusive-schule-planungsgrundlagen.htm

22 https://www.zeit.de/news/2020-11/09/studie-nur-15-prozent-der-suedwest-schulen-barrierefrei

23 http://klischeefreie-zone-ffm.de/plakatkampagne/

24 https://www.kj.nomos.de/fileadmin/kj/doc/2016/2016_01/KJ_16_01_Lembke_Sexuelle_UEbergriffe.pdf

25 https://www.annesophiekeller.ch/sexuelle-gewalt/.
Hier finden sich weitere Informationen zu der Situation in der Schweiz, in London und in den USA: https://www.nebelspalter.ch/sexuelle-gewalt-der-oeffentliche-raum-ist-fuer-frauen-eine-gefahr

https://www.unwomenuk.org/safe-spaces-now
https://www.newstatesman.com/politics/uk-politics/2020/10/mind-data-gap-why-do-so-few-women-report-sexual-harassment-london-underground?qt-trending=0
https://yougov.co.uk/topics/legal/articles-reports/2020/01/22/most-women-have-been-sexually-harassed-london-publ
https://vawnet.org/material/2015-us-transgender-survey-report

26 Gemeint ist damit das *Nichterkanntwerden* als transsexuelle Frau (oder im umgekehrten Fall als transsexueller Mann).

27 https://de.wikipedia.org/wiki/Cisgender – Übereinstimmung von Geschlechtsidentität und dem Geschlecht, das einer Person bei der Geburt zugewiesen wurde.

28 https://www.lsvd.de/de/ct/2445-Homophobe-Gewalt-Angriffe-aufLesben-Schwule-bisexuelle-trans-und-intergeschlechtliche-Menschen-LSBTI#wie-viel-homophob-motivierte-straftaten

29 https://www.tagesspiegel.de/berlin/gewalt-in-berlin-so-viele-uebergriffe-auf-homo-und-transsexuelle-wie-noch-nie/25834512.html

30 https://www.tarshi.net/inplainspeak/where-do-i-go/ (Übersetzt von der Autorin)

31 Ebd.

32 Mobilität und Verkehrssicherheit im Alter, (s.o.), S. 61

33 Ebd., S. 64

34 Ebd., S. 115

35 Ebd., S. 114

36 Bernhard Schlag, Klaus J. Beckermann: Mobilität und demografische Entwicklung, 2013, S. 123

37 Mobilität und Verkehrssicherheit im Alter, (s.o.)

38 Ebd., S. 105

39 Ebd.

40 https://www.iwkoeln.de/presse/pressemitteilungen/balkon-statt-aufzug.html

41 Mobilität und Verkehrssicherheit im Alter, (s.o.), S. 18

42 Mobilität und Verkehrssicherheit im Alter, (s.o.), S. 67 und 69

43 https://www.destatis.de/DE/Presse/Pressemitteilungen/2020/09/PD20_N062_634.html

1 https://tfl.gov.uk/info-for/media/press-releases/2018/november/getting-more-people-walking-and-cycling-could-help-save-our-high-streets
2 https://findingspress.org/article/24497-local-business-perception-vs-mobility-behavior-of-shoppers-a-survey-from-berlin
3 https://www.planet-wissen.de/technik/verkehr/geschichte_des_fahrrads/interview-christine-stecker-100.html
4 https://stadtteil-vauban.de/
5 https://www.siemensstadt.siemens.com/de
6 https://www.erfolgsfaktor-familie.de/zum-nachmachen-erfahrungen-aus-dem-arbeitsleben.html?tx_bmexample_example%5B%40widget_0%5D%5BcurrentPage%5D=3&cHash=46d38635116efd24c83af9bbde5264d4
7 https://www.bmel.de/SharedDocs/Downloads/DE/Broschueren/coworking-land-bule.html

Eine Liste von Projekten, die bereits wichtige Schritte in Sachen Verkehrswende unternehmen, findet sich hier:

www.katja-diehl.de/autokorrekturwiki

Greta Thunberg

**Das Klima-Buch von Greta Thunberg**

Der aktuellste Stand der Wissenschaft unter Mitarbeit der weltweit führenden Expert:innen

Greta Thunberg sammelt für ihr einzigartiges Projekt eines umfassenden Klima-Buches alles relevante Wissen, um die Klimakrise verstehen zu können. Sie hat die wichtigsten Wissenschaftler:innen der Welt gebeten, den Stand ihrer jeweiligen Forschung klar und verständlich darzulegen.
Es geht um alle wichtigen Themen: von schmelzenden Eisbergen und Artenschwund über Fast Fashion und Migration bis hin zu erneuerbaren Energien, Müll und Utopien – und was wir jetzt tun müssen.
Greta Thunberg selbst zeigt die großen Zusammenhänge, ordnet ein, kommentiert und gibt Ausblicke. Alles, was man wissen muss zum wichtigsten Thema unserer Zeit.

Aus dem Englischen von
Michael Bischoff und Ulrike Bischoff
512 Seiten, gebunden

Weitere Informationen finden Sie auf
*www.fischerverlage.de*